U0153938

御宅文化研究系列

過動

第五屆御宅文化研討會暨
巴哈姆特論文獎文集（上）

交通大學出版社

主編—
交通大學數位動畫文創學程　梁世佑

Contents

過動
ACG 產業文化與可能性

成為他山之石與自我礎石：臺灣的電玩動漫研究階段回顧

梁世佑

本書收錄的論文為 2016 年 10 月 15 日於淡江大學舉辦之「第五屆御宅文化國際學術研討會暨第三屆巴哈姆特論文獎」部分內容。第五屆研討會合計共收到 51 篇論文投稿，其中 26 篇通過初審，21 篇通過複審。研討會當天根據題目、論旨與發表人、評論人的時間配合，分為 8 個場次，每個場次發表 2 至 3 篇論文。分別為：「電子遊戲的技術發展與文化體驗」、「漫畫敘事與世界觀」、「哲學與自由意志」、「視覺與圖像表現」、「產業與政策實現」、「身體與性別認同」、「虛與實：聲優、聖地和乳搖」與「劇情設定與社會鋪陳」。

研討會當天發表的論文經過評審意見與作者進行第二次修改，收錄其中 17 篇論文集結出版。由於本研討會舉辦 5 年來，不管論文數量、研究題材或論文品質每年均顯著提升，也開始獲得海外大學與研究機構的關注與肯定，所以本屆出版上、下兩冊，以便收錄更多優秀論文供國內外學者或有興趣的同好研究引用，更作為臺灣電玩動漫文化領域研究發展的軌跡見證。筆者作為御宅

文化國際學術研討會主辦人，見證了臺灣在此一領域的發展，也藉此機會作為一回顧，並提出當今問題與未來展望。

輕學術：由內而外，多元擴展

「御宅學術研討會」乃是國立交通大學數位動畫文創學程的一項計畫。筆者相信應該毋須向翻閱這本書的您解釋，何謂御宅族（OTAKU），以及這一詞彙和尼特（NEET，Not in Employment, Education or Training）或繭居族的差異，您亦能夠理解此一文化族群和社會大眾濫用之「宅男腐女」一詞有何不同。

我們認為廣義的御宅族不僅僅單指特定動漫或電玩，更可以包含電子遊戲、桌遊、角色扮演、輕小說、電影、數位藝術、科技產品或任何流行娛樂載體，稱之為廣義的內容產業。而本研討會不僅將其視為一門學術來加以研究，更希冀能拓展全新的閱覽者與消費族群來接觸這一領域。此一構想絕不是想否定學術之嚴謹性，更非意圖進行典範的解構與批判，而是我們認為：學術並非只專注艱深冷僻的理論問題，作品的研究與相關技術的探討也應該可以平易近人，同時兼具知識性、學術性、可讀性和商業價值。

為了鼓勵學生創作與提供一個學術知識性的討論空間，在黃瀛州、許經夌、胡正光教授與筆者的共同努力之下，於 2012 年舉辦了第一屆御宅文化學術研討會「動漫的現代社會文化意涵（アニメと漫画に代表される現代社会の文化意義）」，不僅作為學程與大眾的一個交流場域，更使其與當代社會的脈動相結合。透過日本交流協會、開拓動漫誌等組織的協助，邀請了日本著名的御宅文化研究者，早稻田大學的東浩紀教授來臺訪問演講。

隔年我們與臺灣推理作家協會合作，舉辦了第二屆學術研討會「娛樂媒體中的日本社會顯影」，把關注的視角從動漫主體擴大到電視連續劇與推理小說，試圖論證娛樂媒體如何體現當代臺灣、日本，乃至於整個亞洲生活的某種思想型態，更成為一窺當代流行文化本質與內涵的有效工具。會後經過摘選和審查，由國立交通大學出版社出版《另眼看御宅：跨媒體傳播下的日本文化剪影》論文集，成為本研討會研究成果的一個體現。論文集於 2014 年初在臺北國際書展亮相即獲得一致的好評，使這本學術論文集不僅創下由國立大學出版之動漫論文集先例，更獲得 2014 年文化部中小學生優良課外讀物推介之肯定。這更使我們樂觀地認識到：關於電玩動漫的長篇論述，在臺灣確有一定的市場；許多玩家與吾等比肩，正在期待將此一娛樂去污名化與正典化。

　　為了回應許多支持者的期待，筆者向臺灣地區最具規模，也是華人世界最具權威與公信力的電玩資訊網站：巴哈姆特提出合作協議。其站長陳建弘先生向來不遺餘力支持臺灣電子遊戲與娛樂產業的發展，非常慷慨地同意協助舉辦研討會，並採納筆者的建議，創立一專門之「**巴哈姆特論文獎**」來鼓勵所有從事撰寫動漫電玩論文的同好。該論文獎由研討會主辦人與外聘專業人士（包含海外學者專家）進行獨立公正之匿名評選，研討會當天公開頒獎並由巴哈姆特致贈獎金，對於陳建弘先生以及所有巴哈姆特同仁的支持，我們深表感謝，更希望能夠透過本研討會與「巴哈姆特論文獎」來促進業界、學界與玩家之間的交流。

　　2014 年 10 月 18 日舉辦的「第三屆御宅文化學術研討會暨巴哈姆特論文獎──幻境與實相：電子遊戲的理路及內涵」收到意料之外的支持與廣度。例如有篇論文的作者任職於香港立法機構，因遇當時香港佔中運動而無法來臺發表；還有一篇論文的作者僅五專教育程度，卻寫了一篇專業的考證論文，從墓誌銘、各種史料的考

證與爬梳，細緻辯證一個歷史和遊戲印象交錯的問題，這些論文都體現了這一領域海納百川的多元性，這也是我們舉辦本研討會目的之一：各行各業、任何學歷的人都能參與。2015 年的第四屆御宅文化國際研討會從一開始徵求時便有 40 篇論文報名，經過初審和再度篩選，最後有 20 篇論文發表，收到來自香港、日本和中國多所大學的研究者投稿，尤其是北海道大學還補助作者來臺與會，顯現本研討會的受重視程度。因此，該次會議將場地移往交通大學內更為正式、寬敞的國際會議廳，並採取同時間、多場次的發表，到了晚上閉幕時，現場依舊有近百觀眾聆聽。誠如前面所言，學術未必枯燥，冷硬的理論條理也可以變得趣味橫生且面向所有人，普及知識的討論和多元學科的交流應用，始終是我們的使命和心願。

他山之石，也應是自身礎石

2016 年，我們迎來了新的里程碑。其一，前往其他學校舉辦御宅文化國際學術研討會，擴大相互的交流；其次，臺灣作為深受日本動漫文化影響的國家，臺灣的日本動漫研究可以作為怎樣的他山之石，也同時藉此反省自身的文化研究與內容產業呢？

本研討會往年皆在新竹的交通大學舉辦，但隨著參與的人數與發表的論文逐年增加，以及海外投稿者逐年成長，2016 年我們決定暫別交通大學場地，移師他校舉辦。一來拓展與其他學校的交流和合作，且更試圖把御宅文化研究傳播到其他學校和組織之中，而非固守於一個學校、一個系所或單位。第五屆御宅文化國際學術研討會非常榮幸能和淡江大學未來所合作，感謝紀舜傑所長與全體未來所工作同仁與同學，讓會議得以順利圓滿成功。未來我們會秉持這一想法，與其他學校或研究單位合作舉辦研討會，不侷限於北部，也可以前往中南部，甚至有朝一日可以前往其他國家舉辦。

與此同時，今年（2016）本研討會獲得日本方面的重視。除了交通大學和日本慶應大學舉行合作，於 8 月邀請 KMD 研究所所長稻蔭正彥教授與知名御宅文化研究者杉浦一德教授率領 12 位該校研究生來臺交流並發表共同研究成果外，研討會也獲慶應大學的研究生投稿參與。另外從 2016 年 3 月開始，我們受邀前往日本多所大學和研究機構進行交流訪問，介紹臺灣電玩動漫領域的市場現狀與研究方向，並交流有關於臺灣和日本在此一領域合作的可能性。與此同時，我們也不斷反省——當日本研究介紹到本研討會時，當前往日本進行交流，以及每年有超過 360 萬人次前往日本、無數的動漫、遊戲、偶像被廣大臺灣消費者所接受與擁護時⋯⋯

　　不僅作為他山之石，我們也應該關心到自身的動漫、遊戲產業與內容文化。

也因此，第五屆御宅文化國際學術研討會接受了針對臺灣本土作品、產業發展和市場機制進行研究的論文。包括討論臺灣設立漫畫博物館和相關文創計畫推動可行性，也有以臺灣歷史為主題的動漫文本研究。不可諱言，這些論文的數量或品質相較於以日本或歐美作品為討論的論文仍稍遜色，素質也參差不齊，但這廣納多元主題的呈現，勢必是一個重要的里程碑。

　　臺灣目前在某些領域上還是擁有硬體技術的優勢，但在軟體和廣義的數位文化內容產業上（無論遊戲、小說、戲劇、音樂或遊戲）都面對非常嚴峻的考驗。臺灣的文化內容產業是否將整個被掏空，閱讀者只能接受外來舶來品的餵食？從現在開始的 10 年間或許就是關鍵。因此本研討會將繼續深入研究海外歐美日本的作品，吸納海外作品、產業的優點，同時也加速針對國內內容作品、產業文化的理解與研究。此兩者相互溝通、並翼而飛，以高規格的學術標準

加以出版收藏，透過更實際的資源支持和海外實際經驗的分享，讓跨領域的人才得以交流，讓好的內容產品得以不斷培育產生，這將是未來我們的目標。

　　未來也誠摯地歡迎您來參與，並請不吝指教。

▲第五屆御宅文化國際學術研討會與會者合影。

論文介紹與研究

梁世佑

本屆研討會共收到 51 篇論文投稿，其中 26 篇通過初審，21 篇通過複審。研討會當天共分 8 個場次，每個場次發表 2 至 3 篇論文。分別為：「電子遊戲的技術發展與文化體驗」、「漫畫敘事與世界觀」、「哲學與自由意志」、「視覺與圖像表現」、「產業與政策實現」、「身體與性別認同」、「虛與實：聲優、聖地和乳搖」與「劇情設定與社會鋪陳」。綜觀本研討會五屆以來的研究，可以明顯看到研究數量與品質的顯著提升，以及研究範圍的廣度和深度大幅提升。

在《過動》一冊以「ACG 產業文化與可能性」為大方向，就讀於文化大學的楊雅婷和日本慶應大學的郭家寧同時提出十分熱門具備吸引力和商業性的題目：聲優和聖地巡禮。「聲優」一詞為日文「聲音的演員」，泛指日本職業化的配音演員，不僅單純的獻聲，隨著高度的商業發展，聲優也逐漸走向偶像化，更與各種商業跨界合作、地方品牌相互合作。楊雅婷的〈虛與實的融合體 2.5 次元的魅力〉透過口頭訪問和問卷調查，清楚呈現臺灣一般年輕人如何認識聲優，以及對於聲優的看法為何，是

理解聲優文化的很好切入點。

聖地巡禮是指文學作品、電視劇、電影、漫畫或動畫等愛好者根據自己喜歡的作品，造訪故事背景區域或取材、拍攝地，該場所則被稱為聖地。在本質上這與前往歷史遺跡或是宗教徒至特定聖地朝聖並無不同，但隨著日本近十年來日常系動畫以及地方角色經濟的興起，主打聖地巡禮以及以特定現實街道、地理位置為號召的ACG 作品已經如雨後春筍般出現，此一現象也與當地偶像、地區限定商品有密切的合作。筆者認為，郭家寧的〈現實與虛擬的交叉點──聖地巡禮的發展與前景〉是現有相關研究中，通論、廣泛且好讀的聖地巡禮介紹，也是意欲開始朝聖，或是想要對日本更多理解的同好玩家最好的入門文。

曾出版過多本熱門著作，也是知名專欄作家的劉揚銘為本屆論文提交了一篇絕無僅有的大作，一篇關於女性身體乳搖的研究。為什麼動畫中的女性胸部會強調乳搖？乳房的搖擺除了感官挑逗和性慾刺激，是否又具備什麼歷史與文化的因素？王建奇的〈論電玩遊戲中虛構生物的價值定位──以《Pokémon》為例〉則以今年度最火紅的精靈寶可夢為主要探討對象，到底虛擬生物在遊戲中是如何被認識和界定的？陳柏均則從沉浸理論探討當今遊戲的深度體驗。不論是在 PC、網頁手機或是各大遊戲平台上，QTE 系統多用來增加玩家的遊戲臨場感，這兩者無非都是想要給玩家一個更好的遊戲體驗，在虛擬世界中找到一個全新的歸屬，筆者認為會是人們之所以捕抓寶可夢，或是希望能更加深入在虛擬世界的遊戲體驗中，也莫過於類似的原因。

黃惠鈴的〈歐洲聯盟遊戲產業政策之探討〉是臺灣少見關於歐洲遊戲產業的觀察與討論，可以讓我們更加瞭解他山之石，當我們自詡也要扮演相同角色時，更需要多方觀點；胡又天的〈論我輩將

宗教、靈異與 ACGN 互注的潮流〉乃是一與眾不同之論文，正如其人之風格。胡先生畢業於臺灣、中國和香港三所知名大學，分別完成學士、碩士和博士學位，研究易經、流行音樂歌詞、東方和布袋戲，多方的涉獵和廣泛的閱覽構成本文的特色和主旨：我們如何把各式各樣的領域和 ACG 結合？本文雖然充斥個人特色，但此一不符傳統學術規範的作品，或許正是我們輕學術多元價值所提倡的一環。而如果胡又天的作品是棒喝潮音，那周文鵬的〈2 次元版圖的接合與加固：論中國動漫意識的生活化及產業化──以「有妖氣」現象為例〉可謂古寺鐘磬，透過條理的分析來説明中國大陸現今市場和產業的變化，值得關心整個廣義華文市場的朋友一讀。

　　在《漫活著》則以「讀作品、性別與人文」為主軸，收錄多篇精彩、各具觀點的作品解析。林齊晧的〈解放命運的奴隸：論《JoJo 的奇妙冒險》之人體圖像及其人文意涵〉以荒木飛呂彥老師之知名作品為探討核心，他從《JoJo》中的站姿、身著的衣服看到了什麼意涵？這不單單是文藝復興美學的呈現，更是一種人類對於自我命運的再思索。本文獲得巴哈姆特論文獎之肯定，唯受限版權相關因素，在本論文集中難以文圖對照，無法表現原始發表的精彩，實為遺憾，在此筆者表達誠摯的歉意。黃璽宇〈以多瑪斯論《心靈判官》中人之自由與該追求的幸福〉以神學大師 St. Thomas Aquinas 為切入點來討論《心靈判官》這部作品。一個生活在完美系統控制下的人們，所有的心理狀態、喜怒哀樂都被數值精確計算著，人的自由又在哪裡？本論文更試圖指出「人應該處於怎樣的狀態才是善且完滿的？」

　　任職於中央研究院的賴芸儀〈論自然法與自由意志兩大古典課題之辯──從希臘悲劇《安蒂岡妮》到日本輕小説《廢棄公主》〉是一篇非常深入但也不太好讀的作品，或者筆者應該坦白地説，寫下本篇序言時，只記得當天賴小姐帶著貓耳頭飾進行發表，其他的

都通通不記得了（笑）。吳思萱和陳柔安各自提交了關於性別討論的論文，這兩篇〈《少女革命》——論女性主體的性別角色、認同與出走〉和〈《玻璃假面》面具前後的性別與能動性〉剛好以兩部非常重要，但是其中「女性角色」意義十分不同的作品作為切入點。《玻璃假面》描繪女主角北島真夜（麻雅）學習演戲和成為職業演員的歷程，是一個努力熱血向上的故事，當然周圍會有許多討厭嫉妒她的人，所以必須克服各種難關；而《少女革命》則是一個因為世界上太多公主渴望白馬王子，不如自己來扮演王子的刻板印象再詮釋。這兩篇關於性別的論文，實在非常適合一起讀。

趙海涵〈論細田守家族題材作品中「母性」與「母職」的衝突——以《狼的孩子雨和雪》為例〉，探討細田守的代表作之一。不管是《夏日大作戰》、《怪物的孩子》，貫串細田守作品的中心觀念都是人與家族的羈絆和守護，而貫串了雨和雪十餘年成長過程的，最後到底是狼還是人？筆者深覺這是一篇探討母親意義的優秀論文。陳韋佑〈歡迎來到地球——試論飯島敏宏的巴爾坦星人論〉乃是本屆論文中篇幅最長的大作，他細緻地考察了巴爾坦星人，並思考其中關於暴力、文明、正義和相互理解的重要性。筆者雖然不是《超人力霸王》系列的相關粉絲，但拜讀這篇論文時，可以真切地感受到作者的情感和熱情，並認為此種熱愛是 ACGN 迷群最重要的一件事。楊哲豪的〈漫畫作為溝通互動的場域——以《航海王》為例〉，則是以知名漫畫《航海王》（ONE PIECE）為例，探討漫畫如何作為一敘事的切入點來連結當代社會的許多議題，例如關於恐怖主義、文化消費等問題。最後漫畫作為一個載體可以成為一個共享的場域，讓不同國家、語言的讀者都可以透過相同的圖案來交流這些深入但重要的議題，到達「視域融合」（Fusion of Horizons）之效果。下冊最後一篇為筆者的〈《FINAL FANTASY》的真實幻想論〉，該文試圖以《FINAL FANTASY》這款知名的角

色扮演遊戲為例，說明其概念的「幻想」乃是建立在一套中介現實世界和虛構添加物下的合理結果，使得這樣的幻想可以超越文明的時序性和歷史直線進步主義，達成一種混沌且多元的想像。

綜觀本屆論文，不僅題材多元、內容豐富，許多深刻的題目也開始被關注到。誠如序言所說，我們期待下一屆會有更多優秀的作品，以及關於日本、歐美乃至於臺灣本土作品來進行文化的研究、跨界的思索與多元的解釋，這也是我們衷心的期待。現在，請充滿熱情和意念，享受著「**過動 · 漫生活**」吧！

虛與實的融合體 2.5 次元的魅力——
論日本聲優風潮之形成與聲優文化在臺之現況

楊雅婷

一、前言

　　關於「聲優」一詞，猪野健治、現代若者研究會（1999：56-63）將其定義為「替動畫或旁白、外國電影重新配音等，僅靠聲音詮釋角色，亦稱聲音的演員」。從大正時期「無聲電影解說員」（弁士）、戰前盛行的「廣播劇演員」（ラジオ役者）、戰後替外國電視影集「重新配音的演員」（吹き替え俳優），到近代最廣為人知的「動畫配音員」（アニメ声優），這些以聲音來詮釋並賦予作品生命力的功臣，在不同的時代裡，都各自擁有廣大的支持者，而他們的人氣使聲優一職受到注目。其中，1977 年上映的《宇宙戰艦大和號》劇場版，除了締造動畫的新里程碑外，更引領聲優跳脫幕後，以聲優為中心舉辦舞台劇、見面會等活動，掀起空前的熱潮。這種以 3 次元演員演出 2 次元人物所產生的跨界現象被稱作「2.5次元」，而 2.5 次元的關鍵在於「與虛構作品中角色的聯結」。例如：經過配音後的動畫、僅以動漫角色的聲音演出的電視廣告、改編自動漫原作的真人版電影等（藤津亮太，2015）。

　　而「聲優」不僅只是從事配音工作，其領域更拓展至舞台、歌唱甚至是文字活動。從 2000 年起臺灣已舉辦超過百場的日本聲優相關活動（楊雅婷，2016.01），每次總能吸引眾多聲優迷前往消費，報章雜誌更是大篇幅的報導聲優訪臺及所造成的風潮，可見聲優市場在臺灣的潛力不容小覷。聲優為何能在日本成為一種受歡迎的職業？為何聲優被視為 2.5 次元文化中的一環？而日本聲優是如何打入臺灣的御宅市場，吸引到大批的臺灣聲優粉絲？

本研究將透過資料收集來分析歸納 2.5 次元文化以及日本聲優的發展史，並採用網路問卷調查臺灣社會對於聲優的認知度、日本動畫與電玩配音選擇的視聽習慣等問題；並以臺日合作布袋戲作品《Thunderbolt Fantasy 東離劍遊紀》為例，藉由紙本問卷解析日本聲優的特質是如何透過《Thunderbolt Fantasy 東離劍遊紀》與傳統布袋戲文化結合。最後再以個人專訪的方式，從臺灣聲優粉絲的角度來探討「聲優偶像化」的問題。

二、何謂 2.5 次元文化

　　什麼是「2.5 次元文化」？須川亞紀子（2016）認為 2.5 次元是現代流行文化（動畫、漫畫、電玩等）中，將虛構世界於現實世界的再現，享受在虛構與現實之間曖昧空間的一種文化實踐。而此實踐通常是跨媒體的發展，如改編自原作的音樂舞台劇、真人版寫實化電影、角色扮演與拍攝、以角色名義舉辦的聲優演唱會等等，並指出不僅是消費者，以玩家、表演者身分參加此類活動也屬於 2.5 次元文化。須川與橫濱國立大學的流行文化研究中心更為各種 2.5 次元文化活動作出定位，繪製出「2.5 次元文化領域 MAP」（見圖 1）。此分布圖的橫軸座標由左至右分別為「虛構空間（2 次元）」，如印刷品、影像等，及「物理空間（3 次元）」，如演員、公仔、立體投影等，用以表示特定活動中呈現角色的媒介特質。縱座標由下至上則為「感覺／虛構的（2 次元）」與「身體性／真實感的（3 次元）」，用來區分參與者主觀認定該活動屬於虛構（2 次元）或真實（3 次元）。例如以動畫角色名義舉辦的聲優演唱會，即較貼近「物理空間」（由聲優作為角色媒介為 3 次元）與「身體性／真實感的」（演唱會屬於真實 3 次元）之特質，故此活動便定位在 2.5 次元文化領域 MAP 中第一象限。

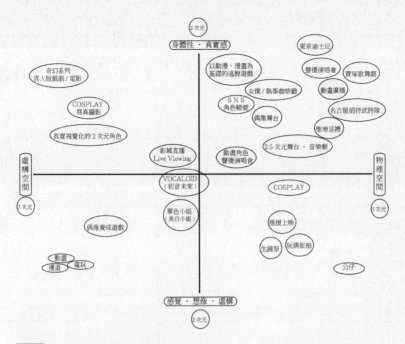

身體性‧真實感 (3次元)

奇幻系列 真人版戲劇／電影

東京迪士尼

以動漫、漫畫為基礎的逃脫遊戲

聲優演唱會

寶塚歌舞劇

女僕／執事咖啡廳

動畫廣播

COSPLAY 寫真攝影

SNS 角色帳號

偶像舞台

名古屋招待武將隊

真實視覺化的2次元角色

聖地巡禮

虛構空間 (2次元)

影城直播 Live Viewing

動畫角色聲優演唱會

2.5次元舞台‧音樂劇

物理空間 (3次元)

VOCALOID (初音未來)

COSPLAY

單色小姐 (黑白小姐)

偶像養成遊戲

應援上映

生誕祭

玩偶旅拍

動畫 漫畫 電玩

公仔

感覺‧想像‧虛構 (2次元)

圖1 2.5 次元文化領域地圖（資料來源：〈イマジネーションとのインタープレイ〜 2.5 次元文化領域の射程〜〉，《美術手帖：特集 2.5 次元文化 キャラクターのいる場所》，2016 年 7 月號：98-99。筆者整理重繪）

　　其他針對 2.5 次元的論述，如 2015 年由青土社發行的《総特集 2.5 次元— 2 次元から立ちあがる新たなエンターテインメント》一書，即是以改編自動漫原作的音樂舞台劇為對象，探討由年輕英俊的舞台劇演員所引領的 2.5 次元文化現象。石田美紀（2007）以男性聲優演出男性同性愛題材的廣播劇 CD、遊戲作品為例，並在〈聲音的機能〉中提到，被描繪在平面上的「2 次元」身體，透過聲音使其增添了內涵與厚度，即便稱不上是「3 次元」，但卻是「2 次元」與「3 次元」之間的存在，換言之就是邁向「2.5 次元」的變化；聲音與運動同為替「2 次元」身體「注入氣息」（animate）的重要手段。

另外，上田麻由子（2014）則以戀愛遊戲《歌之王子殿下》為例，指出主演的男性聲優以原作中高中生偶像團體「ST ☆ RISH」名義發行 CD、舉辦演唱會，受到廣大好評。再以 2.5 次元音樂劇代表作《網球王子》作對比，雖二部作品同樣以青少年為主角，但《網球王子》採用的是外表及年齡皆與原作角色相似的「年輕帥氣演員」（若手イケメン俳優），而《歌之王子殿下》的男性聲優當時（2013）平均年齡為 36 歲，在視覺上跟高中生角色有很大的出入。上田認為 2 次元與 3 次元透過「角色的交錯」瞬間，所產生的只能被稱作「2.5 次元」的暫時性空間。2 次元與 3 次元，視覺與聽覺的交錯，使角色彷彿就近在眼前，讓人產生了角色觸手可及的錯覺。

綜合上述，能夠將虛構創作於現實中再現的實踐行動，即為 2.5 次元文化，而實踐的方法可以是視覺（如音樂舞台劇），也可以是聽覺（如動畫的配音、廣播劇 CD、聲優演唱會），讓觀眾能以實際感官去感受虛擬作品中的角色性格、劇情設定；而本文所要探討的，便是 2.5 次元文化的其中一個領域——聲優文化。

三、「聲優」文化在日本

若將日文的「声優」翻成中文，那麼最接近的字彙便是「配音員」。而日本聲優的工作除了以「本國」語言替外國影集「重新配音」（吹き替え）以外，亦包含了影視作品製作完成前的「前製錄音」（アテレコ），與節目製作完成後的「後製錄音」（アフレコ）。

日本針對聲優發展的研究報告中，對於聲優歷史的關鍵年代與代表事件主張略有不同。表 1 為筆者依據文獻資料「聲優」一職的出現以及三次聲優風潮所整理的「聲優發展史」。

表 1 聲優發展史

	「聲優」一職的出現	第一次聲優風潮	第二次聲優風潮	第三次聲優風潮
勝田（1996）	廣播時期	外國影集重新配音、《原子小金剛》	《宇宙戰艦大和號》	遊戲機的開發、電玩軟體與唱片的發售
豬野現代若者研究會（1999）	1945～54年（昭和20年代）廣播劇風潮	1960～64年（昭和30年代末）外國影集重新配音	1975～84年（昭和50年代）《宇宙戰艦大和號》劇場版	1995年《新世紀福音戰士》
松田（2000）	1941年NHK放送劇團招募團員	60年代中期外國影集重新配音	70年代後半《宇宙戰艦大和號》劇場版	90年代《美少女戰士》
森川 辻 谷（2002）	1925年廣播劇《噫無情》的播放	廣播劇	―	―
森本（2009）	1925年廣播節目開始、電影院的解說員（弁士）活躍期	1977年《宇宙戰艦大和號》劇場版	80年代後半聲優偶像化	2000年
小林（2015）	1925年廣播節目播放、廣播劇研究會招募學員	60年代後半外國影集重新配音	1974年《宇宙戰艦大和號》電視動畫版	1992年《美少女戰士》、1995年《新世紀福音戰士》
內藤（2015）	1908年無聲電影解說員（声色活弁士）	―	―	―

※註：「―」為未提及。
資料來源：筆者整理

（一）「聲優」一職的出現

「聲優」一職的起源如何界定，學者見解各有不同。勝田（1996）與松田（2000）僅點出大致的年代，並無深入探討。豬野、

現代若者研究會（1999）則認為聲優職業的出現從廣播劇開始，並提及昭和20年代興起廣播劇風潮，出現用聲音演戲的劇團團員，但當時尚未使用「聲優」一詞。

森川、辻谷（2002：54-73）則將聲優定義為「透過媒體、並以獨有的創造力為基礎，藉由言語（有時包含唱歌）表現藝術之人」，並認為「聲優」一職出現的契機是1925年由東京放送局以廣播劇形式播出的《噫無情》電影解說，當時擔任解說員的熊岡天堂即為日本最早的聲優。森本（2009）與小林（2015）則認為以長田幹彥為代表，於1925年創立廣播劇研究會並進行招募「廣播劇演員」（ラヂオ劇役者），為促使「聲優」一職出現與引發廣播劇風潮的關鍵。而內藤（2015）與其他學者的主張不同，他將聲優視為「台詞的發言人」，並提到聲優必須以「具有影像」為前提替影像配上聲音，因此認為1908年無聲電影解說員才是最早出現的聲優職業。另外內藤亦指出由於廣播劇演員並沒有符合「具有影像」之前提，故廣播劇演員不能被視為聲優。

隨著1952年電視節目的放送以及1959年電視機的普及，日本的大眾娛樂範疇逐漸從廣播轉移至電視。由於當時的電視節目不多，電視局只好引進外國戲劇、電影，又受限於技術，無法加上字幕，因此出現了「重新配音」這種透過聲音來演戲的演員；當時的配音員收入偏低，因此大多是打工的年輕演員。

而被視為聲優活躍範疇的動畫，則以1958年首部長篇動畫電影《白蛇傳》為起源。其中1963年首部日本國產動畫《原子小金剛》於電視播放後，日本進入大量製作動畫作品的時期，為角色配音的聲優開始吸引年輕觀眾們的注目。1977年動畫電影《宇宙戰艦大和號》大受好評，不僅為動畫界寫下新的歷史，更讓替角色配音的聲優得以走到幕前，以見面會、簽名會等活動方式與觀眾見面。其中不同於其他以演員身分進行配音的聲優，從「黑澤良的後製配音教室」（黒沢良のアテレコ教室）畢業的麻上洋子備受外界矚目。

麻上洋子的出名，讓外界注意到由聲優養成體制所培養出來的專業聲優，促使聲優養成機構廣為設立。

隨著聲優活動領域的擴展以及人氣大增，聲優的動向也開始受到大眾關注。1994年，聲優雜誌《声優グランプリ》與《ボイスアニメージュ》的創刊，使得聲優的作品情報得以藉由雜誌媒體擴大宣傳。而隨著PlayStation等主機遊戲的販售，聲優的工作內容更趨多元。不只是配音，許多聲優更為動畫及遊戲演唱歌曲，其銷售量往往破萬，甚至登上Oricon公信榜，[1]或於大型會場舉辦演唱會，成績相當亮眼，成功進軍音樂市場。另外伴隨著「藝能化」（マルチタレント化）的影響，聲優的工作更延伸到舞台劇、電影等，以及發行自傳等個人著作，活躍領域非常廣泛。

（二）聲優風潮的出現

廣播時期後的聲優發展史如上述所言，儘管各學者對於第一次的聲優風潮時間點各有看法，但大致仍以外國影集、動畫、廣播劇三種媒體型態為第一次風潮界定的依據。其中猪野、現代若者研究會（1999）、松田（2000）、小林（2015）等學者及研究單位指出的時間點分別為1960年代前、中、後期，雖然不盡一致但皆認為第一次的聲優風潮為電視節目興盛期，由外國影集重新配音所引起的風潮。勝田（1996）雖未深入討論，但亦點出外國影集的重新配音及動畫《原子小金剛》的播放與第一次聲優風潮有關，而此二事皆發生在電視節目興盛期。另外，森本（2009）認為1977年動畫劇場版《宇宙戰艦大和號》掀起了聲優第一次風潮；森川、辻谷（2002）則認為廣播時期即為第一次的聲優風潮。

1　Oricon公信榜，日文為「オリコンチャート」。服務領域包含網頁、廣告、娛樂新聞等數位方面的製作，手機及智慧型手機的周邊商品與網站等製作、雜誌與廣告的販售，以及提供音樂、影視、書籍的市場營收與情報等（參考自〈オリコン株式会社〉，n.d.）。

相較於各學者針對第一次聲優風潮的界定標準不一，第二次聲優風潮的認定則意見較為一致。森本（2007）主張 1980 年代後半期發生的聲優偶像化為第二次聲優風潮，而勝田（1996）、豬野、現代若者研究會（1999）、松田（2000）、小林（2015）等學者及研究單位則認為《宇宙戰艦大和號》為引發第二次聲優風潮的關鍵作品，其中小林主張 1974 年的《宇宙戰艦大和號》電視動畫版為第二次聲優風潮的起因，其餘學者則認為 1977 年上映的《宇宙戰艦大和號》劇場版才是引領第二次聲優風潮之關鍵。

對於第三次聲優風潮的界定，松田（2000）與豬野、現代若者研究會（1999）各自主張 1992 年的《美少女戰士》與 1995 年的《新世紀福音戰士》電視動畫開播為重要契機；而小林（2015）則引用女性聲優小原乃梨子的看法，認為上述二部作品的出現引發了第三次聲優風潮。其中勝田（1996）雖並未點出具體作品名稱，但與上列學者一樣認為第三次的聲優風潮使得聲優趨向藝能化、偶像化，無論是以聲優名義舉辦的演唱會，或是發行專門提供聲優情報的聲優雜誌等等，甚至是後來發售的 PlayStation 遊戲主機，皆促使聲優活動領域更加擴大。

有別於上述文獻所探討的三次聲優風潮，「ORICON STYLE」[2] 則指出到了 1990 年代露臉的聲優開始變多，也就是進入所謂的「女性偶像聲優」的時代。活躍於各種藝能活動的聲優開始增加。且 2000 年代中期到後期，因《K-ON！輕音部》等作品的爆紅，又再次引發了新一波動畫熱潮，進入了被稱作「第四次聲優風潮」時代；並以連續 6 次於紅白歌合戰登場的水樹奈奈作為開啟聲優工作與音樂活動並行的「聲優歌手」（声優アーティスト）之代表（〈声優ブームが生んだ功罪 今の声優に求められるものとは〉，2015.02.08）。

2　與「Oricon 公信榜」為同一間公司體系，「ORICON STYLE」為該公司提供藝人情報、唱片排行榜等資訊的官方網站。

四、臺灣社會對日本聲優認知度之調查

（一）調查方法

　　本問卷以 Google 表單製成，全卷共 15 題，並於 2016 年 6 月 29 日至 2016 年 8 月 15 日間在 Facebook、Plurk 之社群網站發放，總共收回 3085 份問卷。

（二）調查對象

　　首先關於「您覺得日文的『聲優』是什麼意思？」一題，本題共預設「聲音優美的人」、「配音員」、「成人片演員」、「其他」共 4 個選項，認為「聲優」是「配音員」者有 2956 人，其次為「聲音優美的人」（89 人），而認為是「成人片演員」者共有 8 人，選擇「其他」的則有 32 人。由於本問卷調查主體為日本聲優，故筆者僅採用將「聲優」意思選為「配音員」以及其他欄中表示「聲音的演員」之數據，其餘回答皆不予採計，故從實得 3085 份問卷中，採用共 2976 份作為有效問卷。而 2976 份有效問卷中，男性共 396 人，女性共 2580 人。其中，年齡層以 20 ～ 29 歲（1764 人）、10 ～ 19 歲（919 人）、30 ～ 39 歲（191 人）為主要族群。其他年齡層的填答狀況則分別為 40 ～ 49 歲的 75 人，50 ～ 59 歲的 22 人，以及 9 歲以下的 3 人與 60 歲以上的 2 人。而本問卷將日文程度分為 4 等級，並請受訪者自由勾選，得到的結果分別為「無」（428人）、「略懂」（1456 人）、「普通」（635 人）以及「佳」（457人）。

（三）調查結果

1. 日本動畫、電玩與配音習慣之選擇

　　圖 2 為觀看日本動畫或玩日本遊戲時「您會選擇哪種配音？」

所作調查之圓餅圖，選擇日文配音者約占 96%，而中文配音僅占 4%。

圖2 您會選擇哪種配音？

而選擇配音語言的理由（複選題）則如圖 3 及圖 4 所示，選擇中文配音（123 人）最主要的理由為中文較親切（66 人）與不懂日文（57 人）；選擇日文配音（2853 人）的主要原因則為日語原音較貼近原作（2666 人）以及聲音演技較好（1821 人）。另外針對選擇日文配音的受訪者於「其他」欄位中的自由回答亦包含以下幾點意見：

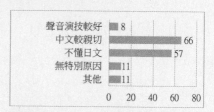

圖3 選擇中文配音的理由為？

圖4 選擇日文配音的理由為？

（1）中文配音作品數量不多，如「有些作品本來就無中文配音（無引進）」、「因為通常在網上看那只會有日配嘛」。

（2）中文配音聲音重複率高，如「中文配音員人數太少，很容易聽出來又是哪幾個人的聲線」。

（3）基於對特定日本聲優的喜愛，如「對中之人的愛」、「因為有很多知道且喜歡的聲優」。

（4）習慣看原音作品，如「作品習慣看製作國原音」、「從小看動畫不管是哪個國家製作的都聽原文」。

（5）可做為學習日語之管道，如「可以順便學習日文」、「學習日文聽力」。

（6）語言內含的文化與翻譯差異，如「有些特別的日本文化

過動
ACG 產業文化與可能性

只有日語才能傳達出來，例如：敬語、敬體、普通體這三種說話方式給人的親近／距離感」、「有些諧音梗或雙關語要聽原文才懂，翻譯未必能達到類似效果」。

根據上述分析可以觀察到對於日本動畫與電玩，絕大多數的人並不會選擇中文配音，而會因「日語原音較貼近原作」以及「聲音演技較好」等理由選擇日文配音。透過自由回答亦可發現中文配音作品數量不多、配音員人數不足等中文配音所面臨的困境。

2. 動畫電玩的聲優演出與視聽習慣

圖 5 為關於「觀賞日本動畫或玩日本電玩時，您會注意聲優是誰嗎？」之百分比長條圖，將男性與女性回答者各自分開檢視，可注意到男性「會」注意聲優的比例約為 57%，而女性則為 78%，由此不難發現女性對於演出作品的聲優是誰，表現出高度的關注。

若將「會注意聲優是誰嗎？」與「配音語言選擇」作對照，可以看出選擇觀看「中文配音」的回答者中，「會」注意聲優的比例約有 22%，與「不會」之比例相差近 4 倍；而選擇「日文配音」的回答者中，「會」注意聲優的有 77%，與選擇「中文配音」者呈現幾乎完全相反的情形（圖 6）。

圖 5 觀賞日本動畫或玩日本電玩時，您會注意聲優是誰嗎？

另外再與「您平常有在看日本動畫或玩日本電玩嗎？」一題對照檢視，可發現越是頻繁地接觸日本動畫或電玩，則「會」留意聲優的比例也增加（圖 7）。而相對於圖 7 為探討視聽者與玩家是否會在觀賞動漫或玩遊戲作品時注意到「聲優」是誰，圖 8 則反向思考，觀

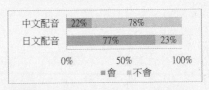

圖 6 觀賞日本動畫或玩日本電玩時，您會注意聲優是誰嗎？（與配音語言對照）

察視聽者與玩家是否「會因為看到特定聲優在某些作品有演出，而選擇關注或觀看該作品」。而根據圖 8 調查結果顯示，男性回答者中表示「會」的比例為 46%，而女性則為 65%。可以發現女性受訪者對於聲優的演出，給予較積極的支持態度；與前述之「觀賞日本動畫或玩日本電玩時，您會注意聲優是誰嗎？」一題，女性回答者對於聲優的關注程度具有相似的情形。但無論性別，皆有近半數的受訪者表示會關注，故本節最初所探討的「因作品而注意聲優」的現象並非單向進行，而是同時伴隨著「因聲優而注意作品」的雙向關係。

3. 對日本聲優的印象之調查

圖 9 為「您對日本聲優有什麼樣的印象？」複選題之長條圖，本問卷預設具有專業性、很會唱歌、受歡迎、偶像化、聲音鑑別度高、經常舉辦活動、不知道或沒感覺、其他共 8 個選項，其中有 2808 名，約 9 成以上的受訪者認為日本聲優「具有專業性」之形象，其餘選項中有超過 1 千名以上受訪者對日本聲優抱持「聲音鑑別度高」、「偶像化」、「受歡迎」的印象。而在自由回答欄「其他」中亦有受訪者填寫「配音」領域之外的回答。

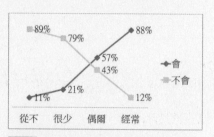

圖 7 觀賞日本動畫或玩日本電玩時，您會注意聲優是誰嗎？（與動畫電玩之視聽與使用頻率對照）

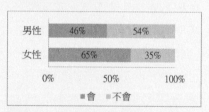

圖 8 您會因為看到特定聲優在某些作品有演出，而選擇關注或觀看該作品嗎？

圖 9 您對日本聲優有什麼樣的印象？

過動
ACG 產業文化與可能性

（1）聲優的外表，如「近年越來越趨勢臉蛋身材」、「變成很要求顏值」。

（2）待人處事的正面形象，如「很重視聽眾的感覺、粉絲的感受」、「克己」。

（3）臺日配音薪資之差異，如「薪水較臺灣的高很多」、「報酬分級差別大」。

（4）配音之外的工作問題，如「有些也會出專輯或在雜誌上出現等等」、「不會唱歌卻出唱片」。

由此可見臺灣民眾對於日本聲優的看法除了「聲音」之外，亦不乏有跳脫螢幕之外的形象觀感。聲優在配音工作以外，亦帶給視聽者有近似偶像般的特質，例如在配音之外的歌唱技巧、長相、態度以及活躍度等，而這也是本文最後所要討論的問題。

4. 對在臺舉辦「日本聲優活動」的參與意願與日語能力之調查

而針對「未來是否會想參加在臺舉辦的『日本聲優活動』？」一題，曾經參加過在臺舉辦之日本聲優活動的受訪者 714 人中，約有 94% 表示未來會想參加活動，可見有參與過活動經驗者給予活動相當高的支持與肯定。而沒參加過聲優活動的受訪者中，表示「會」參加的人亦約占 54%（圖 10）。不難看出日本聲優活動具有相當的吸引力，即便沒參與過活動，但仍有半數以上的回答者表示有意願參加活動。

圖 11 則為針對曾經在臺灣參加過聲優活動的受訪者日文能力之對照表，其中「無」日文能力者約占 3%，「略懂」者 43%，「普通」及「佳」則各占 27%。在臺舉辦的「日本聲優活動」皆

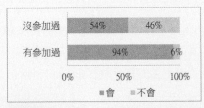

圖 10 未來是否會想參加在臺舉辦的「日本聲優活動」？（與是否曾參與過活動對照）

以日文進行對談，大部分的活動都會安排主持人或是口譯人員，但根據調查所示，活動參與者中雖有少部分是不懂日文的粉絲，大多數的參與者具有基礎以上的日文能力。

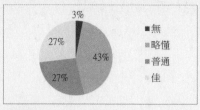

圖 11 曾在臺灣參加過（含外場觀賞）「日本聲優活動」（與有無日文能力對照）

五、從臺日跨界合作作品《Thunderbolt Fantasy東離劍遊紀》看日本聲優的影響力

　　《Thunderbolt Fantasy 東離劍遊紀》係於 2016 年 7 月在臺日兩國同步播出的布袋戲電視劇，不同於 2002 年在日本上映的布袋戲電影《聖石傳說》，《Thunderbolt Fantasy 東離劍遊紀》並非僅由臺灣方面製作再由日本公司接洽代理事宜，而是以臺灣的霹靂國際多媒體股份有限公司與日本的 Nitro+ 及 Good Smile Company 三家公司成立「東離劍遊紀製作委員會」共同進行影劇製作。其中製作團隊亦包含日本知名小說兼劇作家虛淵玄、作曲家澤野弘之等日本動漫界重量級人物。不僅製作團隊實力堅強，作品宣傳力道更是強大，如架設作品專屬的官方網站、多元經營社群網站（Facebook、Twitter 等）、接受雜誌專訪、推出限定周邊商品、舉辦見面會活動等；另外漫畫家由佐久間結衣執筆的同名漫畫亦自 2016 年 7 月 21 日開始於《週刊 D Morning》（週刊 D モーニング）第 34 號連載。臺灣官方則是與網路畫家共同合作推出短篇漫畫《便當劍遊紀》（蠢羊與奇怪生物，2016.07.09），於每週五節目首播後隔日刊出，提供即時且經由官方認可的二次創作作品。霹靂國際多媒體股份有限公司副總經理黃亮勛於專訪中曾表示，「《東離劍遊紀》的版權由三間公司共有，兩地端所產生的利潤都是三方共享。由於是三間公司合資，一起拍攝這部劇，動用了三方的資源，所能產生的力道

就很大」（janus, 2016.07.14），由此不難看出臺日製作公司對於此作品的重視與企圖心。

在活動宣傳方面，臺灣以 2016 臺北國際動漫節中 Good Smile Company 及《東離劍遊紀》／霹靂布袋戲聯合參展為首波活動，邀請霹靂國際多媒體股份有限公司董事長黃強華、副董事長黃文擇以及虛淵玄出席「【霹靂雙皇 X 虛淵玄】奇幻新作發布‧限定簽名會」。緊接著 6 月在臺北、高雄兩地舉辦「《東離劍遊紀》全臺首映會」，除了出席簽名會的 3 位嘉賓以外，首映會又另外邀請了臺語配音員黃滙峰、日本聲優鳥海浩輔，以及知名 Coser 如 STAY、Fenrir 凡瑞爾、虹伶、御伽ねこむ等人蒞臨會場。且不同於臺灣以往網路或超商購票，首映會採用的是日本常見的記名、抽選制，抽中的觀眾可免費進場。

而 9 月 11 日於臺北舉辦的「《Thunderbolt Fantasy 東離劍遊紀》粉絲感謝祭」，則以虛淵玄、日本知名聲優関智一、鳥海浩輔、檜山修之以及擔任主題曲主唱的 T.M.Revolution 等日本製作團隊為主軸。值得一提的是，本次活動入場券除了一般座位席及站席之外，亦搭配雙語 DVD 套票販售，要價新臺幣 2,000 元以上的票券全數銷售一空。[3] 從作品推出短短不到一年的時間就在臺灣密集舉辦活動，且 9 月感謝祭與前二次有著極大的差異，首先邀請的嘉賓皆以日本製作團隊的成員為主，雖有安排 Coser 及操偶師登臺，但活動主軸與官方文宣皆將焦點集中在「日本嘉賓」身上。再來是票價從免費變成要價 1,800 元以上的票券，另外除了臺灣官方販售的臺語版 DVD，需要取得日方版權的雙語 DVD 亦趁勢推出，不難感受到日本官方搶攻臺灣市場的野心。

根據筆者以今年度（2016）的漫畫博覽會與開拓動漫祭（Fancy Frontier）共計 90 名參與者進行的紙本問卷調查中，共有 50 名受

---

3 此活動共有四種票券組合，分別為 DVD 套票座席 3,800 元、DVD 套票站席 3,500 元、一般座席 2,000 元、一般站席 1,800 元。

訪者知道《Thunderbolt Fantasy 東離劍遊紀》這部布袋戲作品。

　　而針對此 50 位進行「會選擇哪種配音？」之調查（圖 12），共 31 人選擇「日語配音」，4 人選擇「臺語配音」，14 人勾選臺日語皆可的「不一定」。了解配音偏好後，再進一步探討選擇二種配音的理由，可發現選擇「日語配音」的最主要原因（圖 13）依序為「習慣聽日語」（30 人）以及「聲音演技較好」（30 人）；而選擇「臺語配音」的主因（圖 14）則為「較親切」（含雙語皆可者，共 13 人）。

　　最後是針對「哪些是吸引您觀看《Thunderbolt Fantasy 東離劍遊紀》的原因？」的複選題（圖 15），主要以「編劇為虛淵玄」（31 人）以及「日本聲優陣容堅強」（30 人）二個原因最多，而「喜歡布袋戲」的人數則為 16 人。收看者中有 3 成為原本便是布袋戲的愛好者，但高達 6 成的人認為好的劇本及配音更是吸引他們收看此作品的原因。另外「其他」欄位中的自由回答則包含了「臺日合作」、「創新」、「新奇」以及「OP 為 T.M. Revolution」等。

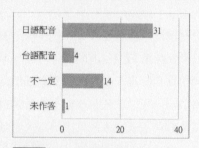

圖 12 您會選擇哪種配音？

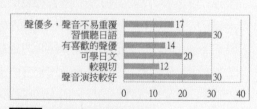

圖 13 選擇日語配音的理由？

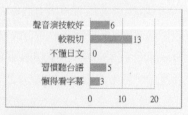

圖 14 選擇臺語配音的理由？

過動
ACG 產業文化與可能性

根據上述調查結
果，可以觀察到相較
於以臺語配音的
《Thunderbolt
Fantasy 東離劍遊
紀》，約有 62% 的

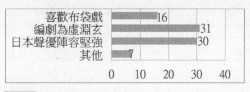

圖15 哪些是吸引您觀看《Thunderbolt Fantasy 東離劍遊紀》的原因？

回答者選擇「日語配音」，28% 選擇臺日語配音皆可，並普遍認為日語配音的「聲音演技較好」。而從《東離劍遊紀感謝祭場刊》中的角色介紹文發現，本作的臺語版僅由二人擔任配音（大霹靂國際整合行銷股份有限公司，2016），且在《Thunderbolt Fantasy 東離劍遊紀》臺灣官方的臉書專頁留言回應文中，則有不少觀眾給予臺語配音較為負面的評價。原屬於臺灣本土文化的布袋戲，透過不同國家的包裝與詮釋，獲得了各界不同的反應，而面對日本聲優所具備的精湛演技與火紅人氣等衝擊，臺灣在配音產業，甚至是布袋戲的臺語配音都得正視人才短缺與專業技能不足的困境。

六、「聲優偶像化」現象及聲優粉絲之看法

第四次聲優風潮引發的「聲優偶像化」現象，不僅讓聲優的工作內容更趨多元，更促使嚮往成為聲優的年輕世代激增，但聲優備受矚目的同時卻也出現許多問題，如公司為了推出更多年輕、外型姣好的聲優吸引觀眾目光，以低廉薪資雇用演技能力尚未成熟的新生代聲優，剝奪許多具有豐富配音經驗的資深聲優演出權利，反而間接造成將聲優推向幕前表演的「聲優偶像化」現象。根據筆者對 10 位曾參與聲優活動的受訪者進行的專訪中，受訪者對於聲優偶像化現象所提出的看法有以下幾個特點：

（1）聲優偶像化是「必然的」、「趨勢」、「不可避免」（3 人）。
（2）聲優偶像化能夠使聲優活動增加、更加活躍（5 人）。

（3）聲優偶像化是一種商業經營、賺錢的方式（6人）。

針對此現象給予正向思考的有5人，認為不佳的有4人，正負評參半則為1人。其中給予聲優偶像化肯定的大致基於上述第2點理由，認為聲優偶像化使得聲優工作得以增加，粉絲也藉由參與活動而感覺更加貼近、了解日本聲優。

> A先生：活動多的話，我們能參與的活動多，這也不是壞事。
>
> B小姐：我覺得是好事。對聲優本人來說，多財源可以在業界生存，以商業角度來看是趨勢，以粉絲的角度來看，可以多方接觸到喜歡的聲優。
>
> D小姐：知名度上升之後，也會讓粉絲認識到不同方面的他們，也可以讓他們接到更多工作，我覺得這對聲優或是對粉絲來說都是好的。

另外也有受訪者認為重點不在商業手段，而是在於能目睹到聲優的成長，以及實際參與活動後對偶像化改觀等看法。

> H小姐：雖然有時認為商業化，但覺得是他們另一種經營方式，所以若是看得出聲優成長，那就不是什麼壞事，甚至給予肯定。
>
> F小姐：本來認為聲優靠聲音就好，不需要走出幕前，但參加活動後認為跳脫幕後也不錯。

相較於粉絲對於聲優偶像化能促使聲優的活動更加多元給予正面評價，認為聲優偶像化不佳的原因，則多認為活動本身太跳脫配音本業。例如：包裝、賺錢企圖濃厚、注重外貌、要求歌唱能力等。

> C先生：我覺得包裝的不夠完美，沒有特色。
>
> G先生：感覺銅臭味重，只是為了錢。

> I 小姐：偶像對我來說就是代表了臉蛋，聲優這樣的職業，個人認為重要的是聲音，是用聲音去演活一個角色，以我自己來說，應該要多鑽研角色。注重的不是臉蛋，雖然實力堅強的聲優，有能力去發展其他事業，但是過度被包裝的聲優，覺得在之後是會很容易被淘汰取代的。
>
> J 小姐：我覺得聲優應該專注於工作本質，雖說他們的偶像化能夠帶動商機、宣傳作品，但我認為真的沒必要做那麼多。而且事務所要求聲優們唱歌什麼的，這明明不是聲優應該要做的，卻變成現今入行的基本，感覺有點太超過了。

受訪者 E 小姐則認為聲優偶像化促使特定聲優活躍的同時，亦會產生部分聲優演出權益被剝奪等問題。

> E 小姐：我覺得好壞參半，好的理由是可以藉此多看到聲優本人的活躍。壞的地方是，不紅的人就沒什麼資源，讓人感覺到社會的不公平。

　　儘管對聲優偶像化各有各觀點，但透過上述訪談不難發現多數人仍然是以支持聲優的立場看待此現象。對粉絲而言，聲優偶像化是事務所、商業化經營等因素造成，而粉絲除了樂見喜歡的聲優能活躍於各領域，更期望能實際參與並見證聲優的成長。

七、結語

　　日本聲優隨著廣播劇、外國影集、國產動畫等影視媒體的發展，在不同時代都引領了聲優風潮的再現。而這種透過 3 次元聲音將 2 次元平面虛構的世界重現於現實生活中的「2.5 次元」現象，

使得聲優文化在現代流行文化中亦占有一席之地。進入 2000 年代後，以《K-ON！輕音部》與連續 6 次於紅白歌合戰登場的水樹奈奈為代表，確立了聲優與音樂活動並行的「聲優歌手」（声優アーティスト）型態並掀起第四次聲優風潮。

臺灣自從 2000 年首次舉辦日本聲優活動開始，各式活動、臺壓版唱片、電玩廣告等，皆促使日本聲優在臺的能見度日漸升高。根據本文調查，多數人認為日本聲優具有專業性、聲音鑑別度高、偶像化、受歡迎。對動畫視聽者及遊戲玩家而言，作品與聲優兩者間並非僅是單向的「因作品而注意聲優」，同時也包含「因聲優而注意作品」的雙向關係。至於受訪者參與日本聲優活動的意願調查數據顯示，曾參與過聲優活動的受訪者有高達 96% 的比例表示有機會仍「會」再次參加，顯示出對聲優活動的高度支持，亦可見日本聲優在臺灣具有相當大的市場。

而 2016 年結合臺灣布袋戲傳統文化、日本動漫及聲優文化的《Thunderbolt Fantasy 東離劍遊紀》，更締下了臺日跨界合作的新里程碑。不僅融入許多動漫元素，且結合各種跨媒體發展與積極行銷，使此作備受關注，其中約有 6 成以上的受訪者選擇「日語配音」、近 3 成受訪者選擇「雙語配音」的模式觀賞作品。而吸引關注的原因也以「編劇為虛淵玄」及「日本聲優陣容堅強」二點為主，可見好的劇本以及日本聲優的精湛演技會受到臺灣視聽者高度評價，甚至吸引了原本並非為布袋戲的粉絲觀看。

作為 2.5 次元文化代表之一的聲優，不僅是透過配音將 2 次元角色呈現在眾人面前，更以專業演技甚至結合商業經營走出角色框架並引領風潮。而粉絲也在角色與聲優之間找尋新的平衡點，除了以關注作品、留意演出資訊等較為靜態的方式支持聲優，亦熱情參與活動來實踐對聲優的熱愛。而無論是靜態或是動態，粉絲們皆以各自的方式活出自己的「過動・漫活著」。

參考書目

一、中文書目

大霹靂國際整合行銷股份有限公司（2016）。《東離劍遊紀感謝祭場刊》。
　　臺北：大霹靂國際整合行銷股份有限公司。

二、日文書目

小林翔（2015）。〈声優試論：「アニメブーム」に見る職業声優の転換点〉，
　　《アニメーション研究》，16：3-14。

上田麻由子（2014）。〈甘やかな声の網：男性声優と二・五次元〉，《ユ
　　リイカ》，46：108-114。

内藤豊裕（2015）。〈日本における「声優」とは何か？：映画史の視点から〉，
　　《学習院大学人文科学論集》，24：317-347。

石田美紀（2007）。〈響きと吐息──〈声の BL〉という申し開きのできな
　　い快楽について〉，《ユリイカ》，39：190-196。

松田咲實（2000）。《声優白書》。東京：オークラ出版。

猪野健治、現代若者研究会（1999）。〈アニメ聲優の世界〉，〈新・青春
　　論ノート PART50 アニメ聲優の世界〉，《公評》，36：56-63。

勝田久（1996）。〈エッセイ・声優ブームというけれど① 声優ブームは
　　メディアの産物〉，《テアトロ》，649：50-51。

森川友義、辻谷耕史（2002）。〈声優の誕生とその発展〉，《メディア史
　　研究》，13：54-73。

森本純一郎（2009）。〈声優、それは話芸たりうるか〉，《東京工芸大学
　　芸術学部紀要》，15：117-124。

須川亜紀子（2016）。〈イマジネーションとのインタープレイ～2.5 次元
　　文化領域の射程～〉，《美術手帖：特集 2.5 次元文化 キャラクターの
　　いる場所》，2016 年 7 月號：98-99。

楊雅婷（2016.01）。〈台湾における日本声優イベントについての一調査─
　　イベントの種類とその特徴─〉，「2016 第八屆北區校際大專院校碩士
　　班聯合研究發表大會」會議論文。臺灣：臺北。藤津亮太（2015）。〈記
　　号と身体と内面〉，《ユリイカ：2015 年 4 月臨時増刊号 総特集◎ 2.5
　　次元─2 次元から立ちあがる新たなエンターテインメント》，2015 年
　　4 月臨時増刊号：183-189。

三、網路資料

〈【ビーズログ 9 月号】（7 月 20 日発売）掲載内容はコチラ！〉（n.d.）。
　　ビーズログ。上網日期：2016 年 09 月 12 日，取自 http://www.bs-log.
　　com/2016/07/honshi1609/

〈Thunderbolt Fantasy 東離劍遊紀／原案 虛淵玄 (ニトロプラス) 漫画 佐久
　　間結衣【新連載開幕直前対談】〉（2016.07.14）。モアイ。上網日期：
　　2016 年 09 月 12 日， 取 自 http://www.moae.jp/comic/
　　thunderboltfantasy/0?_ga=1.199832935.877804952.1466995930

〈オリコン株式会社〉（n.d.）。オリコン株式会社。上網日期：2016 年 8
　　月 17 日，取自 http://www.oricon.jp/index2.html

〈月ブシ 8 月号は『Thunderbolt Fantasy 東離劍遊紀』を徹底紹介 !!〉
　　（n.d.）。月刊ブシロード。上網日期：2016 年 09 月 12 日，取自
　　http://gekkan-bushi.com/column/20160704_10492/

〈声優ブームが生んだ功罪 今の声優に求められるものとは〉
　　（2015.02.08）。Oricon Style。上網日期：2016 年 8 月 17 日，取自
　　http://www.oricon.co.jp/special/47663/

Janus（2016.07.14）。〈專訪霹靂多媒體副總黃亮勛，《東離劍遊紀》與虛
　　淵玄如何顛覆霹靂布袋戲？〉。上網日期：2016 年 09 月 01 日，取自「T
　　客　邦　」http://www.techbang.com/posts/44613-interview-with-pili-
　　international-multimedia-vice-president-huang-liangxun-talk-about-
　　east-travelled-sword-discipline-and-the-different-ways-how-traditional-
　　puppet-making

蠢羊與奇怪生物（2016.07.09）。〈《便當劍遊紀》第一話〉。上網日期：
　　2016 年 09 月 12 日， 取 自 https://www.facebook.com/Nisinsheep/
　　photos/?tab=album&album_id=1716263438615184

現實與虛擬的交叉點——
聖地巡禮的發展與前景

郭家寧

一、緒論：聖地巡禮的起源

「聖地巡禮」正如字面意思，是人類對於宗教信仰的狂熱和虔誠心而起的旅行，這類「聖地」最為人熟知的莫過於同時為猶太教、基督教及伊斯蘭教三個宗教聖地的耶路撒冷；又或者是伊斯蘭教徒五功之一，一生必得前往「朝覲」的麥加；日本也有位於四國地區的 88 個靈場（寺院），稱之為「四國八十八箇所」巡禮，這類聖地和宗教領袖們的生平或宗教發展有著重要影響，雖不能等同於本文提到「因作品而產生」的舞台探訪行為，但巡禮者所抱持的「朝聖」心態或許是相同的。

日本近代的舞台探訪行為，遠可追朔到尾崎紅葉在明治年間未完成的小說作品——《金色夜叉》所帶起的熱海蜜月旅行熱潮，但一直以來大眾並不會將這種行為稱之為「聖地巡禮」，而多是使用引發「熱潮」（ブーム）或是造成「狂熱」（フィーバー）這類的詞彙，來形容這些因作品而前往作品背景地點的人潮，其後昭和乃至於平成年間由 NHK 晨間劇或是大河劇帶動舞台探訪[1]之風氣時，媒體也大多使用這個稱呼。

早年在動漫領域會使用「聖地」一詞稱呼的地方，也並非是動

1　NHK 晨間劇造成地方舞台探訪熱潮，以帶動了山形縣尾花澤市的銀山溫泉觀光的《阿信》（おしん），為了支援東北復興計畫而拍攝的《小海女》（あまちゃん）等作品最為人所熟知；而大河劇則多以歷史背景結合地方觀光形成風潮，也有像是《八重之櫻》（八重の桜）為上述支援東北復興計畫而決定拍攝作品的例子。

漫作品的舞台探訪行為，而是如同東京的秋葉原、池袋的乙女之路（乙女ロード）一類聚集動漫遊戲商家的區域，或者像是曾經住過為數不少極具影響力的漫畫家，現已不復存在的常盤莊（トキワ莊），[2] 又或者是漫畫家的紀念博物館一類，而將聖地巡禮一詞衍生到動漫作品的舞台探訪，則是要到了 21 世紀之後的事。

二、聖地巡禮的發展

（一）聖地巡禮的萌芽期

　　最早使用「聖地巡禮」一詞，是在 2005 年的《聖地巡礼 アニメ マンガ 12 ヶ所めぐり》一書，該作品是首次以「聖地巡禮」為標題的出版品，當然這並不是代表動漫的聖地巡禮歷史只有十多年而已，而是在這之前的探訪者並不自稱為「巡禮者」，也不稱呼這個行為叫做「聖地巡禮」。1990 年代開始，隨著動畫錄影帶的發展和盛行，使得在作品觀賞中停格和倒帶再次觀賞成為可能，非主要劇情部分的背景也能成為第二次、第三次觀看時成為觀眾注目的焦點，因此開始出現視聽者前往作品內場景的探訪行為。這時的聖地巡禮以《究極超人 R》（究極超人あ～る）、OVA（Original Video Animation 原創動畫錄影帶）（1991）為動畫聖地巡禮作品的先驅，[3] 而在之後的動畫《天地無用！》（1992）系列和《美少女

2　位於東京都豐島區的常盤莊，包括手塚治虫、赤塚不二夫、藤子不二雄、石ノ森章太郎等超重量級的漫畫家都曾住在這個夢幻般的宿舍內創作筆下的漫畫。在 1982 年解體後仍吸引相當多的漫畫迷，因此附近還設有紀念碑和指標。順帶一提在 2016 年 7 月，豐島區在媒體上宣布將要在鄰近的公園敷地內重現常盤莊，預計在 2020 年奧運前開幕，內部將作為動漫博物館展示當年常盤莊的文物以及作品。

3　要特別注意的是，該 OVA 創造出的聖地（JR 東海飯田線上的數個車站和鐵道）是漫畫原作故事結束之後的原創劇情，並非原作中就有出現的故事內容和聖地。

戰士》（美少女戰士セーラームーン）（1992）系列等為聖地探訪活動萌芽時期，最為人所熟知的聖地巡禮作品（柿崎俊道，2005）。

　　雖說此時已經有了作者和作品本身的連結，[4] 但當時的聖地巡禮活動，尚未注意到和地方觀光發展的互動。例如《美少女戰士》中的巫女火野麗（火野レイ）所居住的火川神社原型——東京都港區元麻布冰川神社，就算被新聞報導後引發大眾討論，也僅僅只是使得該神社的參拜人數增加、御守銷售變好一類「被動式」的獲益，和作品有連結的部分，也只有成為在神社的繪馬上繪製美少女戰士角色的「痛繪馬」發祥地而已。

（二）聖地巡禮的發展期

　　而成為現今聖地巡禮發展最成功的「樣板」，則要到了《星空的邂逅》（おねがい☆ティーチャー）（2002）及續篇《星空的邂逅 2》（おねがい☆ツインズ）（2003）的系列奠定。該系列因井出安軌動畫監督出生於長野縣松本市，而選用了同縣的大町市木崎湖周邊為原型，與之前多數巡禮作品的最大不同點就在於該系列相當積極的和當地合作，不但在作品官網直接介紹木崎湖當地，車站內有免費的聖地觀光地圖及作品原畫、草稿等展示，鄰近車站的商店門口也貼著作品的海報，主動讓視聽者得知作品和地方的結合，而非被動式的等著視聽者自己探索聖地的存在。作品的場景不再只是純粹的動畫背景，隨處可見的人物海報、角色等身立牌等，讓巡禮者彷彿找到入口「踏入」作品中；官方主動的態度讓聖地巡禮的難易度降低，搭上當時飛躍性發展的網路流通，讓聖地巡禮的訊息

4　例如《天地無用》的原作梶島正樹是岡山縣人，故事中主角所住的柾木神社原型即為同縣的太老神社，而包括鷲羽、美星、砂沙美等人也是以岡山實際的地名套入角色的名字。

大量擴散，使潛在的探訪者更有意願嘗試巡禮；在作品播畢數年後，地方上仍陸續舉辦不少與該作品連動的活動，包括 2007 年 8 月成立以女主角瑞穗（みずほ）為名的「みずほプロジェクト」，該企劃舉辦了諸如木崎湖環境美化活動、因地方旅館民宿荒廢而徵求區域路燈維護的募款活動、協助當地餐廳開發動畫相關的新菜色等（山村高淑，2009）；2008 年時曾和 JR 東日本合作推出紀念車票；[5] 更甚到了 2012 年系列作品十週年時，還推出彩繪著女主角的聖地巡禮巴士（信濃每日新聞，2012.07.02），舉辦各個景點的集章活動等等，著實稱得上是動畫與地方觀光結合的成功實例。

雖說《星空的邂逅》在聖地巡禮的發展上是成功的，但此時的聖地巡禮仍屬於相當小眾的活動，所連結的對象只有視聽者和少數的在地商家，[6] 除了上述在開播當時就和在地合作《星空的邂逅》外，多數的作品幾乎不會公開表明作品的取景地，因為這類聖地巡禮者眼中的「景點」大多只不過是住宅區中的私有地及私人建築，一些巡禮者太過興奮、大肆喧嘩可能會引發在地居民的反感，因此當時在網路上討論聖地巡禮的資訊也大多寫的曖昧間接。

筆者於 2006 年開始從事聖地巡禮時，網路上的資訊不但少且瑣碎。多數知名的巡禮者部落格中介紹的地點不會直接提供確切位置，或是巡禮照片除主體外的景緻都打上了馬賽克，從地圖上也無法判斷位置，得在 2ch 或是其他匿名聊天室之類無法管轄的「灰色領域」，才有人敢公開確切位置。當時這種風氣，或許是發文的巡禮者也不信任其他巡禮者的禮儀所造成的結果。

5　2008 年 9 月 1 日起於大糸線信濃大町駅（原先預計假日時海ノ口駅也會臨時販售）發售 4 張一組的「アニメのなかの大糸線入場券」，限量 1000 組在一個星期內全數售完。

6　包含みずほプロジェクト的結成，以及 JR 東日本的合作活動等，都是跟上了隨後 2007 年《幸運☆星》所帶起的聖地巡禮風潮腳步，並非放映當下就有如此活絡的發展。

過動
ACG 產業文化與可能性

最知名的負面消息便是《草莓棉花糖》（苺ましまろ）（2005）聖地巡禮所衍生出的問題。《草莓棉花糖》是描述一名女高中生[7]伊藤伸惠及包含她妹妹在內的多名小學女生之日常生活單元劇，作者以自己出生地的靜岡縣濱松市為背景，在動畫播映時，製作組也沿用了原作的設定，吸引了相當多的視聽者前往濱松市朝聖。但當時朝聖者做出許多打擾地方的行為，其中因為作品劇情以小女孩們互動為主，使得平靜的住宅區突然出現一群人拿著相機在聖地所在地的小學和公園狂拍照（多數還是御宅族裝扮的男人），更是容易挑起當地居民的敏感神經，甚至傳出某些朝聖者要求陌生的當地小學女生模仿故事中的角色動作，以作為拍攝對象——因此罕見地導致連載《草莓棉花糖》原作漫畫的《月刊 Comic 電擊大王》（月刊コミック電擊大王）在 2006 年 3 月號中刊載了希望巡禮者能夠「自肅」的聲明。

（三）聖地巡禮的成熟期

　　動畫的聖地巡禮帶給地方的負面印象，一直到了《幸運☆星》（らき☆すた）動畫版（2007）所帶起的風氣，才使得聖地巡禮變得大眾化、通俗化。其中因為巡禮能為地方帶來觀光財，直接或間接提高地方居民對巡禮的接受度，《幸運☆星》所帶動的巡禮風潮，可說是相當重要的里程碑。《幸運☆星》原作是在 2004 年 1 月號角川書店的《Comptiq》月刊開始連載的四格漫畫，內容描述數名女高中生的日常生活，後來在京都動畫製作後開始受到極大的注目。在動畫開始播送不到一個月，由みゆる～む伊月 SIDE 所出版的同人誌《らき☆すた TV アニメ化記念 FanBook おっかけ！セーラーふく》，介紹動畫中登場的包括埼玉縣久喜市鷲宮町在內的數

7　原作中原有 16 歲未成年吸菸、喝酒的不良設定，動畫版中則為了符合法律規範而將其年齡改成已成年的 20 歲，身分也同時從高中生轉成短大生。

個場景取景地，該作者也為了避免再次發生《草莓棉花糖》巡禮者引發的問題，在該同人誌內介紹聖地巡禮禮儀和住民的正確應對方式，搭起巡禮者和當地居民的友誼橋樑（山村高淑，2009）。

另一方面，由角川所發行的動畫雜誌《月刊 Newtype》（月刊ニュータイプ）也在同年發行的 8 月號中製作了〈らき☆すたの遠足のしおり〉附錄，以官方商業雜誌的角度介紹這些聖地，並附上從秋葉原前往的交通資訊等等，將《幸運☆星》的聖地巡禮推廣到全國讀者。從此，聖地巡禮的對象不再僅限網路上的小眾巡禮者，或同人誌讀者，而是擴充為社會大眾。[8] 但在《幸運☆星》聖地的鷲宮神社來客數增加同時，也有居民投書於網路，表示對這些外來御宅族的行為感到不安，並擔心地方治安受到影響，此一言論獲得不少居民同感，進而上網和其他巡禮者、御宅族在該留言的下方進行爭論（我ら久喜市民の HP，2007.07.19）。儘管如此，但也讓主流媒體開始注意聖地巡禮現象並進一步報導（山村高淑，2008；產經新聞，2007.07.25b）。

正當地方居民還在對是否該接納這些御宅巡禮者持觀望態度時，位於鷲宮神社鳥居正前方，並多次出現在包含片頭動畫的大西茶屋（作品中是以大西茶屋為名）發現商機。大西茶屋原本就因與鷲宮神社為鄰，藉地利之便而將古民宅進行改建、由町內商工會經營運用，以吸引參拜民眾到此休憩。[9] 當時的大西茶屋經營者在《幸運☆星》帶起風潮時，就曾表示聖地巡禮者並沒有為其造成困擾，

---

8 「第一回陵桜祭」是個只有 25 個攤位的小型同人活動，《らき☆すた TV アニメ化記念 FanBook おっかけ！セーラーふく》這本同人誌也僅僅印刷 115 本完售，且並沒有通販管道。而隨著動畫的熱潮逐漸加溫，後來的陵櫻祭不但擴大規模，社團攤位破百攤，此一同人本也多次增刷，銷售量破千冊。

9 在 2015 年 8 月重新整修開幕後，大西茶屋已經轉變為白天提供定食，晚上酒吧的形式，而非原先的喫茶店，但仍保留包括二樓地區迷你 fm 廣播的放送，依然是商工會活動的根據地。

反而感謝《幸運☆星》帶來客源，並期許地方能夠販售周邊商品或是安排角色登場（產經新聞，2007.07.25a）。而鷲宮町的商工會事務局也以行動證明他們並不只是希望而已，而是更積極的探詢聖地巡禮者的來訪想法，來消解當地居民對於巡禮者的疑慮，並在電子揭示板 2ch 詢問其他網友意見，最後整合製作出相關企畫書，與擁有《幸運☆星》版權的角川書店和編輯部會談（山村高淑，2008），最終雙方決定邀請聲優 [10] 和作者美水鏡出席「『らき☆すた』のブランチ＆公式參拜 in 鷲宮」活動，而這次活動共計吸引了 3 千 5 百人前來參加。

然而，舉辦活動並沒能完全消除多數商家的顧慮。當時鷲宮商工會以巡禮者為販售對象，製作了 11 種類的桐木繪馬造型手機吊飾，卻苦無願意販售的商家，最後是商工會同意若有未售出的吊飾會以原價買回，店家無須負擔成本等讓步條件，才得到當地 17 間商店的販售意願。結果在活動舉辦當天，不僅 2 千 2 百個吊飾順利賣完，隔天一般販售的 1 千個吊飾，也在 30 分鐘內銷售一空。這驚人的銷售速度終於使得還在觀望的店家嗅到商機，因此第二次販售時有 43 家參加，第三次販售更是多達 60 間店鋪參與，銷售的數量也在第二次販售時增至 3 千 5 百個，三次販售時更賣出了 8 千 5 百個吊飾（山村高淑，2009）。同時商工會讓每間店鋪限定銷售最多兩種吊飾，一來避免不同角色人氣高低，會造成販賣店家間不平衡，二來讓巡禮者會更有意願在多間店家消費，達成周邊觀光的目的，這種類似大地遊戲及其變形的商業促販手法，也是值得我們注意的地方。[11]

---

10 參加此次活動的 4 名聲優分別是在劇中飾演柊鏡（柊かがみ）的加藤英美里、柊司（柊つかさ）的福原香織、小神晶（小神あきら）的今野宏美及白石稔（白石みのる）的白石稔等四人。

11 回推這個商業手法的歷史，在不同神社或寺廟收集「朱印」的靈場巡禮行為，廣義上來說或許能算是這種類似集章活動（スタンプラリー）的先驅，而在 1970 年代由日本國鐵開始發揚光大。

《幸運☆星》的成功不僅帶動了作品背景地區和作品中角色相關的「宅經濟」，身為奠定「聖地巡禮」觀光獲利模式的典範，鷲宮地區隨之而來的知名度更是進一步擴獲了眾多媒體的目光與資源。其中獲益最大的自然是鷲宮神社，因其地區交通不甚便利，腹地不夠廣大，周遭也沒有其他觀光景點，每年初詣的參拜人數和其「關東最古大社」的名號不符，但在《幸運☆星》播映後的首次初詣，隨著聖地之名一躍成為全國焦點，參拜人數竟比前一年增加兩倍以上，隔年又再度成長四成，隨後不但沒有因為動畫完結流失來客量，新年參拜人數更是連年穩居埼玉縣全縣第 2 位（表 1）。根據統計，埼玉縣靠著《幸運☆星》聖地巡禮所造成的熱潮，相關的經濟效益在 2007 年至 2010 年間就已高達 22 億日圓（產經新聞，2015.12.09）。

表 1 鷲宮神社近年初詣參拜人數推移

年度	初詣參拜人數	縣內排名	附註
2004 年	150,000	4 位	**1 月：《幸運☆星》漫畫開始連載**
2005 年	**65,000**	**9 位**	**3 月：大酉茶屋開始營業** 8 月：發售廣播劇 CD[12] 12 月：發售 NDS 遊戲
2006 年	90,000	7 位	
2007 年	130,000	6 位	**4-9 月：動畫版播放** 5 月：發售 NDS 遊戲續作 12 月：和角川合作舉辦公式參拜活動
2008 年	300,000	3 位	1 月：發售 PS2 遊戲 **4 月：柊家一人登錄鷲宮町特別住民** 8 月：發售動畫聲優陣容的廣播劇 CD **9 月：土師祭 幸運星神輿登場** 同月發售 OVA[13]

---

12 動畫化之前的廣播劇所有主要角色的聲優都和動畫版不同；此時的主角泉此方（泉こなた）聲優為広橋涼，柊鏡為小清水亞美，柊司為中原麻衣，高良美幸（高良みゆき）為中山惠里奈。

表 1 鷺宮神社近年初詣參拜人數推移（續）

年度	初詣參拜人數	縣內排名	附註
2009 年	420,000	2 位	12 月：發售 PSP 遊戲
2010 年	450,000	2 位	**6 月：《幸運☆星》神輿於上海萬博展示**
2011 年	470,000	2 位	
2012 年	470,000	2 位	
2013 年	470,000	2 位	

資料來源：〈らき☆すた〉，維基百科，n.d.，取自 https://ja.wikipedia.org/wiki/%E3%82%89%E3%81%8D%E2%98%86%E3%81%99%E3%81%9F（筆者翻譯並加筆記載特殊相關活動）

　　在鷺宮商工會和角川書店成功的異業合作後，近年來商工會也因角川書店之便接觸到更多不同的業界公司，並抱持著更大的企圖心開拓鷺宮神社的來客，例如在 2013 年初詣時，遊戲公司 Front Wing 便在神社外頭停車場的活動中，布置了以《灰色的果實》（グリザイアの果実）這部遊戲為名的休憩所，在休憩所內播放將要推出的 PSP 版遊戲和 TCG（Trading Card Game 集換式卡片遊戲）等的宣傳影片，免費贈送附上角色圖像的免洗筷袋、鐵道時刻表以及塑膠購物袋；到了 2014 年初詣時該公司繼續在會場進行作品的宣傳，同年 9 月的土師祭，更是第一次和《幸運☆星》有實質的商品合作，推出兩部作品角色交換制服的合作 T 恤、浴巾等，之後積極且持續在鷺宮神社推出的活動都有合作商品的販售和展示。不過，事實上這部作品參考的學校和商店街等「聖地」的模型是在神奈川縣及靜岡縣等地，和鷺宮甚至是埼玉縣全境都毫無地緣關係，但卻選在鷺宮神社進行宣傳及合作事宜，且還包括了該作品原作是成人

---

13 這捲 OVA 同時也收錄了同年 4 月鷺宮町交付特別住民票的現場活動實況紀錄。

遊戲等其他爭議面向，[14]引發了網友「為什麼是和這部完全沒關係的作品合作？」、「難道神社、地方對於和成人遊戲合作沒有意見嗎？」等討論，得到的結論是源自於該作品的卡片遊戲是由武士道（株式会社ブシロード）所發行，而武士道所編輯、出版的書籍正是委託和鷲宮最為相關的角川書店，Front Wing 因而透過了角川書店和鷲宮產生連結，在經歷幾次試水溫的免費活動後，獲得地方及其他來訪者的支持與接納，而後鷲宮神社也和埼玉縣內其他聖地的合作，讓鷲宮的訪客不單單被侷限在《幸運☆星》單一作品，進一步拓展出了另一條道路，鷲宮神社的初詣更在網路上被不少網友暱稱之為「冬 Comic Market 的第 4 天」，[15]顯見鷲宮神社成功吸引御宅族來客。

　　但即便聖地巡禮帶動經濟的效果已經有相當多的實例，時至今日，部分作品仍會因為作品本身的「原罪」而不被認可。2016 年10 月時，熊本縣南部的球磨川鐵道（くま川鉄道）為了振興熊本震災後的地方觀光而和成人遊戲公司 Lose 合作，因為該公司所推出的成人遊戲《MAITETSU》（まいてつ）當初是以熊本縣人吉市為背景並使用了地方鐵道，吸引不少的遊戲及鐵道愛好者至當地進行聖地巡禮，使得球磨川鐵道看上這點宣布與該公司合作，推出限定車票並透過特製 App 更能進一步用擴增實境（Augmented

---

14 在 2013 年初詣時，該系列還未推出過一般向的作品，全年齡向的動畫也是時至 2014 年 10 月才放映。

15 一般來説「Comic Market 第 4 天」指的是御宅族在為期 3 天的 Comic Market 之後，前往秋葉原等地購買沒有買到的新刊或二手同人誌的行為。但由於冬天的 Comic Market 是辦在年末，隔天新年秋葉原商家多未營業，此時出現了鷲宮這個可以讓御宅族們在新年參拜兼交流、交換戰利品的地方，因而開始流行這個説法。近年來包括東京神田明神以及茨城大洗磯前神社等動漫聖地的神社也都因同樣理由而有了「Comic Market 第 4 天」的説法，不過若以相關的商品數量以及不同作品的攤位、合作，還是比不上鷲宮神社的被接納的程度。

過動
ACG 產業文化與可能性

Reality，簡稱 AR）攝影合照。雖然車票並沒有以成人遊戲為賣點，角色的設計也不暴露，但因為角色的設定相似於 MAITETSU 中的角色造型，而在發售前遭到地方議員和保守民眾的反彈壓力下宣布企劃中止販售（熊本日日新聞，2016.10.02），這個例子也讓我們看到人吉市和鷺宮町的態度有如天壤之別，並不是所有地方都能接納成人遊戲公司在地方上做宣傳。

三、創作者、地方與視聽者的關係

　　從上面的數個例子得知，動漫聖地的誕生必須先有由創作者產出作品後，視聽者才有機會因對作品產生興趣而成為巡禮者，有了巡禮者之後，地方就會獲得觀光效果而進一步的找上創作者（原作者、動畫製作公司）合作的循環。但要特別留意的是，這樣的關係並不是單方向的路徑，創作者在創造出作品後，視聽者給予的回饋便是消費以及對作品的愛——「認同地方成為聖地」，[16] 而巡禮者到地方觀光後得到的回饋便是聖地巡禮的滿足感、認同感（也包括地方限定的周邊產品或地方特產），創作者回饋給地方的正是因活動或作品吸引來的人潮和觀光財，創造出三贏的效果。

---

16 就算創作者和地方能合作的將某些聖地包裝得再漂亮、重現的再完美，但若是巡禮者不認同「這個聖地」則沒有任何意義。不少作品在地方上舉辦官方或非官方活動時都會有自願當義工的人，那些人便是將自身對作品的愛，投射在認同地方上面，這種愛好作品之心是筆者認為聖地巡禮最為重要的部分。

（一）創作者創造聖地

上段提到，必須先有創作者創造聖地才會有聖地巡禮者，而從創作者的角度來看「為何選用現實世界的某個地方當模型？」基本上有幾種原因。絕大多數的例子即是創作者和地方相關聯，不論是刻意的想推廣自己的故鄉、生長環境，又或只是方便性也罷，前文提到的《天地無用》、《星空的邂逅》、《草莓棉花糖》、《幸運☆星》之類皆屬於這個「人親土親」的類型。

另一種則是誤打誤撞。一開始並沒有想創造出聖地，地點也和工作人員的出生背景沒有任何關聯，而是因為作品的熱度致使成功創造聖地。例如由京都動畫負責改編的《AIR》（2005）等數部KEY的遊戲作品，[17] 在動畫比遊戲更加細膩的京都背景「加持」下，使得原作中曾出現的那些當初愛好者找不到的聖地，有了不同角度後，讓人得知聖地的位置；也因網路發達之便而使得巡禮者知道，大多數原作中所使用的聖地，製作時只是單純的參考「背景型錄的寫真資料集」[18] 而來（きーぼー堂，2010.06.08）。也無外乎女主角神尾觀鈴的家是在北海道函館的知名蕎麥麵店，配角霧島姊妹的診所市位於東京都國立市的眼科，神社是同市的谷保天滿宮，車站的原型來自於千葉縣的飯岡駅，[19] 海岸的大部分是和歌山縣的御坊市和美浜町，天文台和部分的海岸則是日本海側的兵庫縣香美町拼湊而成，主角就讀的高中則是福岡縣北九州的白野江小學校等等。KEY 的作品總給其愛好者一種「聖地範圍之廣闊」的驚嘆，[20] 實

17　包括 AIR、KANON、CLANNAD（含第二季 After Story）的 TV 版動畫皆由京都動畫改編。

18　作品為：マール社編輯部，《背景カタログ—漫画家・アニメーター必携の写真資料集》系列，マール社，1994-1997 年。

19　該車站原型的木造建築，已於 1997 年 3 月改建為鋼筋水泥建築，現已不復存在。

20　京都動畫的石原立也監督曾在活動中提及將 KEY 的作品改編動畫時，京都動畫的攝影工作人員有到現地取景後在動畫中使用，原作中沒有出現的

際上只是一種美麗的錯誤。

　　不過，如此集大成的聖地卻仍具帶動地方觀光的效果，身為作品中天文台和部分海岸聖地的香美町，在 2014 年，動畫推出 9 年之後（遊戲更是過了 15 個年頭），當地觀光協會才在當地的常客協助和建議下，繪製出屬於當地的聖地巡禮地圖。製作者最初的目的，僅僅是出自於「想讓該作品在之後也能讓其他人前來巡禮」的一番熱忱（神戶新聞 NEXT，2014.03.14），並在當地設置了數個彩蛋──「飛び出し坊や」[21] 的看板（圖 1）。這些常客們還為了增加其他人的再訪，多次自發性、無償的自製了多組飛び出し坊や以及幫助聖地巡禮地圖的改版。[22] 這是創作者／官方完全沒有介入，也沒有舉辦任何活動、出版相關周邊，純粹是巡禮者和地方在聖地巡禮上產生互動的實例。

圖1 香美町的飛び出し坊や（照片來源：筆者攝影，2012（左），2016（中、右）

背景，則多採用原作背景的現地周遭以及京都動畫公司附近的街景。

21 最為人所熟知的飛び出し坊や大概就是在豐鄉小學校附近的《輕音部》（けいおん！）系列，但當地的看板是由地方居民為地方觀光所設置，而在香美町這邊則是由巡禮者自發設置。

22 飛び出し坊や最初只有主角觀鈴一人的造型，後來增加了其他兩名女主角，到了 2016 年，香美町已有 6 組 AIR 角色的飛び出し坊や。

還有一種類型可算是前兩類的綜合體，原本只因取景取材方便，卻歪打正著創造了聖地。以 P.A.WORKS（株式会社ピーエーワークス）的《真實之淚 true tears》（2008）為例，這部作品以高中青春戀愛物語為主軸，以動畫製作公司本社所在位置——富山縣南砺市為背景，且為數不少的背景及建築物都是在公司方圓 1 公里內的地方，在動畫成功後，讓南砺市及動畫公司都意外成為作品聖地。不過，該製作公司最初並不是想要推廣富山縣才選用當地作背景，而只是單純為了壓低成本。該社社長堀川憲司在 NHK 製作《クローズアップ現代》（2012）專題節目中坦白說道「要從零開始構成一個全新的世界需要相當大的才能和時間，只有半年或 8 個月前才開始準備，是沒有辦法做出一個世界觀的。」

　　該社在順利打響知名度後，後續製作了以石川縣湯涌溫泉為背景的原創作品《花開物語》（2011）（花咲くいろは），這部作品從企畫階段就積極與地方合作，包括在石川縣金澤市的金澤 21 世紀美術館內宣布製作企畫，合作的能登鐵道還在西岸駅設置了劇中虛構站名的站名牌，車內廣播由動畫角色聲優擔當，石川縣當地為該動畫全國最早上映的電視台，2013 年同作品的劇場版也是石川縣內先行公開上映等等手法，希望帶動動漫迷前往石川縣的觀光風氣；更特別的是作品中自創的虛構祭典——「雪洞祭」（ぼんぼり祭り），成功的將其影響力帶回 3 次元，結合了現實聖地的湯涌溫泉地方觀光，從第 1 屆舉辦時以動漫迷為目標，包含聲優脫口秀之類的活動，後來逐漸減少對作品的依賴，將祭典交付給湯涌溫泉街當地的觀光協會，[23] 雪洞祭也在 2016 年邁入第 6 屆，成為當地獨特的觀光特色活動。

---

23 這邊指的是 P.A.WORKS 從 2015 年開始不直接參與執行委員的活動，而全權交由溫泉觀光協會負責，但地方還是有和作品相互連結的活動部分，並非將《花開物語》排除在這個祭典之外。

過動
ACG 產業文化與可能性

P.A.WORKS 推廣地方觀光的方式，不僅僅是靠著動畫的背景創造出聖地，還結合了科技。2013 年 4 月 28 日推出手機應用程式「 戀 旅 ～ True Tours Nanto ～ 」（ 見 http://www.koitabi-nanto.jp/），在富山縣南砺市使用該程式便能看到地區限定動畫，以及觀光導覽資訊和 AR 攝影，並隨著季節轉變主題和人物衣著，使前往聖地巡禮的巡禮者更能感受劇中的角色猶如活在現實一般。

（二）地方創造聖地

　　對於創作者（製作方）來講，聖地巡禮的商業模式除了有完整的街景模型能節省成本外，和當地的商工會、地方自治體合作也更容易得到贊助，又能確保「至少在地會支持」的死忠客群。在這種看似賺錢保證的概念確立之後，自然會出現因為對地方的依賴，進而成為聖地成形的推手。

　　《輪迴的拉格朗日》（輪迴のラグランジェ）（2012）便是常被提出的例子之一。千葉縣的鴨川市受到 2011 年東日本大震災影響，遊客大幅減少，作為一個海濱旅遊景點，地方生計受到相當大的打擊，因此當地在得知這個動畫企劃時，動員全市之力，地方商工會、觀光協會、鄰近大學的觀光學系及當地居民組成「輪迴的拉格朗日鴨川推進委員會」協助製作小組洽談地方商家的合作事宜（かもがわナビ，2011.11.18），並表明這部作品就是震後復興的推廣計畫，也成為 NHK 節目中被列舉為地方政府資助動畫製作組的案例。不過任何商業行為既然有正面例子也就會有負面例子，該作品推銷鴨川的方法就被認為太過粗糙且生硬，前後兩季加上 OVA 總共 26 話的《輪迴的拉格朗日》，從第 1 話的〈歡迎來到鴨川〉（ようこそ、鴨川へ！）一直到最終話的〈今天也在鴨川〉（今日もまた、鴨川で）共計 26 話的標題毫無例外的全部出現「鴨川」這個地名，主角們不斷地在劇情的對話中介紹鴨川，劇中虛構的鴨川能量飲料（鴨川エナジー）也和當地合作商品化販售，主角們喜

歡的食物也恰巧全都是鴨川當地特色食物，甚至是鴨川的觀光旅館、民宿在全國尚未播映前就已經打著該作品的聖地巡禮當賣點等等，明顯看出想追隨著其他順利結合地方觀光的聖地實例拉抬地方觀光，但該作在劇本上的置入性行銷過多，反而引起部分視聽者的厭惡，導致宣傳的反效果；雖說在播映當時確實造成迴響，讓當地的觀光產業見到復甦曙光，所合作的飲料也順利銷售一空、多次再販，因此也有部分聖地巡禮研究者直言《輪迴的拉格朗日》是聖地巡禮商業的失敗例子可能太過（酒井亨，2016），但從一部動漫作品的本質——也就是劇情方面，的確得到御宅族「作品只想著賺錢，而感到嫌惡」的負面評論（西山大樹，2016.03.23）。尤其在這部作品之後，包括《少女與戰車》（ガールズ＆パンツァー）（2012-2013）和《Wake Up, Girls!》（2014），其他打著311東北大震災復興企畫的作品陸續播映，讓視聽者有了相互比較後更覺失色，畢竟作品要走紅、形成熱潮，也得靠天時、地利、人和。

　　另一種地方創造聖地的型態，則是已經走紅的作品被地方選作觀光推銷之標的。其中最知名的例子莫過於鳥取縣在2014年時決定將縣內的機場暱稱選定為「鳥取砂丘柯南機場」（鳥取砂丘コナン空港），將縣內最有名的自然景點及漫畫作品結合，希望獲得更多人的注目與加強印象，鳥取和《名偵探柯南》（名探偵コナン）的關係自然並非是作品中的米花町或杯戶町是以鳥取為背景，而是作者青山剛昌正是出生於鳥取縣，以此為契機讓鳥取的觀光與青山的作品結合。機場內不但展示其漫畫原稿、使用的道具、播放青山剛昌作品的背景音樂，同時設立雕像和攝影點；JR山陰本線的由良駅也因為位於作者出生的北榮町，而在2013年比鳥取機場更早一步使用「柯南站」的暱稱，車站和青山剛昌紀念館之間的商店街也更名為柯南大道（コナン通り），就算地方和作品本身的聖地無關，卻也能由地方自行「打造」出聖地打響知名度吸引遊客前來。同為鳥取縣的境港市，同樣的有著《鬼太郎》（ゲゲゲの鬼太郎）

的作者水木茂（水木しげる）出生地為名的水木茂大道（水木しげるロード）以及鬼太郎電車等，東京都調布市也因為是 NHK 晨間劇《鬼太郎之妻》（ゲゲゲの女房）的聖地之故，使用了「水木茂在這邊住了將近 50 年」為宣傳，鄰近的天神通商店街便以在商店街內建置多個鬼太郎的妖怪雕像、販售相關商品、設立茶屋，甚至還有鬼太郎循環巴士等等。從上可知，地方創造聖地不僅僅受制於地方必須要先成為作品的模型才能成為聖地，雖然此一模式較類似於展覽和公共藝術的型態，而非以作品中實際出現的現實地點，往往難以帶動爆發性的聖地巡禮觀光熱潮，但是卻是能讓地方在確定作品的熱度、廣度後，再來找尋該作品、甚至是和該作者有無共通性，進一步創造聖地，對地方來說也是最為保險的聖地投資方式。

（三）視聽者創造聖地

　　不論是創作者直接創造抑或是地方希望創造聖地，都算是一種商業行為，但若和這層利益毫無關聯的視聽者「自行創造」出聖地，就很值得玩味。就有聖地是為了《偶像大師》（アイドルマスター）（2005）系列裡的角色──高槻彌生（高槻やよい）而打造。該聖地地點和《偶像大師》作品內容毫無關連性，也沒出現在《偶像大師》官方的任何媒體上，更沒有出現過企業合作，僅僅只是位於大阪府高槻市的連鎖定食餐廳やよい軒，恰好合起來能夠組出該角色的全名而已。單單只是這樣的理由也成為偶像大師迷的「聖地」，特別是每年的 3 月 25 日該角色設定的生日時，店家還會特意準備「感謝今日來店」的看板，感謝當天來店吃飯，前來「祝壽」的眾多偶像大師迷（Excite ニュース，2016.03.25）。這個誕生原因極為特殊的聖地，2016 年時還讓高槻市政府在「故鄉納稅」的回饋品上，「請來」這個只有名字和該地方有淵源的高槻彌生，製作該角色的 T 恤（ふるさとチョイス，2016），並在上架後立即搶購一空，聖地加乘的效果相當驚人。

這種由視聽者創造的聖地，同時也包括原作沒有講明地點的視聽者二創、甚至是陰錯陽差下視聽者的「誤會」而出現的聖地，前者像是《東方Project》絕大多數的被喻為「聖地」的場景，如長野縣的諏訪神社、洩矢神社等等，其實在原作遊戲中都沒有寫明，甚至沒有實際的插圖，那些聖地僅僅只是原作中符卡名稱的神道信仰，參照的故事背景、人物姓名由來的發源地而已。因誤會而生的聖地，最為人所知的即是吉卜力的《神隱少女》（千と千尋の神し）被謠傳當初的取景地是位於臺灣新北市的九份一事，且這個錯誤的消息，以訛傳訛到就連日本的主流媒體、旅遊雜誌等等也都常以《神隱少女》的聖地來宣傳臺灣九份觀光，最後連宮崎駿本人都還必須在臺灣媒體的專訪中，強調《神隱少女》的取景和九份沒有任何關係（TVBS新聞網，2013.09.13），但是「九份是《神隱少女》的場景」這訊息，卻也早已三人成虎、廣為流傳，九份的商家也樂得迎接因為這美麗的錯誤所帶來的大批觀光人潮。

　　由視聽者自行創造出的聖地實屬罕見，其「意外」造成的商業成功就如同中樂透般，難以讓其他地方參考取經。不過從這些例子也可以知道，動漫聖地的範圍沒有邊界也沒有限制存在，只要動漫迷認為是聖地的地方，就可能、並可以成為心中的聖地。

（四）小結

　　創作者、地方和視聽者三方面得處於一種平衡的狀態才能發揮出聖地巡禮在觀光上最大的價值，創作者推銷的太過會導致視聽者的反感，地方活動推的太過會造成巡禮者的疲乏，而巡禮者太過則會引發地方居民的抗拒。

　　更深入來看，地方靠著作品發觀光財的同時，也得考量到這些作品的保存期限，從多數聖地巡禮的作品都是動畫來看，對創作者（動畫公司）而言，作品完結後立刻再製作下一部、下兩部作品都是很正常的商業行為，但是多數想靠著聖地翻身的地方觀光卻得持

續推動單一作品，持續的消耗這部作品帶起的風潮和留下的觀眾基礎。以 2015 年來說，日本深夜動畫一年共計有超過 170 部 3 個月內就播畢的季番作品，換算下來每一季平均有 40 部以上，要多強大、多有代表性的作品才能靠作品本身維持數年甚至 10 年以上的熱潮？或許絕大多數都只是在播映結束後，就漸漸被人所淡忘的作品罷了。

同時對地方而言，更應該思考如何讓巡禮者願意「再次回流」這個重要課題，而不是讓巡禮者來朝聖一次後就心滿意足，但再也不會有第二次、第三次前往的意願。地方是該藉著發聖地財的同時，努力找出自己的觀光特色，繼續狙擊宅經濟而舉辦動漫活動也好，和動漫完全無關的地方活動也好，要的是讓巡禮者在第一次探訪時就能在地方上得到認同以及歸屬感；要巡禮者一輩子都喜歡一部作品或許相當困難，而要巡禮者一輩子都喜歡去一個地方則相對的容易。像鷲宮神社和湯涌溫泉漸漸跳脫仰賴作品名氣的包裝方式，改從作品推廣和地方特色的並行發展著手，方能在作品完結多年後仍能保持穩定甚至成長的觀光人數，或許是這類地方既成聖地中，轉型成功的最好借鏡。

四、結論：聖地巡禮與 Cool Japan

自從《幸運☆星》成功帶動地方觀光發展，並且透過長時間的交流互動，多方合作舉辦各式活動、企劃讓居民感受到這些巡禮者對作品的「愛」，同時尊重在地環境與居民生活，加上為地方帶來錢潮、活絡當地，聖地巡禮的行為才扭轉了地方居民的擔憂和負面感受。部分觀光資源欠缺的地方町村鎮，也希望透過動畫使地方聖地化、活性化、熱絡化的發展，創造有潛力的地方觀光「藍海」。

而在地方政府方面，以嚐到《幸運☆星》的甜頭和《我們仍未知道那天所看見的花名。》（あの日見た花の前を僕達はまだ知

らない。）（2011）帶動縣內另一波全國性聖地巡禮熱潮的埼玉縣最為主動積極，起因於埼玉縣是日本少數不靠海的縣，縣內也沒有世界遺產等觀光景點來吸引觀光客，因而希望透過動漫來「創造」新的觀光發展機會，從 2013 年開始年年舉辦「アニメ マンガまつり in 埼玉」（簡稱アニ玉祭）的活動。該活動目的不單單只想吸引單一作品的視聽者前來參加，同時也希望輕度動漫迷能因為這次活動深入認識作品，而引起前往諸如鷲宮、川越、秩父、飯能等縣內動畫聖地的興趣（Oricon Style，2014.10.05）。同時和其他都道府縣作動漫資源的組合，例如與京都國際動漫祭的互相出展，以及 P.A.WORKS 本社所在位置的南砺市參與活動等等（宮崎紘輔，2014.10.10，2014.10.11）。

在 2010 年 6 月時，日本政府的經濟產業省製造產業局旗下成立「酷日本海外推廣室」（クール ジャパン室）展開一系列以政府為主導，向海外推廣日本文化軟實力的政策，其中包含動漫、偶像、音樂、藝術，甚至是料理、茶道等方面；隨後在日本政府的新觀光戰略中，也提出了全年訪日外國遊客數量，2020 年和 2030 年分別達到 4 千萬和 6 千萬人次的目標。因此同時具備動漫和旅遊兩種「屬性」的聖地巡禮自然受到相當的重視。埼玉縣的「アニ玉祭」開始有了英文和中文的活動對應窗口和網站；富山縣的戀旅亦同時對應中、英、法等 3 種外語；日本動漫觀光協會和角川書店也在 2016 年 9 月中合作舉辦全球性動漫聖地票選活動（KADOKAWA CORPORATION，n.d.），可以想見往後的聖地巡禮想要招攬對象已經不僅僅限於日本當地的動漫迷，更希望能推廣到全世界。

企業當然也不放過這個機會，SONY 就在 2016 年 3 月開發並推出了「舞台めぐり～アニメ聖地巡礼アプリ～」，該程式除了和戀旅相同結合地方的觀光導覽資訊和 AR 攝影外，更結合作品和活動的推廣，包括程式內部就搭載了地圖和作品截圖，直接讓初學者也能輕易體驗聖地巡禮的樂趣，並能在程式內直接發布文章、照

片，讓巡禮者間、甚至是巡禮者和一般的朋友都能透過設定好的推特或 Facebook 帳號進行交流。且手機就可以用全球衛星定位系統（Global Positioning System，簡稱 GPS）連動進行集章活動，除了程式內部的特典（如手機桌布、特別錄製的聲音）外，有些作品更提供能在現地能兌換的小禮物，甚至是跨作品間、以地域性為主的聖地巡禮整合旅遊等，進一步拉攏聖地巡禮者。不過由於這類由企業所製作的程式必須要有動畫製作公司和地方的全力配合，因此部分作品也會因為製作公司、或其背後金主的認知不同，甚至是上架、維持的費用問題等等「大人的理由」而難以將作品收錄其中，現也已出現失敗的實例，一款由 DWANGO 所開發經營，和數十個作品合作過的聖地巡禮にじたび App 就已宣布在 2016 年 11 月終止營運，未來聖地巡禮的觀光發展在往後會走向哪方面的路線，更值得讓人關注。

參考書目

一、日文書目

山村高淑（2008）。〈アニメ聖地の成立とその展開に関する研究：アニメ
　　作品「らき☆すた」による埼玉県鷲宮町の旅客誘致に関する一考察〉，
　　《国際広報メディア・観光学ジャーナル》，7，145-164。

山村高淑（2009）。〈観光革命と21世紀：アニメ聖地巡礼型まちづくりに
　　見るツーリズムの現代的意義と可能性〉，《メディアコンテンツとツ
　　ーリズム：鷲宮町の経験から考える文化創造型交流の可能性》，1:3-28。

山村高淑（2011）。《アニメ マンガで地域振興 〜まちのファンを生むコン
　　テンツツーリズム開発法〜》。東京：東京法令出版。

岡本健（2009）。〈アニメ聖地巡礼の誕生と展開〉，《メディアコンテン
　　ツとツーリズム：鷲宮町の経験から考える文化創造型交流の可能性》，
　　1：31-62。

信濃毎日新聞（2012.07.02）。〈木崎湖舞台のアニメ放送10周年 「聖地
　　巡礼バス」運行始まる〉，《信濃毎日新聞》，25版。

柿崎俊道（2005）。《聖地巡礼 アニメ マンガ12ヶ所めぐり》。東京：キ
　　ルタイムコミュニケーション。

酒井亨（2016）。《アニメが地方を救う！？ ─ 聖地巡礼の経済効果を考え
　　る》。東京：ワニブックス。

二、網路資料

〈らき☆すた〉（n.d.）。維基百科。上網日期：2016年9月3日，取自
　　https://ja.wikipedia.org/wiki/%E3%82%89%E3%81%8D%E2%98%86%
　　E3%81%99%E3%81%9F

「旅〜True Tours Nanto〜」網頁（n.d.）。上網日期：2016年11月11日，
　　取自 http://www.koitabi-nanto.jp/

Excite ニュース（2016.03.25）。〈「やよい軒高槻店」がアイマス聖地に
　　3月25日は"玄人"向けの看板設置〉。上網日期：2016年9月11日，
　　取自 http://www.excite.co.jp/News/bit/E1458881520577.html

KADOKAWA CORPORATION（n.d.）。〈聖地88か所〉。上網日期：2016
　　年9月18日，取自 http://animetourism88.com/

Oricon Style（2014.10.05）。〈"アニメ聖地化"で地域振興 埼玉県の挑戦〉。
　　上網日期：2016年9月3日，取自 http://www.oricon.co.jp/

news/2042881/full/

TVBS 新聞網（2013.09.13）。〈【FOCUS 新聞】TVBS 專訪宮崎駿 72 歲不老頑童〉。上網日期：2016 年 11 月 11 日，取自 http://news.tvbs.com.tw/entry/503561

かもがわナビ（2011.11.18）。〈輪廻のラグランジェ鴨川推進委員会が発足〉。上網日期：2016 年 9 月 15 日，取自 http://www.kamonavi.jp/ja/news/news_000267.html

きーぼー堂（2010.06.08）。〈AIR の駅のモデルについて〉。上網日期：2016 年 11 月 10 日，取自 http://d.hatena.ne.jp/keyboar/20100608/1275995384

ふるさとチョイス（2016）。〈B-28 アイドルマスター高槻やよいグッズ詰合せ VOL1〉。上 網 日 期：2016 年 9 月 11 日，取 自 http://www.furusato-tax.jp/japan/prefecture/item_detail/27207/169221

西山大樹（2016.03.23）。〈トヨタのプリウス美少女キャラは失敗 !?「萌えビジネス」の成否を分けるものは〉。取自「ダイヤモンド社 online ニュース 3 面鏡」http://diamond.jp/articles/-/88300

我ら久喜市民の HP（2007.07.19）。〈オタクが集まる鷲宮神社〉。上網日期：2016 年 9 月 2 日，取自 http://kuki-shimin.com/archives/219（原連結已失效，請見庫存網頁 http://megalodon.jp/2007-1231-2148-11/kuki-shimin.com/archives/219）

神戸新聞 NEXT（2014.03.14）。〈名作アニメ「AIR」の聖地巡礼 香美町がマップ配布〉。上網日期：2016 年 8 月 30 日，取自 http://www.kobe-np.co.jp/news/tajima/201403/0006779426.shtml（原連結已失效，請見新聞內容備份網頁 http://2chnokakera.blog.fc2.com/blog-entry-3306.html）

宮崎紘輔（2014.10.10）。〈「アニ玉祭」が始まった理由、その意義とは─主催者インタビュー 前編〉。取自「アニメアニメ」http://animeanime.jp/article/2014/10/10/20451.html

宮崎紘輔（2014.10.11）。〈「アニ玉祭」の見所と今後の展望─ になる"聖地化"の意義　主催者インタビュー後編〉。取自「アニメアニメ」http://animeanime.jp/article/2014/10/11/20459.html

産経新聞（2007.07.25a）。〈関東最古の神社に「らき☆すた」ヲタク殺到 地元「治安の問題が ...」〉。上網日期：2016 年 9 月 2 日，取自「Yahoo ニュース」http://headlines.yahoo.co.jp/hl?a=20070725-00000925-san-soci（原連結已失效，請見新聞內容備份網頁 http://bbs.nicovideo.jp/test/read.cgi/question/1185367601/）

産経新聞（2007.07.25b）。〈関東最古の神社にアニヲタ殺到 地元困惑、

異色の 馬も〉。上網日期：2016 年 9 月 2 日，取自「msn ニュース」
　　http://sankei.jp.msn.com/entertainments/game/070725/
　　gam0707252202005-n1.htm（原連結已失效，請見庫存網頁 http://
　　megalodon.jp/2007-1202-2233-47/sankei.jp.msn.com/entertainments/
　　game/070725/gam0707252202005-n1.htm）

産経新聞（2015.12.09）。〈「アニメ聖地」観光資源に 経済効果 20 億円
　　超も、埼玉〉。上網日期：2016 年 9 月 3 日，取自 http://www.sankei.
　　com/photo/daily/news/151219/dly1512190007-n1.html

熊本日日新聞（2016.10.02）。くま川鉄道、キャラクター切符販売中止
　　成人向けゲーム「酷似」。上網日期：2016 年 11 月 17 日，取自 http://
　　this.kiji.is/155124696431592948

三、影音媒體資料

NHK（2012.03.07）。激変 アニメ産業 聖地巡礼の謎，クローズアップ現代。
　　東京：NHK。

虛擬與現實中的乳搖想像

劉揚銘

　　聲優神谷浩史在御宅向廣播節目《再見 望放送》（さよなら望放送）第 149 回中，提出了日後被御宅族稱為〈歐派 [1] 黨宣言〉的敘述：

> 人生在世，第一眼看見的就是歐派；希望在生命最後摸到的，也能夠是歐派。**地球只有一個，歐派卻有兩個！戰士們，應該放下武器去摸胸部！**（〈歐派黨宣言〉，見 https://youtu.be/RSRFY--5YOo，粗體為筆者加註）

　　在御宅文化中，女性乳房擁有宗教般的崇高地位。隨著動畫、電玩技術的進步，ACG 產業也不停追求表現女性角色胸部晃動的技術。對人類來說，胸部真的很重要嗎？在虛擬世界裡，御宅族對乳搖偏執追尋的原因是什麼？而在現實社會中，乳搖現象本身有什麼意涵？本文設法從社會文化與 ACG 產業的演變，探討以上問題。

一、影響人類文明的乳搖

　　提起乳搖對人類文明的影響，可追溯到西元前 4 世紀的古希臘。一位名為費蕊因（Phryne）的高級妓女被情人密告褻瀆神明，在當時是死罪。審判時，她的辯護人海波伊迪斯（Hypereides）眼看法官即將宣判死刑，於是「要求將費蕊因帶上庭來，讓眾人都可

1　歐派（おっぱい），胸部。原為日本母親對幼兒哺乳時的用語「來喝奶了」（おっぱいをあげる），後被轉用到日常生活中。

以看到她，然後一把撕破她的內衣，讓她的乳房袒露在眾人眼前……」（Athenaeus, 1959: 185-187）由於費蕊因美麗逼人的胸部（嗯，或許加上海波什麼的雄辯啦）激發了法官們的同情心，最終沒有被宣判死刑。而費蕊因被釋放後，雅典通過一個法條，禁止被告在法庭上裸露胸部或私處，以免對法官造成影響。

1994 年，美國幽默作家戴夫・巴里（Dave Barry）在專欄裡寫道：「乳房主要的生物功能就是要讓男性愚蠢。」（Barry, 1994. 02.27）這篇文章的背景乃乳搖史上一大衝擊事件——魔術胸罩從那年開始流行於全球。巴里在笑話裡繼續說：「1978 年的知名實驗中，耶魯大學一組頂尖心理研究人員每天看著乳房的照片，一連看了兩年，最後得到結論：我們沒辦法做任何筆記！」

幽默作家當然是在搞笑，不過費蕊因美麗的胸部確實改變了雅典法律，而魔術胸罩也托高了全球女性的乳房。無論是西元前 4 世紀或 21 世紀，乳搖對人類都有莫大的吸引力；鍾情於乳搖也與身分地位無關，從國王到市井小民都不能抗拒，以致於衛道人士疾呼批評。

受人民擁戴、稱為「被喜愛者」（le Bien-Aimé）的法王路易十五（1710-1744）在歷史上以好色出名，對他來說，看不看得到乳溝可是大事一件。路易十五曾因朝臣搞不清楚未來太子妃瑪麗・安朵內特（Marie-Antoinette，法國大革命時被送上斷頭台）是否擁有一對巨乳而大發脾氣，據說當時他對臣子們咆哮：「她的胸部呢？看女人，第一眼就要看胸部！」（Yalom ／何穎怡譯，2000：141）

15 世紀義大利作家費倫佐拉（Agnolo Firenzuola）在《女人之美對話錄》（*Dialoque on the Beauty of Woman,* 1458）以文字形容乳搖：「年輕的乳房不願受衣裳的壓制束縛，彈跳而出，訴說渴望脫離牢獄的心情。」他把美麗的胸部稱為「小妖婦，魅力無邊，吸引男人情不自禁的注視。」然而中世紀歐洲教會卻把女性的酥胸視

為「地獄之門」，「不該用襯墊將乳房撐起，像兩隻惡魔的角」，因為乳房會「轉移男性對上帝的專注」，是「性靈完美的威脅」（Athenaeus, 1959: 68-70）。

　　從古至今，國王、詩人、法官、教會、幽默作家都對乳搖發表過意見（當然這些意見都來自男性是個大問題，我們留在後面討論），但對「欣賞乳搖」這種想要又害羞的情緒，還是以小說家的剖析最為傳神。

二、觀看乳搖的哲學

　　義大利 20 世紀最重要的小說家、魔幻寫實派大師伊塔羅・卡爾維諾（Italo Calvino, 1923-1985）生前最後出版的小說《帕洛碼先生》（*Mr. Palomar*），用整個章節的篇幅（Calvino, 1983 ／王志弘譯，1999：37-45 [帕洛馬先生的假期：1.1.2 袒露的乳房]），描寫男主角在海灘偷窺女郎胸部（好幾次）的思維起伏。

　　帕洛馬先生在海灘看到女郎的裸體時，首先很快把視線轉開，但驚覺：

> 這麼做的時候，我顯露了對於觀看的拒絕；……不過是強化了認為只要見到胸部就是不合宜的習俗。也就是說，**我在我的眼睛和乳房之間，創造了一件心靈的胸罩**，……不去看它，正好預設了我正在想著那個裸體，憂慮不安；……這是一種不莊重又保守的態度。（同上引，1999：37-45，粗體為筆者加註）

於是第二次，帕洛馬先生以「將乳房完全融入地景裡，所以我的目光就和海鷗、鱈魚的目光沒什麼兩樣」的方式觀看，卻擔心這種行為是「將人類扁平化到事務的層次，將人當成物體，更糟的是將具有女性特徵的人當做物體。」

所以第三次，帕洛馬先生以「一旦女人的乳房進入他的視野，就可以察覺到一種斷裂、一個轉折，……好像以一個輕巧的觸動鑑賞景色不同的所在，以及它具有的特殊價值。」但又害怕自己是否「貶低了胸部的地位和意義，好像把它放在邊緣，或置入括號。」

接著第四次，帕洛馬先生決定「草率地看一眼風景之後，將會在胸部特意徘徊一陣子，但很快地在其中包容善意的情感，以及對整個景象的感激，感謝陽光和天空，感謝低伏的松樹和沙丘，還有海灘和岩石和雲朵和海草，感謝圍繞著那對有光暈的新月運轉的宇宙。」然而，就當帕洛馬先生第四次經過女郎身邊時，女郎卻「突然跳起來，帶著不耐煩的怒氣遮掩身體，惱怒地聳肩，好像要躲開色情狂令人討厭的堅持一般」走開了。

是的，「感謝圍繞著『那對有光暈的新月』運轉的宇宙」，如果我們說偉大文學家卡爾維諾認為世界圍繞著胸部運轉，至少有一半以上是正確的吧！而現實女性對男性此等「胸部情結」感到不耐，也正如小說中女郎被氣跑的情節一般。《帕洛馬先生》幾乎把吾人對乳搖研究的心情曲折說完。

是的，即使可能嚇跑世上一半的人，即使扯了什麼西元前 4 世紀的希臘法庭、法國國王、美國笑話與義大利文學家的想像，或許我們只是想和網路流行的推圖一樣，說出：「我是個單純的男人，我看到奶，我就按讚」而已。

咳，前言扯太遠似乎有點收不回來，但既然這是一篇探討御宅文化的論文，在現實世界的乳搖現象外，也必須爬梳 ACG 虛擬世界裡的乳搖歷史。

三、乳搖起源：1983 年〈DAICON IV〉開場短片

自古以來，歌頌女性胸部之美的文學、藝術作品不計其數，

ACG 領域當然也不例外。《勇者義彥和魔王之城》[2]（勇者ヨシヒコと魔王の城）就曾說：「勇者喜歡巨乳有什麼錯？不如說，正因為是勇者才喜歡巨乳！」而電玩女角的裝備以「布料愈少，防禦力愈高」為定律也已經是一般常識。但如果要爬梳乳搖作品的歷史，還是不得不從傳奇的 GAINAX 製作公司講起。

即使庵野秀明曾在《風之谷》（風の谷のナウシカ）DVD 的製作花絮中說道：「我認為最初做出乳搖效果的是宮崎駿。」[3] 不過一般認為日本動畫最早出現的乳搖，是 1983 年第 22 屆日本科幻大會上播放的〈DAICON IV〉開場動畫──兔女郎裝的女主角把攻擊她的巨大機器人摔出去之後，擺出勝利姿勢，同時搖晃了乳房（見 https://youtu.be/lyVqIkJ69VA [乳搖出現在 3:27 左右]）。

這部影響日本御宅文化重大的 5 分鐘短片，正是由庵野秀明、岡田斗司夫、貞本義行、赤井孝美、山賀博之這群人所製作，他們也是日後 GAINAX 的創始者，並在 1980 年代陸續推出《王立宇宙軍》（1987）、《勇往直前 GunBuster》（トップをねらえ！，1988）以及《御宅族的錄影帶》（おたくのビデオ，1991）等作品，沒有任何例外、全都有乳搖畫面。GAINAX 可說是乳搖界的先驅！

當年日本動畫隨著隨身聽、錄影機等電子商品傳到西方世界，由於 GAINAX 出品幾乎可和乳搖畫上等號，美國御宅族乾脆將「乳搖」的表現稱為「Gainax Bounce」或簡稱「Gainaxing」（見 http://animevice.wikia.com/wiki/Gainax_Bounce），衡量乳搖的單位則以

2　原文名《勇者ヨシヒコと魔王の城》，山田孝之主演的惡搞喜劇，東京電視台 2011 年 7 月 8 日到 9 月 23 日播出。

3　《風の谷のナウシカ》DVD 中，擔任原畫的庵野秀明與演出助手的片山一良對談，講到培吉特市民到風之谷警告娜烏西卡敵人將用王蟲進攻時（動畫 1 小時 22 分左右），被猛力搖晃的娜烏西卡胸部也晃了起來。庵野說的原文是：「胸を揺らすというのを最初にやったのは宮崎駿じゃないかとワシは思うんです。」

《御宅族的錄影帶》女主角 Misty May 命名：「一次完整的乳房搖晃＝ 1 Misty May」（見 http://tvtropes.org/pmwiki/pmwiki.php/Main/MistyMay）。

由於《勇往直前 GunBuster》對動畫業界產生了「竟能做到這種程度的乳搖」震撼，身為原畫的貞本義行一時之間有了「乳搖貞本」（乳揺らしの貞本）的渾號。不過他本人對此非常反感，說自己只是原畫師，並沒有下達讓胸部如此大幅晃動的指令，反倒是監督庵野秀明堅持追求「胸部晃動的真實性」，務必讓女主角走路或跑步時都出現「自然的搖晃方式」（タイプ・あ～る，2012.12.09）。

四、平均 55 秒乳搖一次的動畫：《Plastic Little》

1994 年發行的 OVA 動畫《Plastic Little》（プラスチックリトル）則被動漫雜誌編輯小黑佑一郎稱為是「空前絕後的乳搖」（小黑佑一郎，2005.06.06）。全作只有大約 48 分鐘的長度，卻有高達 49 次乳搖鏡頭，平均 55 秒乳搖一次，動畫在北美發行 DVD 版的時候，代理商 A.D. Vision 還在畫面中加了一個「乳搖計數器」，每晃一次就加一次，可見賣點在哪裡。

比起故事劇情，《Plastic Little》裡長達 3 分半鐘的入浴鏡頭帶給觀眾與評論家的衝擊更大，原畫家漆原智志（うるし原智志）讓女角無論是胸部的輪廓、色澤與搖晃效果，都達到非常自然的境界。20 年前的手繪效果就算現在來看也毫無違和感！

小黑佑一郎評論，仔細思考，真實的胸部並不會那樣誇張柔軟的搖晃（許多御宅族也沒有研究過真實的乳房吧……）。在創作作品時，對於這種超乎真實、過度真實的追求究竟是怎麼來的呢？

日本動漫在 1970 年代產生了由女性人物展現色氣場景做為「讀

者服務」的概念。兩大動漫角色《甜心戰士》（キューティーハニー）女主角如月 Honey，以及《魯邦三世》（ルパン三世）的峰不二子正是巨乳派代表人物。而漫畫《超少女明日香》每集都要出現一次主角裸體附上旁白：「客人久等了，每集一次的明日香裸體，殺必死、殺必死～」創造了「殺必死」（サービス，即英語 service）流行的起源。

超少女明日香日後成為《新世紀福音戰士》惣流‧明日香‧蘭格蕾的命名由來，而「殺必死、殺必死～」也轉生為葛城美里在動畫次回預告中的口頭禪。說到這，我們就不意外它的製作公司 GAINAX 會成為乳搖代名詞了。

五、萌的出現，以及乳搖的「功能」

1990 年代，美少女的性意味成了動畫中的重要元素，2000 年以後，「萌」這個名詞的出現說明了「美少女主義」的抬頭（岡田斗司夫／談璞譯，2009：92）。巨乳、貧乳、馬尾、笨蛋毛、傲嬌、無口、天然呆……等各種萌屬性的誕生，成為評論家東浩紀說的「資料庫消費」──吸引御宅族消費的動力是角色本身的萌要素，其背後的故事已不再關鍵，人物的魅力度反而比作品的完成度來得重要（東浩紀／褚炫初譯，2012：76）。因此可以看到許多相似的萌屬性組合成的相似角色，也出現御宅暱稱「肉番」的賣肉作品。

乳搖在此階段更是擺脫純粹的「殺必死」而出現各種不同的「實際用途」。例如 2004 年動畫《微笑的閃士》（グレネーダー～ほほえみの閃士～）開創「乳搖裝子彈」（見 http://ww1.sinaimg.cn/bmiddle/686da053gw1ehjy43xfeqg208w04zqgi.gif）的先河。比起把彈夾放在衣褲口袋或綁在腿上，平時利用乳溝夾住子彈，戰鬥時運用乳搖晃出子彈更能快速裝填，如果對手是男性更能以乳搖效果干擾敵方思緒（呃……這麼超現實的說法也可以就是了）。

2010 年動畫《學園默示錄》更是出現了「乳搖躲子彈」（見 https://youtu.be/oSe71q2kzYw）的革新呈現，毒島冴子的右乳與左乳依序由上往下晃動、彈回，而子彈就在這次乳波中間驚險地穿過，乳搖速度之快連子彈都打不到啊！

自從 2003 年動畫《一騎當千》以性轉換的設定將三國人物轉化為女學生，開啟一場「爆乳爭霸傳」開始，帶動了此後《百花繚亂》、《戀姬無雙》等女性化三國作品，「巨乳與戰鬥」也似乎已成為一種資料庫裡的萌屬性。

2008 年動畫《鶺鴒女神》（セキレイ）和《一騎當千》類似，都走怎麼戰鬥衣服就怎麼爆，無視物理法則的甩乳風格，滿滿的殺必死場景更不用說。2009 年的《女王之刃》（クイーンズブレイド）雖是改編自對戰遊戲書的動畫，卻被御宅族戲稱為「乳王之刃」、「扣掉胸部什麼都沒有」。同年《天降之物》（そらのおとしもの）乾脆在告知系列作品有全新計畫時取名為「乳 Project」，[4] 並在來臺宣傳時與女僕咖啡店合作，限時推出以劇中 3 位天使胸部特徵為名的套餐（鄭孟緹，2012.01.03）：「阿斯特蕾亞魔乳燉肉」、「伊卡洛斯巨乳海鮮」以及「寧芙貧乳鬆餅」。

2010 年的《聖痕煉金士》（聖痕のクェイサー）毫無節操地讓煉金士沙夏以吸吮女性的乳汁（故事中稱為「聖乳」）做為能量來源，得以自由操縱鐵元素的設定。由於動畫中男主角見到胸部就吸，吸得難以自拔，因此有了「吸奶動畫」的稱號，而且故事中出現許多偏激的對白，例如：

「我沒有理由告訴乳量堪憂的你。」

「你的胸部根本不在我的視線之內，放心吧！」

---

4 日語「乳」的發音與英語「new」相同，乳 Project 就是 new project 的雙關語。乳 Project 預告片請見 http://www.nicovideo.jp/watch/sm16512340

「你的器量和胸部一樣，很小。」

「我要讓你們知道胸部的差距不代表戰鬥力的高低！」

「巨乳即正義，無胸者去死！」

到了 2011 年動畫《魔乳祕劍帖》更出現「乳房乃是世上真理，豐乳是絕對的財富，貧乳則不被當人看待」的設定（〈魔乳秘劍帖〉，n.d.）。故事敘述魔乳一族秘傳書中記載古今流傳豐胸美乳的技巧，族中么女帶著秘傳書叛逃，為女性替天行道的過程。

2015 年《在地下城尋求邂逅是否搞錯了什麼》（ダンジョンに出会いを求めるのは間違っているだろうか）以女角赫斯緹雅的「托乳藍絲帶」引發熱潮，兩端綁在雙手臂、中間通過胸部下方以提起乳房的絲帶，不但有人將其實體化，商品還造成搶購（《自由時報》，2015.04.16），更有粉絲以物理模型探討這樣的設計能否在現實中成立（見 http://i.imgur.com/JUooItz.jpg）。

六、乳搖被罵，不搖也被罵

乳搖不乳搖，有時真是一個難題，2014 年動畫《甘城輝煌樂園救世主》（甘城ブリリアントパーク）原作賀東招二在小說後記中提到，自己與動畫監督武本康弘為了是否要乳搖而產生一番激烈的爭論（賀東招二，2014：268）。

賀東本人認為以主角千斗五十鈴的身材，胸部應該會搖晃，但武本卻以殺必死太理所當然，實在沒有新鮮感了，而反對出現乳搖畫面。最後，電視動畫播放時果然沒有出現乳搖，但卻引發觀眾的抗議。有人擷取了動畫片段，為角色加上乳搖效果後貼上網路，以致於該作品在發行 DVD 與藍光版本時，還是改成了有乳搖的效果，而且藍光比 DVD 版本搖晃幅度更大，就是為了滿足「顧客需求」。

無獨有偶，2016 年卡普空推出《快打旋風 V》（Street Fighter

V）也因為春麗在 1P 跟 2P 的乳搖程度不一樣（2P 的春麗會搖，1P 則硬梆梆）而遭到玩家批評，不得不優化遊戲效果的呈現。

ACG 角色不乳搖，會被御宅粉絲罵爆；搖得太誇張，又會引來物化女性的批評。例如《Xbox Magazine》特約撰稿人凱特·葛雷（Kate Gray）就曾在《衛報》（*The Guardian*）撰文闡述女性視角對乳搖的觀察，她認為許多遊戲為迎合男性玩家而設計的乳搖效果，實在太缺乏物理常識（Gray, 2015.01.21）。好比《惡靈古堡》（Biohazard）HD 重製版裡，原本不會乳搖的女主角吉兒開始乳搖，卻搖得「像惡靈附身一樣可笑，讓人無法專注在遊戲上」。

葛雷表示，她能理解為了追求娛樂性與遊戲畫面的進步，讓女角動作時產生乳搖的表現，但要做就該做好、做得真實，如果隨意亂搞，只會讓人感受到遊戲開發者輕視女性的心態。此外，《生死格鬥》（Dead or Alive）系列作以模擬女性胸部搖晃的「柔軟引擎」（やわらかエンジン）做為賣點，甚至讓玩家可以調整搖晃的程度，但也因為遊戲角色未成年加上物化女性疑慮，而被歐洲數國下架，之後的沙灘排球系列乾脆選擇不在歐美上市。

看完這些乳搖引發的爭議，在這裡我們繼續關心兩個謎題：為何動畫、電玩裡的乳搖要做得如此誇張不真實，導致被批評？以及開發者為何要花這麼多心血做出乳搖效果？

七、電玩為何做不出真實的乳搖？

遊戲報導網站 Kotaku 副總編輯派翠西亞·賀南德茲（Patricia Hernandez）在一篇專文中探討了「電玩的乳搖為何做不好」的問題（Hernandez, 2015.02.24）。她說明為了達成乳搖效果，遊戲工程師必須建立乳房物理模型（Breast Physics，或稱 Jiggle Physics）來模擬胸部搖晃的運動。

遊戲角色要透過「上骨架」（Rigging）的過程來讓它們可以

動作，而一個角色能有多少「骨頭」是遊戲的繪圖引擎所決定，雖然某些引擎允許放置更多的骨頭，但登場角色愈多，硬體處理運算的負荷就愈大。這也是格鬥遊戲最常做出乳搖效果的原因：當你只有兩位登場角色的時候，每個角色可以有更多的骨頭。

此外，乳房的運動可能會受控於工程師放入的「彈簧模擬系統」而移動，彈簧會承受動作，並決定乳房在這之後要移動多少，也可以增加抑制效果來決定多久之後胸部才會停下來。為了做出擬真的乳房，工程師需要彈簧系統做出「柔軟身體物理」，而這對運算造成的負擔比僵硬的身體大非常多。

先不說沒有乳房的男性工程師，要怎麼知道真正的乳房是如何晃動的，就連大多數女性，也很少注意過自己的乳房會怎麼晃動吧！所以遊戲的乳搖要做到擬真當然很困難。而正因為乳房物理的技術條件如此艱鉅，所以容易出錯、容易做壞。也許電玩裡的乳搖符合「恐怖谷」（Uncanny Valley）理論，當它太不真實，玩家會覺得好笑；當它接近真實，容易引起反感。[5]

雖然赫南德茲解開了乳搖物理學為何如此困難的謎題，但她也說：「比起問工程師為何要在遊戲中如此描繪乳房，當我試探那些未公開且高度機密的遊戲細節時，還比較容易問到東西。」對於「為何追求極致的乳搖」，看來還是要讓遊戲製作人自己說話才行！

八、遊戲開發的「柔軟引擎」有什麼用？

為《生死格鬥》系列開發「柔軟引擎 2.0」的製作人早矢仕洋平、遊戲監督新堀洋平曾在對談裡說明（ファミ通 - ゲーム，

5　1970 年代由日本機器人專家森政弘提出，他假設隨著機器人的擬人程度增加，人類對它的情感會呈現「增─減─增」的曲線，當機器人到達「接近人類」的相似度時，我們對他的好感度會突然下降至反感的範圍，直到相似程度越過恐怖谷後，好感才又會提升。

2015.12.28），由於《生死格鬥5》發行後，柔軟引擎大受好評，所以馬上決定開發2.0版並且製作《生死格鬥：沙灘排球3》。具體來說，柔軟引擎2.0是為了大幅提升女角胸部與屁股被物體擠壓時所產生的形變模擬。早矢仕表示：

> 胸部被東西擠壓到會凹下去的效果早就有了，但過去不管被什麼撞到都是一樣的變形效果，這次卻能**根據不同的碰撞物，讓凹下去跟凸起來的效果完全不同**。例如被球體碰撞的話，會好好地根據那個球體來模擬凹凸。（同上引，2015.12.28，粗體為筆者加註）

因為搖晃係數、柔軟變數都需要精密調整，早矢仕說柔軟引擎團隊甚至「專門設置一個企畫職位，專職調整各種變數，而且座位就在製作人面前，是非常慎重的一個職位呢（笑）！」由於遊戲裡每個角色的設定與特徵都不同，所以要一個一個調整，把每個角色分別做到特化。

監督新堀洋平則表示，柔軟引擎2.0還有一個顯著的進化是「差不多該讓屁股搖起來了吧！」本來新堀的要求是「屁股、大腿、兩手」都要做到柔軟效果，但如果全部做的話會讓角色變胖，因此團隊討論決定「屁股和大腿絕對要搖」。再根據玩家意見回饋而加入曬痕、濕身、泳裝會掉下來等「偉大的想法」，看看「對未知領域能挑戰到什麼程度」。

屁股的柔軟搖晃是更困難的技術，因為胸部很少隨著關節的移動而造成扭曲變化，但屁股會因為腿部的移動而變形。例如當腿部伸展、伸直時，屁股如果沒有跟著擴張會非常不自然，而且不只形狀要扭曲，還得呈現出柔軟的感覺，比乳搖的技術需求還高很多。此外，人體肌膚是軟的，泳裝卻是固體素材，布料理所當然會被肉體夾進去，所以也必須追求這樣的模擬效果，如何把它們好好呈現

過動
ACG 產業文化與可能性

出來，就是監督工作的重點。

　　早矢仕也補充，調整這些柔軟參數時問工作人員：「一直都是這種工作沒問題嗎？」卻得到：「我等這工作很久了！」的回應。是說，遊戲開發者與玩家到底寄託了什麼東西在乳搖上呢？

　　《生死格鬥》系列一直都有物化女性的爭議，創意總監湯姆·李（Tom Lee）解釋，這是第一款以女性做第一主角的格鬥遊戲，而且遊戲中女性角色的傷害輸出和男性平起平坐，讓女性與男性一樣強大是《生死格鬥》的一大創舉，乳搖不過是遊戲的一個環節罷了。而虛擬的遊戲並不按照現實世界來設定角色，他認為玩家分辨兩者的區別並不是太困難。但無論怎麼說，沙灘排球系列因為情色化的考量而未在歐美上市，也是不爭的事實。

九、動畫製作的「特乳技術」又在幹嘛？

　　若提到對乳搖超有偏執的開發者，就不能不提「爆乳製作人」高木謙一郎與「乳監督」金子拓（金子ひらく）。高木謙一郎做為《一騎當千》、《出包王女》（To LOVE る）、《閃亂神樂》（閃カグラ）系列等遊戲製作人，不但《閃亂神樂：少女們的真影》將遊戲類別直接寫上「爆乳究極戰鬥」（爆乳ハイパーバトル，爆乳 Hyper Battle），以音樂節奏作料理對決的遊戲系列作中文版還直接命名為《閃亂神樂：忍乳負重》，就可以看出高木製作人對乳搖的堅持。

　　而金子拓做為《聖痕煉金士》（吸吮聖乳得到能力，乳量多寡決定一切）、《魔乳祕劍帖》（乳房是世界真理，貧乳不被當人看）等動畫監督，對於乳搖的追求也是不言而喻。這兩人合作無間的最新企畫《女武神驅動》（VALKYRIE DRIVE）系列更引起不少爭議。包含 PSVita 動作遊戲、手機社交遊戲、電視動畫的《女武神驅動》系列，故事設定全世界 10 至 20 歲的少女突然感染了神祕病

毒，導致她們性興奮時就會變身成強力武器，或是能使用這種武器的操作者。一旦危機來臨，少女們就需要互相擁吻、愛撫、挑逗來達到高潮變身，開啟破壞或保衛世界的戰鬥。附帶一提，當玩家傾斜或晃動主機時，遊戲女角的胸部也會跟著搖。不意外的是，這款遊戲在澳洲、德國以「過份情色違反兒童相關保護法律」而遭到拒絕評定審級，不得在當地發售（UACG ED.，2016.08.21）。

如同在歐美引發爭議的《生死格鬥》以柔軟引擎系統追求乳搖效果，《女武神驅動》的動畫製作團隊中，也有一位專職「特乳技術」的工作人員：野崎將也。監督金子拓在專訪中表示（電擊ホビー編集部，2015.11.19），動畫中登場女性角色除了有胸部大小、重量（例如敷島魅零的設定是胸圍 111 公分、H 罩杯、重量 3 公斤）的設定之外，就連乳首的顏色、形狀都有因人而異的細緻差異，由於電視動畫每一集的做畫人員不同，彼此之間會產生差異，而且也不是每位做畫人員都能交出相同的品質，因此就交由「特乳技術」負責統一監修胸部的表現。

身負重任的野崎將也曾與金子拓在製作《聖痕煉金士》合作搭檔，在《女武神驅動》中，他不但要付出熱情與努力，根據設定把靜態的胸部描繪到完美；在動態方面，因為每個角色胸部大小不同，乳搖「出現與結束的時間點」也有差異，必須根據角色做出個別的調整，此外還要在乳搖撞到身體時搭配上音效。據說音效師聽到來自特乳技術的委託時一臉疑惑：「咦，胸部的聲音？」一想到現實中並不會發出這種聲音，就了解這實在是說不出口的工作啊！

就算大多觀眾看不到的乳首也要畫到完美，還要根據乳量大小調整乳搖開始與結束的時間點，並加上碰撞的音效，即使電視播出時完全會被「聖光」遮蔽，還是要追求表現的心情……動畫製作者對胸部的執著與熱情可見一斑。

製作人高木謙一郎曾在臺北電玩展接受媒體訪談中提到，對他

過動
ACG 產業文化與可能性

來說:「胸部是生命,或說是宇宙一切的源頭。」(Nakedjehuty,2014.01.27)他也在自己的推特上說:「以作品為優先會餓死,以商品為優先會心死,但在這樣的乳溝之中奮鬥,是最快樂的!」(高木謙一郎,2013.01.16)[6]

乳搖的影響力如此巨大,阿宅們在虛擬世界裡付出熱情,感嘆胸部是生命,地球只有一個,歐派卻有兩個。然而在現實社會裡,胸部是否也有如此的吸引力?如果真有,又是根源何處?人類的生物本能、心理狀態、歷史文化,對胸部有什麼看法呢?

十、科學與心理的「乳搖分心」論

根據眼動科學的研究(Dixson, Grimshaw, Linklater, & Dixson, 2011),男性觀看女性裸體時,大部分是從胸部開始,只需不到 0.2 秒的時間,焦點就放在胸部上;而後即使視線會在臉部、胸部、腹部、臀部、陰部、大腿、小腿等處游移,但每一次停留在乳房的時間都比其他部位長。研究也發現,男性喜歡大胸和平均尺寸的比例一樣高,還有少部分愛好貧乳;胸部大小不影響男性視線,但腰臀比很重要,細腰的裸體比粗腰更有吸引力,而「腰圍等於臀圍的 70%」是黃金比例(此結論還有爭議)。

演化神經學者則做了實驗(Williams /莊安祺譯,2014:28-29),在男性觀看女性胸部照片時,用核磁共振掃描大腦,發現乳房畫面會激發腦部的回饋中心(reward centers)、吸引注意力,使男性的心理與認知過程分心,因而無法進行其他功能。呃,「胸部一出現男生就分心」的結論,就算不用核磁共振我們也很清楚啦。

---

6 原文是「" 作品 " を優先しすぎると飯が食えなくて体が死ぬ。" 商品 " を優先すれば心が死ぬ。でもこの谷間で、もがいてるのがきっと一番楽しいはず!」

雖然胸部愈大不會讓男性的視線停留愈久，但社會學實驗卻證實了巨乳的影響力。法國的社會心理學家設計了一項測驗（Gueguen, 2007: 386-390），讓一位 20 歲、A 罩杯的女演員在酒吧裡坐上一整夜，計算她被搭訕的次數；之後再將胸部墊為 B 罩杯、C 罩杯反覆進行測試。結果 12 天內，女演員是 A 罩杯時被邀舞 13 次，B 罩杯時被邀舞 19 次，C 罩杯時則高達 44 次。還有一項研究顯示，在餐廳工作的女服務生，如果有大胸部就能收到比較高的小費（Lynn, 2009）。

　　說起胸部對男性的吸引力起源，漫畫《監獄學園》有個著名的說法：當人類開始站立之後，胸部才逐漸取代屁股成為性感象徵，因此胸部不過是屁屁的代替品而已！雖說是搞笑漫畫的敘述，卻也有人類演化假說的基礎。

　　「為什麼人類會有乳房？」是個大哉問，人類和黑猩猩有 98% 的基因相同，但乳房就出現在那 2% 的差別中，所有哺乳動物都有乳腺，但沒有其他動物像人類一樣擁有乳房——令人心曠神怡、忘卻其他事物的美麗球體。若要滿足哺育嬰兒的需求，只需乒乓球大的乳腺就夠了，但人類卻有這樣豐滿的乳房，而且只出現在一種性別身上。根據演化理論，這種特點通常是性訊號。

　　英國動物學家戴斯蒙・莫里斯（Desmond Morris）在《裸猿》（*The Naked Ape*）一書提出的乳房起源假說，就是《監獄學園》引用的來源——其他四足靈長類以臀部和陰唇來表達發情與交配意願，而人類因為直立而演化出乳房與紅唇做為複製品（Morris, 1967: 67）。莫里斯說的或許有道理，但對其他人類學家來說，如果女性乳房的存在完全為了吸引男性的注意，這敘述就像偏激的男權宣言一樣令人坐立難安。

過動
ACG 產業文化與可能性

十一、人類演化的「乳搖天擇」說

　　《裸猿》一書流傳甚廣，但它對乳房起源的看法也只是眾多「假說」之一。如果大胸部只是性訊號，說明這個女人有繁殖力、適合生育，那為什麼女性在懷孕哺乳之後，乳房才達到最大？如果堅挺的乳房是青春的訊號，那為什麼同個年齡層的女性，乳房的尺寸至少有 3 到 5 倍的差距，而且形狀、顏色都包羅萬象？此外，難道男人真的需要看胸部才能知道女人的年齡嗎？

　　有其他學者主張乳房的演化是天擇，而非性擇。[7]人類學者法蘭西絲・馬夏李斯（Francis Mascia-Lees）就提出乳房是為了女性儲存脂肪，以應付懷孕與哺乳需求的理論，因為人類沒有毛皮保暖，比其他靈長類更需要儲存脂肪。但為何這些脂肪是儲存在乳房，而不是人體的其他地方？

　　伊蓮・摩根（Elaine Morgan）則說，其他靈長類寶寶從小就會抓住母親的毛皮，但人類沒有毛皮，所以母親必須抱著孩子，而餵奶最好的地方就是手臂彎曲處，讓乳房成為儲存脂肪的好去處。此外，人類巧奪天工、豐滿有彈性的乳房與乳頭，讓嬰兒不需要用手抓住也能吸吮，因此能空出雙手比手勢，發展出親密的溝通方法。當然男性認為女性乳房的輪廓與形狀有吸引力，不過乳搖最初的受惠者「奶」是嬰兒。

　　此外，吉蓮・班特利（Gillian Bentley）也說，人類沒有其他靈長類凸出的口鼻部，可能是因為我們有巨大的腦，需要巨大的頭顱包覆。而為了讓嬰兒出生時能穿過窄小且雙足站立的母親臀部，把臉變平就是一個選擇。但嬰兒的平臉與母親的平胸無法配合（想像你吸吮一面鏡子的時候，鼻子肯定很難呼吸吧），因此出現有彈性的乳房、可移動的乳頭，在哺育功能上非常重要。

7　以下三位學者的理論，整理自威廉斯（莊安祺譯，2014：31-41）。

可能我們都得感謝人類演化出美麗的乳房與柔軟的乳搖，才讓我們擁有大頭大腦，變得更聰明、更能溝通！

但，如果胸部不只是為了吸引男性而誕生（當然它非常讓我們分心），乳搖也不只是性擇的演化結果（可能是天擇與性擇的動態交互過程），當我們轉換角度，從女性的觀點來看乳房，又會是怎麼一回事呢？

十二、流行文化的「童顏巨乳」發展

自從 20 世紀開始，流行文化中的女性胸部的確愈來愈大。1920 年代的摩登女子（Flapper）流行的是平胸，在當時的東方，傳統服飾也以平直為美，不強調曲線，例如張愛玲年輕時的上海，也流行平直俐落的服裝。「胸圍」這個詞是隨著西方服裝傳入，中文裡最早出現是在 1921 年，當時卻是為了把胸部束緊（賀照緹，2009.05.07）。直到二次大戰後，才開啟了豐胸巨乳的流行。

服裝史學家安．荷朗德（Ann Holland）說，如果把 20 世紀美國的乳房形象快轉，會看到平坦的胸部逐漸長高，原本束成一片的胸部，衍生出分離但大小相同的兩個球體，由最新科技往上拉抬（Seligson ／鄭家瑾譯，2010：78）。1948 年美國出版的《乳房衛生》（*The Hygiene of the Breasts*）表示：「每個女人都服膺好萊塢的標準，胸圍要比臀圍大一吋」（Dowkontt, 1948: 37-38），當時讓許多少女感到胸前空虛的壓力。

筆者非常喜歡的作家諾拉．艾芙蓉（Nora Ephron, 1941-2012，也是電影《西雅圖夜未眠》的導演）少女時期就買過當時流行全美的胸部增大器，她在〈淺談胸部〉一文說出貧乳女孩的成長困擾：

直到現在，儘管不計其數的人恭維我的好身材……我卻仍免不了為胸部感到困擾……怎麼說呢？我真的相信，如果它們早點發育長大完全，我的人生將有一百八十度的轉變。（Ephron, 1972.05，粗體為筆者加註）[8]

第一件標榜將平坦胸部墊大的「魔術胸罩」在 1994 年推出後，引發全球流行，對照 1990 年代 GAINAX 系乳搖動畫，似乎感覺到虛擬與現實世界的異曲同工之妙。

在臺灣，2000 年代 ACG 文化的同人誌與 Cosplay 逐漸從小眾流傳到大眾。2008 年「宅男女神」一詞在主流媒體中誕生，到了 2012 年光是 4 大報系就出現高達 526 次的宅男女神報導（張約翰，2014.03.26）。也是在這段時間，電玩展、資訊展、動漫展的需求引發 Showgirl 的正妹經濟風潮。自從瑤瑤以《殺很大》遊戲廣告開啟了臺灣社會「童顏巨乳」震撼後，女星乳溝被稱為「事業線」就不令人意外了。

十三、現實世界：全世界的胸部都在長大

20 世紀的流行文化與 ACG 同步，從貧乳往崇尚巨乳發展，而根據胸罩業者的統計，全世界女性胸部的確都在長大（Williams ／莊安祺譯，2014：20）。[9]

在日本黛安芬追蹤 30 餘年的統計中（トリンプ インターナショナル ジャパン，2015），2014 年日本女性 F 罩杯的比例正式超越 A 罩杯，而 C 罩杯以上的女性比例為 72%，貧乳已成為稀少價

---

[8] 附帶一提，諾拉‧艾芙蓉還有一句名言：「我非常後悔沒在 26 歲時全年只穿比基尼，如果我的讀者是女性，請馬上穿上比基尼，不到 34 歲都別脫下。」身為研究乳搖的阿宅，怎能不愛她？

[9] 威廉斯認為可能是體重增加的緣故。

值。現今日本是 C、D 罩杯爭奪人數最多的排名，而 A、B 罩杯的比例 14 年來減少了一半；D、E 罩杯的比例 14 年來增加了近一倍。

對日本女性來說，D 罩杯可能是一個魔術數字。根據統計，D 罩杯以下的女性，理想的罩杯至少要比現在大一杯以上；D 罩杯以上的女性則認為現狀已經夠理想，此外，在不同罩杯別的女性中，D 罩杯的女性對胸部現狀最滿意，比例有 37.1%。

臺灣也不例外。根據內衣業者奧黛莉的估算（楊淑閔，2007.08.11），2000 年時臺灣女性購買的主流是 B 罩杯內衣，到了 2007 年 C 罩杯已成為主力，而且 D 罩杯的銷售成長比 B 罩杯快。而在臺灣黛安芬 2011 年的統計中（徐毓莉，2011.10.03），E 罩杯的女性 10 年來成長了 2 倍，A 罩杯卻減半，過去 D 罩杯以上就被分類為大罩杯產品，現在要 E 罩杯以上才算。某些內衣品牌甚至因為滯銷而不推出 A 罩杯款。此外，臺灣華歌爾從 2011 到 2014 年，每年 E 罩杯商品銷售都成倍數成長（林佳儀，2014.09.23）。20 年前流行的魔術胸罩，早已被集中托高的新款內衣取代。

附帶一提，根據奧黛莉在 2013 年的統計，臺灣有 70% 的女性在 C 罩杯以上，2000 年時，最暢銷的是 70B 罩杯，如今已是 75C 罩杯。此外，臺中、南投女性平均有 D 罩杯以上，是臺灣最「胸」的兩個縣市，臺北市雖然 D 罩杯的比例超過 50%，但平均不到 D 罩杯。

當然你可能會有「東亞歡樂杯」的質疑，認為女性內衣的罩杯區隔愈做愈小，現在的 F 罩杯或許只等於 20 年前的 D 罩杯（以及歐美規格的 D 罩杯）。而且就算真有「罩杯通貨膨脹」的現象，主因也不是為了撐大胸部以吸引異性的眼光，而是如果罩杯區隔愈細密，才能讓更多女性找到符合身材尺寸的內衣，穿著更舒適。

表1 日本與臺灣女性罩杯統計

2000 年	日本	2014 年		2000 年	臺灣	2011 年
14.2%	A 罩杯	5.3%		18%	A 罩杯	9%
31.4%	B 罩杯	20.5%		39%	B 罩杯	20%
28.1%	C 罩杯	26.3%		25%	C 罩杯	35%
17.7%	D 罩杯	24.1%		14%	D 罩杯	25%
6.9%	E 罩杯	16.2%	超越 A 罩杯→	4%	E 罩杯	11%
與 E 合併	F 罩杯	6.0%	←超越 A 罩杯			

資料來源：〈下着白書 vol.15〉，日本黛安芬，2015，取自 http://www.
triumph.com/jp/ja/6608.html；〈臺女 E 罩杯 10 年多 2 倍〉，
徐毓莉，2011.10.03，取自 http://www.appledaily.com.tw/
appledaily/article/headline/20111003/33711589/（臺灣黛安
芬銷售估算）

　　不過女性內衣「集中托高」的趨勢倒是千真萬確。在日本、臺
灣的東亞女性胸罩設計史上，1970 年代乳頭的位置大約在罩杯的
二分之一處（正中央），1980 年代開始乳頭位置逐漸提高，到了
2000 年代，乳頭位置已經提高到罩杯四分之三的地方（賀照緹，
2009.05.07）。因為比起西方人，東亞女性身體比較扁、胸部的底
面積較大、乳房體積較小、位置也比較低，因此內衣也比西方更講
求集中托高效果，撥、提、擠出乳溝。

　　而在 2005 年美國《ELLE》雜誌線上調查的結果（Seligson ／
鄭家瑾譯，2010：38），56% 的男性已經很滿意女伴的胸部大小，
卻有超過 70% 的女性希望自己的胸部更大、更圓；20 多歲的女性
就有 22% 開始擔心胸部下垂的問題，而且比例隨著年齡增加。對
於「自己胸部夠不夠大」這個問題，現實社會的女性可能比男性更
困擾。

但從生理結構來看，乳房裡主要只有乳腺、脂肪、結締組織與韌帶，並不包含肌肉，它的形狀只受基因和脂肪的影響，運動並不能增大、也無法阻止乳房下垂（バスト編，2011.07）。可說「貧乳俱樂部」的會員證，在出生之前就已經發出去了。

事實上，全世界女性的胸部的確愈來愈大，但我們始終都把眼光放在乳房的性感意義上（即使這篇論文的出發點也一樣），因為我們只從觀看者的角度出發，以致忽略了其他重要的事情——尤其是，對於擁有乳房的女性來說，胸部到底是什麼？

十四、女性自身：最公開的私密部位

胸部是女性身體「最公開的私密部位」，女人先被要求必須遮掩胸部，又被告知要賣弄胸部增添性感。打從開始發育，乳房就成了最令女生煩惱的身體部位。根據美國研究，11 歲前胸部就開始發育的女孩，發生憂鬱症導致飲食不正常、行為偏差的機率，是一般青少女的 3 倍以上（Spadola, 1998 ／林瑞霖、劉娟君譯，2002：46）。性徵較早成熟的小女生，沒有幾個會對自己的大胸部感到開心，通常要花好幾年才能接受事實、開始喜歡自己的胸部。

青春期少女很清楚男性對她們的慾望有多強烈，即使穿著不露曲線的學校制服，也很容易遇上性騷擾。一方面因隆起的胸部而成為難以反擊的受害者，另一面也逐漸了解自己的性魅力，就這樣帶著對外表與胸部又愛又恨的矛盾情結，慢慢長大，有些女孩能成為充滿社交自信、從容展現性感，提升情色資本（erotic capital）的女性，但也有人會掉入厭惡男性的漩渦（Hakim ／洪慧芳譯，2012：53）。

胸部在女生的青春期、交友、性愛、生育、衰老與疾病中扮演舉足輕重的角色。它和身體其他器官不同，時而遮掩，時而展露，胸部或多或少會影響女性對世界的看法，也影響世界對她們的觀

過動
ACG 產業文化與可能性

感，對自我定位的影響深遠。

例如有個都市傳說是「大胸女生的姊妹淘，常常也都是大胸部的女生」，這很可能是潛意識的選擇：因為女性跟胸圍相近的夥伴比較能夠自在相處（Spadola, 1998／林瑞霖、劉娟君譯，2002：108）。而媒體與我們都常用胸罩尺寸來形容女性，直接說「她是E罩杯」、「這個E奶女星」而不是「她有E罩杯的胸圍」，彷彿胸部是她的全部。

廣告看板、流行雜誌、電影、電玩等各種媒體裡，充滿著化好妝、修好片、擠壓調整完畢、甚至以物理模型模擬出的乳房，刺激著女性「你的胸部還不到理想標準」的神經，就連整形醫師為了賺錢也會告訴你，胸部大的女人在愛情和人生上比較容易成功，讓我們對乳房真是心有千千結。

十五、情慾之外：更希望探討的意義

我們都被胸部制約了，一邊覺得「只要看到奶，男人就會買」，一邊以為「有對好胸部，人生就幸福」。然而我們研究胸部、討論胸部，應該是為了把乳房從完美、巨大、高聳、搖晃的情慾迷思中解放出來。

「女人其實很少看到其他女人的裸體，因此總是美化別人的乳房，如果女人只認識自己身體，卻不了解其他女人的身體模樣，又何能奢談解放呢？」（Ayalah, & Weinstock, 1979: 99）1960年代《柯夢波丹》（COSMOPOLITAN）雜誌總編輯海倫・布朗（Helen G. Browm）如是說。

很多女孩子長大時從沒見過第二對乳房，因此根本不曉得女性胸部的平均尺寸，也不清楚「標準」的定義是什麼，而媒體總是暗示你的乳房有問題，讓女孩帶著壓力去仿效根本不存在的模範。擁有芭比娃娃身材的女人，10萬人裡面才出現一個；而有芭比男伴

肯尼身材的男人，50人裡面就有一個（Norton, Olds, Olive, & Dank, 1996: 287-294）。

如果大家能看到更多乳房，就不會有那麼迷思，畢竟每個人的胸部大小、形狀、顏色各有不同狀態，對胸部抱持更多元、多樣化的期待並不奇怪。除此之外，雖然我們熱愛乳房，但對它的了解太少，我們常用美學觀點來看乳房，卻不甚了解它的生物構造。

真正需要改變的不是胸部，而是我們對它抱持的態度。對女人來說，如何看待自己的胸部，和個人定位息息相關，找出胸部的意義和價值，不應該假手他人（Spadola, 1998／林瑞霖、劉娟君譯，2002：64-71）──你對它滿意嗎？想要炫耀還是隱藏？能大方拿胸部開玩笑或羞於啟齒？你如何稱呼自己的胸部？穿什麼樣的內衣？別人又是如何看待它呢？請記得，關於胸部，永遠沒有標準可言。無論貧乳或巨乳，和胸部交朋友、接受自己的胸部，肯定會得到平靜和諧的回報。

最後，如果你認為 ACG 裡充滿「超現實乳搖」是可以批評的地方，只能說釐清現實與虛構的區別，始終是御宅族的功課，幸好斎藤環說，御宅族常常不是分不清現實與虛構，只是比一般人更不在乎而已（斎藤環，2006：31）。ACG 中的乳搖現象，或許應該當成「武俠片」或「超級英雄」來看待，是一種脫離現實的浪漫──你不會看了武俠片就認為輕功能讓人飛天，也不會看了超人就認為自己有不死之身，超現實乳搖就像電影裡的輕功或超人，是一種刺激感官的娛樂效果。

乳搖確實吸引人類的注意力，這篇論文的出發點並不清高，也是從情慾角度開啟了好奇心。但筆者在寫作過程卻發現，除了情色之外，乳搖還有很多不同的意義，生物的、演化的、科學的、心理的、社會的、商業的、還有生命與成長，都是值得討論的議題。

或許本文會被稱為問題發言，但比起虛擬的胸部，我們應該更認真去看看現實的胸部，仔細研究真實的乳房。乳房界定了人類與

過動
ACG 產業文化與可能性

其他靈長類的差別，對歷史文化、商業流行、人際互動帶來重要影響，而且哺乳動物有一半不能也不會哺乳，我們男性就是那一半。

參考書目

一、中文書目

王志弘譯（1999）。《帕洛瑪先生（Mr. Palomar）》。臺北：時報。（原書 Calvino, I. 著）

何穎怡譯（2000）。《乳房的歷史（A Histiory of the Breast）》。臺北：先覺。（原書 Yalom, M. 著）

林瑞霖、劉娟君譯（2002）。《悄悄話乳房（Breasts: Our Most Public Private Parts）》。臺北：旗品文化。（原書 Spadola, M. 著）

洪慧芳譯（2012）。《姿本力：從會議室到臥室都適用的強大力量（Honey Money: The Power of Erotic Capital）》。臺北：財信。（原書 Hakim, C. 著）

張約翰（2014.03.26）。〈從身體到符號，再回到身體——由宅男女神看宅男的消失〉，《CSA 文化研究月報》，143：37-46。

曹順成譯（2015）。《裸猿（The Naked Ape：A Zoologist's Study of the Human Animal）》。臺北：商周。（原書 Morris, D. 著）

莊安祺譯（2014）。《乳房：一段自然與非自然的歷史（Breasts: A Natural and Unnatural History）》。臺北：衛城出版。（原書 Williams, F. 著）

褚炫初譯（2012）。《動物化的後現代：御宅族如何影響日本社會》。臺北：大藝。（原書東浩紀著）

談璞譯（2009）。《阿宅，你已經死了》。臺北：時報。（原書岡田斗司夫著）

鄭家瑾譯（2010）。《H 罩杯教我的事（A 32DDD Reports From the Front）》。臺中：好讀。（原書 Seligson, S. 著）

二、日文書目

斎藤環（2006）。《戦闘美少女の精神分析》。東京：ちくま文庫。

賀東招二（2014）。《甘城ブリリアントパーク 4》。東京：富士見書房出版。

三、外文書目

Athenaeus. (1959). *The Deipnosophists, Vol. VI* (C. B. Gulick, Trans.). Cambridge, MA: Harvard University Press.

Ayalah, D., & Weinstock, I. J. (1979). *Breasts: Women speak about their breasts and their lives.* London : Hutchinson.

Barry, D. (1994.02.27). Men, Get Braced; Wounderbra Coming. *Aitken Standard*.

Dixson, B. J., Grimshaw, G. M., Linklater, W. L., & Dixson, A. F. (2011). Eye-tracking of men's preferences for waist-to-hip ratio and breast size of women. *Archives of sexual behavior*, *40*(1), 43-50.

Dowkontt, C. F. (1948). *The Hygiene of the Breasts*. New York: Emerson Books.

Ephron, N. (1972.05). A few words about breasts. *Esquire*.

Gueguen, N. (2007). Women's bust size and men's courtship solicitation. *Body Image*, *4*, 386-390.

Lynn, M. (2009). Determinants and consequences of female attractiveness and sexiness: Realistic tests with restaurant waitresses. *Archives of Sexual Behavior*, *38*(5), 737-745.

Morris, D. (1967). *The Naked Ape: A Zoologist's Study of Human Animal*. New York: McGraw-Hill.

Norton, K. I., Olds, T. S., Olive, S., & Dank, S. (1996). Ken and Barbie at life size. *Sex Roles*, *34*(3-4), 287-294.

四、網路資料

〈魔乳秘劍帖〉（n.d.）。維基百科。取自 https://ja.wikipedia.org/wiki/ 魔乳秘劍帖

Gray, K. (2015.01.21). Let me get something off my chest about boob physics in video games. Retrieved from The Guardian: https://www.theguardian.com/technology/2015/jan/21/boobs-breasts-physics-video-game

Hernandez, P. (2015.02.24). How Video Game Breasts Are Made (And Why They Can Go Wrong). from http://kotaku.com/how-video-game-breasts-are-made-and-why-they-can-go-so-1687753475

Nakedjehuty（2014.01.27）。〈巨乳爆衣烹飪對決！《忍乳負重 閃亂神樂》製作人宣佈推出繁體中文版〉。取自 http://www.gamebase.com.tw/forum_2015/601/topic/97007144/1

UACG ED.（2016.08.21）。〈《女武神驅動》在海外被拒絕評級而無法發售，紳士難過與背後的問題〉。取自 http://www.u-acg.com/archives/10694

タイプ あ～る（2012.12.09）。〈『トップをねらえ！GUNBUSTER』はこうして生まれた！知られざる制作秘話〉。取自 http://animetanoshiku.blog.fc2.com/blog-entry-9.html?sp

トリンプ インターナショナル ジャパン（2015）。〈下着白書 vol.15〉。取自 http://www.triumph.com/jp/ja/6608.html

バスト編（2011.07）。〈下着ではじめるからだのエイジングケア〉。取自「ワコール人間科学研究所」http://www.wacoal-science.com/ageing/

ファミ通 - ゲーム（2015.12.28）。〈"やわらかエンジン 2.0"は何がスゴいのか？『DOAX3』開発者インタビュー〉。取自 http://www.hmv.co.jp/newsdetail/article/1512295107/

小黒佑一郎（2005.06.06）。〈アニメ様の七転八倒 第 16 回 オッパイと芸術〉。取自 http://www.style.fm/as/05_column/animesama16.shtml

日本黛安芬（2015）。〈下着白書 vol.15〉，取自 http://www.triumph.com/jp/ja/6608.html

自由時報（2015.04.16）。〈日流行風潮「托乳藍絲帶」胸凸性感加分〉，《自由時報》。取自 http://news.ltn.com.tw/news/world/breakingnews/1288565

林佳儀（2014.09.23）。〈臺灣女變豐滿 罩杯升一個 CUP〉，《聯合新聞網》。取自 http://health.udn.com/health/story/5966/356963

高木謙一郎（2013.01.16）。〈でもこの谷間で、もがいてるのがきっと一番楽しいはず！〉。取自 https://twitter.com/kenichiro_taka/status/2915984406920964257

徐毓莉（2011.10.03）。〈臺女 E 罩杯 10 年多 2 倍〉，《蘋果日報》。取自 http://www.appledaily.com.tw/appledaily/article/headline/20111003/33711589/

楊淑閔（2007.08.11）。〈臺灣女性罩杯升級 臺灣產內衣強化國際感〉，《中央社》。取自「大紀元」http://www.epochtimes.com/b5/7/8/12/n1799635.htm

電撃ホビー編集部（2015.11.19）。〈「ただおっぱいが描きたい！」『VALKYRIE DRIVE -MERMAID-』監督・キャラクターデザインの金子ひらく氏にインタビューしてきました！〉。取自 http://hobby.dengeki.com/news/127387/

鄭孟緹（2012.01.03）。〈《天降之物》登臺召宅男 找女僕造魔乳〉，《蘋果日報》。取自 http://ent.appledaily.com.tw/section/article/headline/20120103/33932589

五、影音媒體資料

淺野太（製作人）（2011）。勇者ヨシヒコと魔王の城。東京電視台

賀照緹（製作人）（2009.05.07）。穿在中途島，第一集「胸罩」。台北：公共電視。

過動
ACG 產業文化與可能性

論電玩遊戲中虛構生物的價值定位——
以《Pokémon》為例

王建奇

一、緒論

（一）前言

　　虛構生物（Fictitious Beings）屢見於遠古的傳說神話到現今的各式創作，在電玩作品中，亦時常能夠看到牠們在各種劇情演進、任務破解、戰鬥……等遊戲環節中扮演不可或缺的角色。

　　然而，正因只是虛擬的存在，電玩作品中的虛構生物，即便在設定上是屬於我方的重要夥伴、甚至在故事中擔任主役，仍有可能被玩家當作一項破關道具或好用的戰鬥機器，就算使用的方式可能殘忍不人道、沒有人性也不會對其有些許憐憫。若換做現實世界中對人類有重要情感或生活意義的生物，就較少遭到這種「待遇」。

　　我們可以很直觀的說，此等「差別待遇」是出自於人們普遍對虛擬與真實預設價值的落差。然而隨著電玩科技的累進，電子遊戲的「擬真性」愈加顯著，虛擬與真實的互動與互涉因而被重新詮釋。若再加以考慮動物福利、動物保育等等在當代備受重視的生命倫理議題，我們又如何審視這之間的價值差異與變化？過去，國內外對於生命倫理相關議題的研究不勝枚舉，但對應至電玩世界，相關的議題探討卻顯得寥寥無幾。

　　藉此，本文以著名的《Pokémon》[1]主系列遊戲作為探討案例，

1　《Pokémon》（口袋怪獸，ポケットモンスター），又稱「神奇寶貝」（臺灣）、「寵物小精靈」（香港）、「袋魔」（新馬地區）。任天堂官方於2016年2月26日的「任天堂直面」會宣布，將《Pokémon》之中文譯

以「在電玩世界中作為玩家親密寵物的虛構生物」為主要探討標的，藉由虛與實的相互對應，試圖討論「動物倫理學說能否應用於電玩遊戲中的虛構生物？」以及「Pokémon 對戰」這種訓練師（寵物飼主）主動使心愛的 Pokémon（寵物）負傷受苦行為的道德正當性問題，最後再討論玩家（人類）對於自己的 Pokémon（寵物）於遊戲對戰中負傷瀕死時的心境反應，藉以瞭解其中虛與實的價值異同與變化。

（二）研究範例之選擇

以各種虛構生物為主打，或者遊戲內容即存在著名虛構生物角色的作品族繁不及備載，但為何選擇以《Pokémon》系列做為本文之探討範例？條列原因如下：

（1）《Pokémon》系列從首部發行至今已 20 餘年，其在臺灣累計的知名度及滲透度相對其他年輕作品較高，客群上亦為全年齡普及，探討時較容易起共鳴。

（2）比起純粹以「寵物養成」為主要遊戲元素的作品，《Pokémon》的遊戲要素更包含「蒐集」與「對戰」，這將使《Pokémon》與本文所欲探討的議題更加相符。

（3）比起以真實世界的動物生態為基底，再加上少許虛構生物而構成其世界觀的作品（作品中有常見如真實世界的貓狗、各種牲畜，但也存在如獨角獸、史萊姆、龍等虛構生物），《Pokémon》除了人類以外的動物皆為虛構，更適合作為本文比對真實世界與電玩世界的探討範例。

名將統一為「精靈寶可夢」（〈精靈寶可夢系列〉，n.d.）。出於情感及習慣因素，筆者並不認同「精靈寶可夢」這項用法，因此在本文中當，筆者一律將該作品稱之為《Pokémon》，惟參考資料之來源名稱，筆者仍遵從來源的名稱用法。

過動
ACG 產業文化與可能性

（4）《Pokémon》系列之作品跨足 ACGN 各領域，比起其他
作品，有更多可探討樣本。

（三）研究範圍及限制

1. 作為寵物的虛構生物

本文雖以電玩遊戲中之虛構生物為探討對象，但「生物」的範
圍過於廣泛，例如植物、細菌、真菌也是生物，故先在此說明本文
探討對象限為「在電玩世界中常被作為各種破關工具與戰鬥機器的
寵物們」。一般而言，我們不會把植物栽種當作寵物飼育，培育細
菌亦然。因此，本文將以「生物分類法」中被歸類為的「動物界」
的物種為主。[2]

2. 以電玩為主的探討體裁

一般而言，電玩遊戲大多具有互動性，這是與動漫畫、小說等
其他體裁最大的不同，同時也是本文所欲探討的關鍵核心之一。實
際上，具備「常被作為各種破關工具與戰鬥機器」這類特質的寵物，
亦常出現於其他 ACGN 作品體裁中，為使探討內容更加豐富，同
時善用《Pokémon》的跨作品優勢，本文雖以電玩遊戲為主要探討
體裁，亦會以其同系列之動漫畫作品為輔。而主要探討之
《Pokémon》電玩作品，則以其「主系列」[3] 遊戲為主。

3. 以戰鬥為首要探討之遊戲要素

《Pokémon》主系列的重要遊戲元素包含：蒐集、交換、戰鬥
及養成，搭配上《Pokémon》本身的作品題材，可探討的範圍十分
廣泛，為不使論述失焦，本文將著重於「戰鬥」這項遊戲要素上。

---

2 雖然《Pokémon》亦存在以植物、菌類、甚至是食物、礦物為設計原型的
Pokémon，但本文仍將所有的 Pokémon 視為動物。

3 請參照本文〈研究範圍及限制〉第 4 點之名詞定義及表格說明。

4. 名詞定義與表示方式

以下說明本文所採用之各項詞語定義及用法：

（1）《Pokémon》：《Pokémon》的作品概念，包含所有官方與非官方的動漫畫、遊戲及其周邊創作品。

（2）主系列：由 1996 年 2 月任天堂株式會社所發行的 Game Boy 遊戲《Pokémon Red & Blue》起算，一直到 2016 年冬季發行的 Nintendo 3DS 遊戲《Pokémon Sun & Moon》，共 7 個世代、27 款掌機遊戲。為方便讀者瞭解本文所提及之各世代主系列遊戲及動畫，整理相關對照資料如表 1：

表 1　《Pokémon》各世代遊戲及動畫

所屬世代	主系列遊戲版本	代表地區（遊戲）	遊戲簡稱縮寫	動畫對應版本
第一世代	{紅、綠、藍、皮卡丘}	關都	四色	無印篇
第二世代	{金、銀、水晶}	城都、關都	GSC	
第三世代	{紅寶石、藍寶石、綠寶石} {火焰紅、椰子綠} *[4]	豐緣城都、關都	RSE FRLG	超世代
第四世代	{珍珠、鑽石、白金} {心靈金、靈魂銀} *	神奧關都	DPPt HGSS	鑽石 &珍珠
第五世代	{黑、白} & {黑2、白2}	合眾	BW & B2W2	超級願望
第六世代	{X、Y} {終極紅寶石、起始藍寶石} *	卡洛斯豐緣	XY ΩRαS	XY XY&Z

4　表中以 * 註記的遊戲版本，為重製版遊戲。重製版的分類則以其所屬的遊戲主機及官方技術設定為區分依據，與動畫對應版本無關。

過動
ACG 產業文化與可能性

表1 《Pokémon》各世代遊戲及動畫（續）

所屬世代	主系列遊戲版本	代表地區（遊戲）	遊戲簡稱縮寫	動畫對應版本
第七世代	{太陽、月亮}	阿羅拉	SM	太陽＆月亮

資料來源：〈精靈寶可夢系列〉，維基百科，n.d.，取自 https://goo.gl/y9R0mr（筆者整理）

二、《Pokémon》的寵物養成元素

　　既然要探討「作為親密寵物或重要夥伴的虛構生物」，那麼就要先確認，其對象究竟是不是寵物。以下先來看看《Pokémon》所具備的寵物養成元素，以及其主系列的寵物養成系統演進。

（一）《Pokémon》的作品緣起

　　《Pokémon》最早並非以模擬寵物飼育為主，其遊戲概念源於日本早年鄉下兒童流行的娛樂方式——昆蟲收集與交換，《Pokémon》的創始人——田尻智，從小就很喜歡這類遊戲，隨著日本的工業化及都市化，到都市工作的田尻智，希望讓都市的孩子也感受到這種樂趣，便動手開發了這部作品（〈精靈寶可夢系列〉，n.d.）。從初代主系列《Pokémon Red & Blue》於 1996 年推出至今，歷代《Pokémon》主系列的最大賣點，一直都在於玩家能夠蒐集及交換多種不同的 Pokémon、並以其蒐集的 Pokémon 進行對戰，透過戰鬥後的升級獲得更強大、更稀有，或符合玩家喜好的 Pokémon，也就是「蒐集」、「養成」、「戰鬥」、「交換」等遊戲要素。

　　初代遊戲發行後的隔一年，TV 動畫亦開始播映，在動畫、遊戲及周邊商品等相互拉抬加分的情況下，《Pokémon》開始暢銷。隨著遊戲硬體技術的進步，《Pokémon》主系列也開始在每一代的新作品當中，提升其畫面精緻度、技能華麗度與豐富度、故事劇情

的深度,以及其他更豐富多元的遊戲性設定,「養成」的這項要素,在這一波波的遊戲要素多元化當中逐漸被強化。另外因《Pokémon》的寵物形象十分強烈,也帶動《Pokémon》系列遊戲的「寵物養成」要素重要性被放大。

(二)《Pokémon》主系列之寵物養成系統演進

為使讀者能夠更清楚明白「寵物養成」要素在《Pokémon》主系列當中的演進與呈現,筆者整理相關資料如表 2。從表 2 可知,《Pokémon》主系列在寵物養成系統的演進上,越來越強調 Pokémon 與玩家的互動性,並試圖讓玩家感受 Pokémon 在遊戲中的自主性,這一切改變不外乎是希望使遊戲中的 Pokémon 更加的「寵物化」。

表 2　《Pokémon》寵物養成系統演進

遊戲世代	寵物養成系統演進
皮卡丘版	✓ 遊戲中的初學者 Pokémon:皮卡丘(#025)[5] 除了在地圖上會隨時跟著玩家移動之外(僅在玩家有攜帶皮卡丘的情況下),還設定了「親密度系統」,[6] 玩家若在地圖上調查(與之對話)皮卡丘,遊戲會以簡單動畫顯示皮卡丘現在的心情及情況。例如隨著攜帶皮卡丘的時間越長,皮卡丘的表情會漸漸由不信任、不理會玩家變為笑容;而若皮卡丘因戰鬥而陷入「中毒」或「睡眠」狀態,亦會顯示出痛苦以及睡著的面孔。儘管該設定非常陽春,且只針對皮卡丘一隻 Pokémon,但這已是之後親密度系統的雛形。

5　本文所提及之有所有 Pokémon,都會在其名稱後,以括號標註其在 Pokémon「全國圖鑑」(見〈寶可夢列表〉,n.d.)的登錄編號,但僅於本文首次提及時標註。

6　首次在《皮卡丘版》出現,自第二代之後便成《Pokémon》主系列的一項遊戲機制,並在每一代都有小幅度修改及新增相關設定。其數值為 0 到 255 之間。數值越高代表玩家與 Pokémon 的親密程度越高。Pokémon 等級提升、攜帶並行走一定的步數、使用營養品、擊敗道館訓練家成功等,會使親密度提升;相反地,Pokémon 因戰鬥陷入瀕死、使用帶苦味的中草藥回復物品等,會降低親密度(見〈親密度〉,n.d.)。

過動
ACG 產業文化與可能性

表2 《Pokémon》寵物養成系統演進（續）

遊戲世代	寵物養成系統演進
GSC	✓ 在【GSC】當中，親密度系統的設定已擴及到所有的 Pokémon，以及出現許多需要一定程度的親密度為進化條件的 Pokémon，例如：叉字蝠（#169）、皮丘（#172）、波克比（#175）、太陽精靈（#196）、月精靈（#197）等。遊戲中亦有能夠協助玩家判定親密度的 NPC。 ✓ 新增了依照親密度高低而影響威力的戰鬥技能：報恩（おんがえし）、牽連（やつあたり）。 ✓ 新增了成功收服 Pokémon 時，被收服的 Pokémon 親密度基準值會比較高的寶貝球：友友球（フレンドボール，Friend Ball）。
RSE ΩRαS	✓ 導入了類似寵物選美及寵物才藝競賽結合體的「Pokémon 華麗大賽」（ポケモンコンテスト）。分別有：帥氣、強壯、美麗、聰明、可愛等 5 種參賽類別。玩家可透過遊戲中蒐集的樹果，製作出相當於飼料的「能量方塊」，不同樹果調製出來的能量方塊，能夠提升 Pokémon 不同的「狀態數值」（即帥氣度、美麗度、聰明度等），藉以使自己的 Pokémon 在華麗大賽中獲勝。
RSE ΩRαS	✓ 新增了成功收服 Pokémon 時，被收服的 Pokémon 親密度會較容易提升的寶貝球：華麗球（ゴージャスボール，Luxury Ball）。
DPPt	✓ 導入 Pokémon 華麗大賽的升級版：「Pokémon 超級華麗大賽」（ポケモンスーパーコンテスト），即在原本的「Pokémon 華麗大賽」當中，加入對戰要素，但焦點著重於對戰中所使用的技能與參賽類別的相符性。 ✓ 新增道具「飾品盒」，玩家可以在遊戲中的特定商店購買、或者透過其他方式取得飾品，以類似紙娃娃系統的方式，來「裝飾」自己的 Pokémon，並且可以在祝慶市幫穿戴飾品的 Pokémon 拍照。此外，飾品可以在超級華麗大賽中產生加分效果。 ✓ 帷幕市裡有一位女性按摩師，她可以為玩家的一隻 Pokémon 免費按摩，並贈與華麗大賽所使用的飾品。被按摩的 Pokémon 與親密度會上升。 ✓ 緣之市有一座「溝通廣場」（ふれあいひろば，Amity Square），類似一處親子公園，玩家可從自己攜帶的 Pokémon 當中選擇一隻到溝通廣場裡頭散步。散步過程中，被攜帶的 Pokémon 會如《皮卡丘版》的皮卡丘一樣，但僅有部分特定 Pokémon（通常是外形嬌小可愛的 Pokémon）才能被帶入「溝通廣場」散步。

表2 《Pokémon》寵物養成系統演進（續）

遊戲世代	寵物養成系統演進
BW B2W2	✓ 飛雲市裡有一位女性按摩師，她可以為玩家的一隻 Pokémon 免費按摩，被按摩的 Pokémon 的親密度會上升。
XY ΩRαS	✓ 導入了「Pokémon 友誼系統」（ポケパルレ，Pokémon-Amie），是一種可以增進與 Pokémon 友誼的功能。透過觸碰 3DS 的上下雙螢幕，撫摸、餵食 Pokémon。若觸碰螢幕時間較久，Pokémon 還會以擊掌回應玩家（若撫摸某些敏感部位，Pokémon 仍會不高興）。除此之外，亦可透過前置鏡頭與 Pokémon 進行互動，讓 Pokémon 模仿玩家表情。 ✓ 當 Pokémon 和主角的感情較好時，在對戰中，就會回過頭來看主角，等待主角下達指示。當玩家透過和友誼系統和 Pokémon 之間的感情達到一定程度時，Pokémon 在對戰中的活躍度將會大大提升，更容易避開對方的攻擊和更容易擊中對方的要害。由情感的影響而觸發了命中要害、躲避行為和恢復異常狀態時，Pokémon 頭上會飄出一顆愛心，螢幕上也會出現特殊的說明文字。

資料來源：神奇寶貝百科，n.d.，取自 https://goo.gl/8HEqPW（筆者整理）

三、虛與實的價值對應

　　接下來討論《Pokémon》主系列的虛實對應、Pokémon 對戰的道德正當性，以及玩家對 Pokémon 戰鬥負傷的心境變化。為清楚比較本文所探討之各個虛實主體、客體，筆者繪製了如下圖 1 的實體關聯圖，再以文字說明各實體之間的符號關聯：

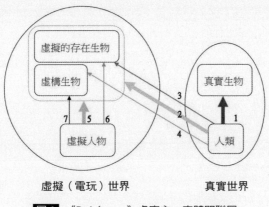

圖1 《Pokémon》虛實主、客體關聯圖

（1）右邊的橢圓，代表真實世界。包含人類（即玩家）以及存在於真實世界的動物。

（2）左邊的橢圓，代表虛擬世界，意即電玩世界。橢圓內的「虛擬人物」，除了玩家操控的主角之外，亦包含遊戲當中的 NPC。

（3）左邊橢圓內的虛線方框，是指虛擬世界當中的非人生物，包含「虛擬的存在生物」（Virtual Beings，例如小貓、小狗）以及「虛構生物」（Fictitious Beings，例如龍、獨角獸）。

（4）有箭號的粗細線段，則代表某實體對於另一實體的觀點，以下則分別以 ①②③④⑤⑥⑦ 代表每個箭號。例如 ①，即表示人類對於真實生物的看法。粗箭頭 ② 實為 ③、④ 細箭頭的結合；而粗箭頭 ⑤，則為 ⑥、⑦ 細箭頭的結合。

本文依上述的各種比對組合，分為三個層次逐層探討：

（1）第一層，討論 ① 與 ⑤ 之間的對應，並進一步說明 ⑥、
⑦ 之間的差異。

（2）第二層，討論 ② 與 ⑤ 之間的對應，並進一步比較 ④ 之
於 ⑦；以及 ③ 之於 ⑥ 的異同。

（3）第三層，討論 ① 與 ② 之間的對應，並進一步剖析 ③、
④ 之於 ① 之差異。

（一）第一層

首先討論虛與實中人類對動物的觀點，比對是 ① 與 ⑤，在
《Pokémon》的世界觀當中，人類與 Pokémon 之間的關係，與真
實世界人類之於各種動物，並無太大差異。《Pokémon》的世界裡，
除了有大量野生的 Pokémon，人類亦出於各種目的而飼育
Pokémon，如作為寵物、農牧、運輸、醫藥、建築、表演藝術、競
技對戰。假設在《Pokémon》的世界觀當中，人們對待寵物
Pokémon，與真實世界並無太大差異，作為飼主的人類，通常會希
望寵物受到好的待遇，故在此假設之下，① 與 ⑤ 至少具有一定程
度的相似性，但若加以考量到競技對戰，則又會存在微妙的差異，
接下來的文章會再討論。

先來討論遊戲中虛擬人物的觀點與看法，圖 1 當中的虛擬人
物，包含玩家所能操控的主角，在某些遊戲當中，玩家能透過劇情
的演進以及角色之間的對話，瞭解主角本身的性格、思想、觀點，
但是在《Pokémon》主系列當中，玩家操縱的主角幾乎是不說話的，
即便是對話，也幾乎是對方角色不斷的發言，主角本身並不發言，
因此很難從中辨識主角的個性、思想或觀點。在這樣的情況下，也
很難比對 ①（人類玩家），與 ⑤（《Pokémon》遊戲主角）。因
此在第一層 ① 與 ⑤ 的對比當中，僅能對比 ①（人類玩家）與 ⑤
（《Pokémon》遊戲中的其他虛擬人物）。此外還有一點說明：

過動
ACG 產業文化與可能性

《Pokémon》的世界裡並沒有「虛擬的存在生物」，所有的
Pokémon 就是該世界裡頭的「動物」，因此乍看之下，「虛擬的存
在生物」與 ⑥ 並不應該在《Pokémon》的案例探討當中，但仍可
以用其他角度來剖析這個問題。

1. 物種差異

此處指的物種差異，並不像真實世界中的大象與螞蟻這種單純
「不同生物」之間的差異，即便兩種 Pokémon 之間體型、屬性、
種族值[7]的差異很大，該兩者對《Pokémon》世界觀裡人類的意義，
就是兩種不同的「動物」。但是《Pokémon》當中，有所謂的「傳
說的 Pokémon」，[8] 這類的 Pokémon 往往非常強大，而且在地方的
傳說、神話當中，扮演著相當於「神」的存在。如第二世代的洛奇
亞（#249）、鳳王（#250）；第三世代的蓋歐卡（#382）、固拉多
（#383）；第四世代的帝牙盧卡（#483）、帕路奇犽（#484）等等。
這類 Pokémon，即便《Pokémon》世界的人們仍稱之為「Pokémon」，
但其概念是相當於「活生生的神」。打個比方，若將綠毛蟲（#010）
與阿爾宙斯（#493）兩者做比較，那麼對《Pokémon》世界裡的人
們而言，相當於真實世界中的毛毛蟲與上帝（或其他宗教的神祇），
兩者完全是不同層次的存在。然而真實世界中，並未存在如同「傳
說的 Pokémon」一般，人們會將之視為神的「真實生物」。（某些
文明或部落的確存在將動物視為「神的化身」的情況，但充其量僅
為象徵意涵或者化身，並不等同「神的本體」）考量這如天壤之別

---

7 日文：しゅぞくち，英文：Species Strengths，是不同種 Pokémon 之間
強弱差別的根本來源，也是決定 Pokémon 能力值的一項重要因素。擁有
相同等級、基礎得點、性格的 Pokémon，種族值越高、能力值也越高（見
〈種族值〉，n.d.）。

8 Legendary Pokémon，是一些令人難以置信的 Pokémon 的統稱，牠們往
往是非常強大的 Pokémon，在動畫當中則因為擁有強大力量而被尊崇、
不能被收服（見〈傳說的寶可夢〉，n.d.）。

的物種差異，前述的觀點比對就會有所差異。

　　因此，貼近《Pokémon》世界觀設定的情況，在探討 ① 與 ⑤ 的異同以及 ⑤⑥⑦ 之間的關係時，應該要包含上述所提及之宏大的物種差異，若將綠毛蟲與阿爾宙斯分別代入圖 1 的「虛擬的存在生物」以及「虛構生物」，便可以從概念上清楚區別 ⑥ 與 ⑦。原本在《Pokémon》世界不存在的「虛擬的存在生物」以及 ⑥，則可以從概念上對應到真實世界中的一般動物，進而 ⑥ 成立；而如阿爾宙斯這種無法類比至真實世界的存在，在概念上則會被歸類到「虛構生物」，進而 ⑦ 成立。由於真實世界中並不存在如阿爾宙斯的「神」，因此真實世界中的類比便不會存在，故雖然 ⑤ 由 ⑥ 與 ⑦ 構成，但 ⑥ 與 ⑦ 之間不會產生交集；① 與 ⑤ 也不再全然相等，而是僅有 ① 與 ⑥ 之間相等。我們用如下關係式表示 ①⑤⑥⑦ 之間的關係：

$$⑤ = \{⑥, ⑦\}$$
$$⑥ \neq ⑦ ; ① = ⑥$$

（二）第二層

　　在前一層探討了 ⑤⑥⑦ 之間的關係，並剖析在宏大的物種差異下，⑤ 何以拆解為 ⑥ 與 ⑦，而在本節將著重於 ②③④ 的說明。首先比對 ② 與 ⑤，與前一層不同，電玩世界中的虛擬人物看待同世界中的虛擬生物，或許會和真實世界人類看待動物的觀點一樣，因為其屬於同一個世界，但真實世界人類的觀點來看電玩世界的虛擬生物絕對有很大的不同，很明顯的原因是：② 是一種「跨次元」的視野。現實世界中，大多數人不會把電玩遊戲的虛擬世界視為「現實」；電玩遊戲中的各種虛擬生物當然也只是一連串的程式代碼與美術圖像，基於這樣的觀點，我們可以說 ② 不等同於 ⑤。因此無論 ②③④，虛擬生物對人類而言都只是「物」（Things），是非生命的存在，既然不是生物（Beings），那該怎麼談原本說好的

動物權益跟生命倫理呢？先來看笛卡兒（René Descartes, 1596-1650）及康德（Immanuel Kant, 1724-1804）的觀點。

1. 笛卡兒的動物機械論與康德的間接義務論

關於道德考量的對象是否涉及非人類動物，笛卡兒認為理性思考能力必然使得人類與動物之間壁壘分明，這樣的能力尤其確切表現在複雜的語言上，動物所顯現的行為只不過是本能反應，而非思考，並認為動物只是「Automata」（自動機械裝置），就像是人類製造的時鐘，如同機械般的運轉罷了，我們不可能對一只時鐘施予道德關懷（Regan & Singer eds., 1976: 60-66，轉引自陳怡蓁，2005：7）。同樣依據是否具有理性思考能力當作構成道德主體條件的還有康德，他舉例：

> 如果一個人射殺了一隻無法再為他服務的狗，則他對他的狗不需有責任，因為牠缺乏理性判斷的能力。但是狗主人的行為是不人道的。這會造成他對其他人類一樣也不人道（Kant, n.d.／Infield trans., 1980，轉引自陳怡蓁，2005：7）。

若將上述文句中的幾個詞彙代換，並改寫如下：

> 如果一位玩家，在其遊玩的電玩作品，拋售、遺棄或摧毀一件無法再使用或沒有遊戲利用價值的道具，則該玩家對他的道具不須有責任，因這些道具缺乏理性能力。

類比到《Pokémon》遊戲，句子則可以改寫如下：

> 如果一位玩家，在其遊玩的《Pokémon》遊戲作品，使其Pokémon 在對戰時全數瀕死，則該玩家對他的 Pokémon 不需有責任，因這些 Pokémon 缺乏理性能力。

上述的論述，正好都符合本階段將虛擬生物完全視為「物」的預設觀點，因為僅是由一連串程式碼、美術圖像及音效模組構成的虛擬生物，自然不具理性思考能力。惟須特別說明的是，雖然康德因為動物不具理性能力而否定其作為道德主體，但亦主張不得以殘酷的方式對待動物，該主張可見於其早期作品《倫理學講義》（*Lectures on Ethics*）〈動物與靈魂〉（animal and spirit）。康德認為：人類對動物所展現的自然情感（例如：愛、難過等）會表現在對人類的感情上；對於動物的殘酷行為將不利於仁慈人格的養成，對動物殘忍之人，亦會對其他人殘忍；動物必須被視為是人的工具，故「有理由的」對動物殘忍仍是必要的，但只為了休閒活動而對動物殘忍就說不過去；對動物仁慈，可以顯現人類崇高的心靈（Kant, n.d. ／楊植勝譯，1997：23-26，轉引自許晉瑋，2010：26-27）。

　　相較於笛卡兒完全將動物視為「物」，康德則因善良人格的養成因素，反對殘忍對待動物。有趣的是，上述所提及的笛卡兒及康德的論述，皆是由圖 1 的 ① 出發，但其結論，卻與本節第二層所討論的，將虛擬生物視為「物」的 ②③④ 相同，既然只是「物」，也就代表著人類不必對其有倫理及道德上的考量（當然我們不能完全否定人類對「物」有道德考量的可能性，這裡僅討論一般情況下，人類不會對沒有生命的事物具有特別的道德考量）。

2.2 次元世界的 Pokémon 就一定會被人道對待嗎？

　　走文至此，本文僅討論到由真實世界人類觀點出發，將虛擬生物視為「物」的 ②③④。但虛擬人物在看待屬於「同一個世界」的虛擬生物時（即 ⑤⑥⑦），是否也有將其視為「物」的概念呢？關於此部分，能從《Pokémon》主系列中敵對組織的行動看出端倪，儘管每一代敵對組織的目的不盡相同，但都有個共通點，就是濫用 Pokémon 來達成組織的目的，而他們對 Pokémon 的態度與舉止，與其說是寵物、夥伴，不如說是一種戰鬥機器、生物兵器，這跟將

過動
ACG 產業文化與可能性

其視為「物」幾乎無所差異。

　　當然這是舉明顯的反例來說明，並非只有「跨次元」的人類玩家會將虛擬生物視為「物」，甚至連同次元中的虛擬人物也可能將虛擬生物視為「物」。一般而言，動漫畫或者遊戲中的《Pokémon》世界觀，城鎮的人民大多是以尊重生命、與 Pokémon 共存共榮的態度在看待 Pokémon。反觀真實世界，卻有出於私慾或特定目的，而不當對待動物的個人或組織，對他們而言，那些動物究竟是「生命」還是「物」呢？

3. 作為遊戲工具的 Pokémon

　　既然要將虛擬生物完全地當作「物」來看待，當然要以看待「物」的角度來審視其價值定位。前文所提及的《Pokémon》主系列的重要元素：蒐集、養成、對戰、交換，作為「物」的Pokémon，其價值尤其會彰顯在「蒐集」及「對戰」這兩項遊戲要素上。如果用常見的，以「打怪－練功－打副本」為主要遊戲模式的作品來比擬，就很容易理解，主角所擁有的 Pokémon 就是各種遊歷冒險的寶具，透過在地圖上與其他訓練師的對戰、升級，並蒐集、獲得更多稀有或玩家所偏愛的寶具。除了戰鬥之外，這些寶具亦有在不同環境下移動運輸、排除障礙的功能。就「蒐集」及「對戰」這兩種遊戲性而言，《Pokémon》可以說是發揮得淋漓盡致。

　　如同前一層的論述，《Pokémon》的作品並不存在圖1「虛擬的存在動物」，但若帶入前一層所提及宏大物種差異的觀念，便可以有新的拓展。其中最顯著的區別即是「稀有性」及「不可取代性」，這是很容易理解的概念，作為遊戲中冒險闖關的「寶具」，玩家自然會想獲得、蒐集強大、稀少的寶具。因此，即便《Pokémon》中不存在「虛擬的存在動物」，仍可以從概念上，將圖 1 的 ③ 與 ⑥ 相對應；將 ④ 與 ⑦ 相對應。而在本層所提及的觀點下，虛擬人物與真實人類，皆有將虛擬生物視為「物」的情況，這則使 ②

與 ⑤ 有一定程度的相似度。上述內容如下關係式表示：

$$② = \{ ③ , ④ \} \; ; ⑤ = \{ ⑥ , ⑦ \}$$
$$② \fallingdotseq ⑤$$

4.《Pokémon》的遊戲廢人與遊戲家

正如前文，由於玩家不需要對遊戲中作為「物」的 Pokémon 有道德考量，因此有一派的玩家，仔細鑽研了屬性相剋、招式特性、個體值分布、出場及行動順序，並將嚴謹的統計分析、賽局理論等數學規劃方法，應用在《Pokémon》的遊戲對戰中，並產生出許多「挑戰極限」的對戰方式。最重要的是，這一類的玩家通常不會在意其 Pokémon 在對戰「是否受到尊重」，而是以如何在對戰中獲勝作為首要目標。

此處所指的「尊重」，是指「在不刻意犧牲、或者不刻意讓己方 Pokémon 承受苦難的情況下，竭盡所能戰鬥到其體力值歸零才退場。」而上述所提的這一派玩家，卻可能在對戰時，令其 Pokémon「主動」使用與對方同歸於盡的招式；或刻意使己方 Pokémon 陷入危急狀態（例如使其體力值屆臨瀕死狀態、或陷入中毒、麻痺等負面狀態）後，再透過 Pokémon 本身的特性或招式效果一舉反擊；或者先用隊伍中幾隻 Pokémon 以「犧牲打」的方式，製造對己方優勢的戰鬥環境，再以隊友 Pokémon 一舉擊潰對方全體隊伍。有網友在 YouTube 分享在連線競技對戰時，以類似上述的對戰策略，先犧牲一些己方 Pokémon，最後再以鯉魚王（#129）[9]

---

9 鯉魚王被公認是最弱的 Pokémon（儘管它不是種族值最低的 Pokémon），正常的鯉魚王在 15 級之前只能使用毫無用處的水濺躍，但是在玩家群中卻不斷挖掘鯉魚王的可能性，曾經出現過只用 1 隻鯉魚王打【FRLG】的最終 Boss — Red、在世界錦標賽中利用 6 隻鯉魚王鄙視對手等行為，因此鯉魚王也被戲稱為「最兇殘的 Pokémon」或「大兇殘」（見〈鯉魚王〉，n.d.）。

擊敗對手強大豪華陣容的對戰影片（PIMPNITE, 2013.11.30）。這一派玩家所用來對戰的 Pokémon 不見得是其最喜愛的，甚至可能是出於特定目的（例如自我挑戰、羞辱對手），而刻意以弱小的 Pokémon 應戰，對他們而言，Pokémon 的存在可以說是為了滿足玩家求勝欲望的戰鬥機器、以及彰顯自己善於縝密遊戲布局的呈現工具。

除了以嚴謹的數據分析方式來進行對戰，還有一派玩家，為了能夠使用個體質較優的 Pokémon 進行對戰，大量捕獲特定 Pokémon，並從中選擇個體質較優的 Pokémon 之後，其餘便放生；或者讓不同種 Pokémon 在飼育屋交配生蛋，以大量孵蛋的方式，誕生出具備特別招式技能或特性的 Pokémon（即所謂的「刷個體質」）。部分玩家對這派玩法十分反感，在《Pokémon》同好圈，就以「Pokémon 廢人」來代稱這一派玩家（〈神奇寶貝第三世代登場人物一覽〉，n.d.）。而有趣的是，並非只有真人玩家才會是 Pokémon 廢人，最顯著的例子是【ΩRαS】主角的勁敵——小充（ミツル），以及 TV 動畫《鑽石 & 珍珠篇》的真司（シンジ），他們都是將 Pokémon 廢人的特質發揮到極致的代表之一。

單純從玩遊戲的角度而言，這並沒有錯，畢竟沒有人規定，玩家應該用甚麼方式來玩遊戲，尤其像《Pokémon》主系列這一類具有一定自由度的遊戲。而這種深度鑽研遊戲，並竭盡所能挑戰各種對戰可能性的玩法，也是所謂「遊戲家精神」的彰顯。遊戲家精神是指在競技活動中全力爭勝的態度，雖然在做法上存在道德爭議，但其行事完全依循遊戲（運動）規則。因為遊走在規則邊緣，盡一切可能增加對自身有利的條件，多數倫理學家不會鼓勵遊戲家精神，因為道德的要求往往比規則嚴苛許多。但遊戲家精神推動了許多競技或遊戲戰術的誕生，少了這種「在規則邊緣盡可能擴張戰果」的操作，許多競技運動或遊戲可能會因此無聊許多（人渣文本，2016.06.11）。對玩家而言，電玩的核心價值之一便是遊戲的娛樂

性，透過遊戲家精神的展現，可以看到除了單純的屬性相剋或等級輾壓之外，更多 Pokémon 對戰的趣味性。

但並非所有的 Pokémon 廢人或者遊戲家都會以「犧牲打」，或者大量孵蛋的方式來追求對戰的勝利，亦有堅持不採用上述方式，而為「挑戰極限」的玩家存在。例如有網友在其部落格中放上了自行分析過各項數據與可能性之後，在【FRLG】遊戲中，僅用一隻鯉魚王，並限定自己只能使用體力回復藥水及異常狀態解除藥品，擊敗遊戲中的最終 BOSS － Red 的影片（@ちゃんねる，2012.06.20）。亦不少網友在 YouTube 分享僅用一隻壺壺（#213）（PIMPNITE, 2014.09.15）、火雉雞（#255）（PIMPNITE, 2014.04.20）等弱小的 Pokémon，以精巧的策略及道具運用，在連線對戰中擊敗對手豪華陣容的影片。我們無法肯定這些玩家採用該玩法時是否只是單純的「挑戰極限」，但從結果來看，這一派堅持不採犧牲打策略，或者大量孵蛋的方式來取得勝利的玩家，其戰鬥策略構成的難度，或者所需付出的訓練努力，不見得比採犧牲打策略及大量孵蛋的玩家還要低，比起不論手段只求獲勝的遊戲家精神，這種限制較多的玩法，更接近我們熟知的「運動家精神」，因為其除了表現出求勝的執念與努力之外，亦表現了對 Pokémon（夥伴、遊戲寶具、戰鬥機器）的重視。

無論如何，「對戰」及「養成」，都是《Pokémon》的重要遊戲元素之一，究竟是戰鬥勝利重要、或是以喜愛的 Pokémon 來玩遊戲重要，這一點自由心證。正如《Pokémon》遊戲中，城都地區的惡系四天王——梨花（カリン）的名言：「強大的 Pokémon，弱小的 Pokémon，那都是人的一己之見。真正強大的訓練家應該為了用自己喜歡的 Pokémon 獲勝而努力才對。」

（三）第三層

　　第三層從「作為寵物」的功能來比對真實生物以及遊戲中的虛擬生物。在前一層論述中，已深刻地討論作為「物」的 Pokémon，而由於對戰活動作為《Pokémon》遊戲中一項十分重要的遊戲要素，因此有必要探討將寵物推出去進行這種打打殺殺、造成身軀傷害的活動。在本節，將提到以辛格（Peter Albert David Singer, 1946-）為首的「動物福利論」、雷根（Tom Regan, 1938-）的「動物權利論」，以及納斯邦（Martha C. Nussbaum, 1947-）的「動物正義論」，並分別探討其如何審視《Pokémon》的虛擬生物及遊戲對戰活動。

1. 動物福利論

　　首先提到動物福利論，該理論是以效益主義（Utilitarianism）為哲學基礎，主張物種之間的平等原則。對辛格而言，主張平等的理由，並不依賴智力、道德能力、體能或類似的「事實性特質」，平等是一種道德理念，而不是有關事實的論斷。舉例而言，即便一隻豬所應獲得的待遇不同於一位人類兒童，但卻不應該以豬在生物學分類體系上非「智人」（Homo sapiens）物種為理由，而將其利益排除於道德利益衡量之外，若有之，即成為「物種歧視」者（Singer, n.d. ／孟祥森、錢永祥譯，1996，轉引自許晉瑋，2010：30-31）。因此，在辛格的動物解放論中，所謂的平等原則是指「利益之平等考量」原則，凡具有利益之個體，即需將之納入道德考量範圍中，不因該個體之事實性特質而不將其納入考量範圍（許晉瑋，2010：31）。

　　而究竟甚麼樣的個體是具有利益的？什麼樣的判準足以決定某一個體是否適用平等原則？對此，辛格引用邊沁（Jeremy Bentham, 1748-1832）的說法，提出了以「感受到痛苦或快樂的能力」（即所謂「感知能力」）作為是否適用平等原則之判准。不同於笛卡兒

及康德，邊沁與辛格皆認為理性或語言能力不足以作為決定是否適用平等原則的判別標準，辛格更認為若以理性或智力等事實性特質作為利益平等考量的界線，都將會是專斷的。因此，凡是具有感知能力的個體便具有利益，並適用於平等原則。而以平等原則來處理「製造痛苦的問題」，於理論上可以收到簡便效果，疼痛與痛苦本身是不好的，應該防止或減少，且不應區分感受痛苦的對象之種族、性別或物種（許晉瑋，2010：31-33）。

要實踐上述論點，對真實世界的寵物飼主而言並不困難。一般情況下，飼主不會做出令寵物受傷的舉動，若有之，通常也屬特殊情況，但若玩家將遊戲中的 Pokémon 視做寵物，並且如同真實世界寵物飼主一般的愛護其寵物，也就是將圖 1 的 ① 與 ② 之間劃上等號。那麼玩家們使其 Pokémon 進行對戰的舉動，就是違背了上述立場？因為對戰活動很可能使參與對戰的 Pokémon 受到傷害，而根本問題是，遊戲中的 Pokémon 並非具有「感知能力」，其在戰鬥時所承受之傷害及負面影響，也僅是遊戲運作機制的數字及視覺呈現，要將一連串數字變化及圖像動畫，與真實世界中的寵物受到傷害放在天秤的兩端比較，實在過於牽強。因此，我們很難將辛格的理論帶入《Pokémon》遊戲。且「對戰」原本就是《Pokémon》主系列的重要遊戲要素之一，甚至亦為達成「養成」遊戲要素的主要途徑，為了遊戲進行，玩家不免要不斷進行對戰。

此處必須說明，動物福利論雖將動物利益納入道德考量，但並不代表動物利益應獲得較高的評價，亦不表示可以為了動物利益而犧牲人類利益。基於利益衡量原則，雖然某一行動將傷害到諸多利益，但該行動是否正當，仍應經由利益衡量原則後，才可決定。一旦全面禁止利用動物，將使人類飲食、健康維持等各個生活面向面臨極大的困境。為了維護人類正常生活，應承認動物利用仍具有一定的正當性及必要性。唯使用過程中應以較人道的方式對待動物，避免動物遭受到不必要的疼痛或痛苦（許晉瑋，2010：45-48）。

而在《Pokémon》主系列的同好者中，確實有不少玩家，不同於僅把 Pokémon 作為戰鬥機器的玩家，而是在遊戲中將其所擁有的 Pokémon 賦予「寵物」的概念，並疼愛有加。對這一派玩家而言，雖然視對戰為必然的遊戲過程，但戰鬥方式更會盡可能避免 Pokémon 受到傷害。若玩家將遊戲中的 Pokémon 與真實世界的寵物視為等價，則該派玩法不僅某種程度上實踐了動物福利論的不傷害原則；且雖為了進行遊戲而不得不戰鬥，但卻選擇使己方 Pokémon 傷害最少的戰鬥方式，這種行為亦符合了動物福利論——動物為人使用的利益衡量原則。

2. 動物權利論

相較於動物福利論承認於特定條件下仍可合理的使用動物，動物權利論則主張無論於實驗室、養殖場、甚至原野上，人類任何使用動物的行為都是不當的，應該受到制止。既然原本就不得以這些方式來使用動物，則利用動物的過程中所產生的痛苦與死亡都是不必要的；而人們在判斷如何對待動物時，不應將人類的利益納入考量，無論人類出於何種利益標的而利用動物，其行為均非正當（許晉瑋，2010：57）。

這樣的主張對於活生生的動物而言可能有討論空間，但若要應用於虛擬世界的生物，則勢必會產生衝突，最主要的原因為，虛擬生物的存在，多半為人類因特定目的而創造，就以電玩遊戲而言，其存在不外乎是作為構成遊戲娛樂性的要素之一，既然原本就是因特別目的而創造，無論玩家將遊戲中的 Pokémon 視為「物」或者「生物」，其遊戲過程勢必無法避免對 Pokémon 的「利用」，在此一事實下，動物權利論將變得毫無意義。但我們仍可以進一步探討動物權利論之構成思維，以確認該主張是否完全的不適用於虛擬生物。

雷根所主張的動物權利論，主要受到兩種哲學思維影響，分別

是效益主義的平等原則，以及康德哲學的「目的－手段」論。由於動物具有人類應善待牠們的特質，因此並非是達成人類特定目的之手段，動物自身即為「目的」，應成為受到人類尊重對待的對象，人類不得因為動物利用有助於全人類之利益而恣意殺害動物（許晉瑋，2010：58-59）。雷根認為，動物之所以處於現今不利的處境，原因在於人類將動物視為「人類的資源」之體制內，若維持此一體制，那麼所有動物解放運動將不再有意義，因為人們無須對作為「資源」的動物感到痛苦。而若要改變上述一般將動物視為人類資源，一邊卻對動物悲慘處境感到困擾的困境，一個好的起點便是對於效益主義的缺陷之處進行理論的填補與建構。為避免效益主義僅重視個體所感受到的「苦樂」，而忽略感受苦樂的「個體」，雷根假設所有人類均擁有作為一個個體之價值：「內在價值」（Inherent Value），並以此概念取代效益主義的感知能力，作為動物應與人類受到相同待遇的基礎（許晉瑋，2010：60-61）。但哪些動物擁有應該被尊重對待之內在價值？則要進一步說明動物權利論中所提到的「生命主體」（Subject of a Life）概念，雷根藉由此概念將生物分為「具有內在價值之個體」與「不具內在價值之個體」，生命主體這項判別準則，所強調的是心理與精神能力，諸如：認知、溝通、情感、慾望、記憶、對苦樂之感受能力、有計畫及選擇之能力等等，簡而言之，即具有「複雜而統一的心理結構」，有此心理結構者，即具備成為生命主體的基礎，應被當作「目的」來對待（Regan & Cohen, n.d. ／楊通進、江婭譯，2005：444-445，轉引自許晉瑋，2010：62）。

　　然而，進一步瞭解雷根的動物權利論之後，則會發現無法將其理論帶入遊戲中。原因正如動物福利論的應用困境一樣，所謂「生命主體」的概念，亦如「感知能力」，是虛擬生物不具備的，即便是寵物模擬系統所呈現出來的 Pokémon 情緒及生理反應，也僅是遊戲機制對玩家鍵入指令的回應。比起動物福利論尚能對應到玩家

在遊戲過程中，因出於疼惜寵物、重視夥伴的概念而盡可能避免其 Pokémon 於戰鬥中受傷；動物權利論對於《Pokémon》遊戲中的虛擬生物則毫無切入點。

3. 動物正義論

動物正義論是納斯邦結合盧梭（Jean Jacques Rousseau, 1712-1778）的社會契約論、羅爾斯（John Rawls, 1921-2002）的正義論而產生。於社會契約論中，政治原則與法律乃由人類所定，因此理論設計上，社會契約論強調「締約者＝政治原則（唯一的）適用對象」，因此，非參與制定正義原則的動物，無法成為正義原則的直接適用對象，只能透過利害關係或受託關係，「間接地」加入正義原則之運行中。而納斯邦提出以「能力途徑」反對此論述，認為「制定原則者」與「原則為誰所制定」，兩者不應劃上等號。能力途徑下的正義應在確保「各種不同種類之生命」都可以享有尊嚴之生活，即使動物基於條件現實無法成為政治原則的制定者，但作為制定者的人類，於制定原則時，仍應將動物包含在內，為了動物而設計出使其得以享有具尊嚴生活的政治原則（許晉瑋，2010：75-76）。

對能力途徑而言，快樂與痛苦並非具有正義之重要性的「唯一」事物，感知能力並非擁有道德地位的唯一條件，對於應以何種條件作為判斷動物有無道德地位，納斯邦認為應採用「選言途徑」（Disjunctive Approach），亦即除了感知能力之外，其他諸如：移動能力、擁有情緒情感之能力、理性思考能力、遊戲或工具的使用能力等，只要符合其中一項，該動物即應成為正義原則的適用對象（許晉瑋，2010：77）。相較之下，動物正義論雖將是否把動物納入道德考量的標準放寬，但其所提倡之「能力途徑」仍因虛擬生物之本質而無法適用，進而使動物正義論在《Pokémon》遊戲中毫無切入空間。

4. 小結

由於虛擬生物原本就不符合這些動物倫理學說所強調之「生命特質」（如動物福利論的「感知能力」、動物權利論的「生命主體」準則、動物正義論的「能力途徑」），即便玩家在概念上將遊戲中的 Pokémon 視作活生生的寵物加以愛護，終究難以突破其虛擬的本質，進而難以帶入以真實動物為理論建構對象的動物倫理學說。對玩家而言，其目的就是要體驗電玩遊戲的娛樂性，想要玩以怪獸蒐集及對戰為主題的電玩遊戲，如果以「不行，《Pokémon》的遊戲玩法有損遊戲中 Pokémon 的虛擬生命權益及福利，所以你不能玩這些遊戲。」正如同一名饕客想要品嘗牛排，但是卻被他人以「不行，食用牛肉侵犯了牛的生命權益，所以你不能吃牛。」的理由而制止一樣本末倒置。這並非否定這些學說的價值，而是理論的適用與否問題，同時也是人們對事物價值排序後的結果。

在此亦必須補充，這些動物倫理學說的主要批判對象，皆不是專指人類的寵物飼養行為。動物福利論主要批判的對象，是對農場動物的工廠化飼養模式以及實驗動物的不人道對待；動物福利論亦以實驗動物之利用為批判標的（許晉瑋，2010：71）；動物正義論則曾以農場動物及實驗動物來解釋人類與動物能力衝突的解決方式（許晉瑋，2010：78）。無論何者，其批判重點皆不在於為娛樂及友伴功能的寵物上，那是否表示，一開始便不該用這些理論來進行探討？因為在遊戲當中，玩家所持有的 Pokémon 便（幾乎）是作為寵物的存在。但如果進一步歸納該三種理論批判對象，其實不難辨別其共同特質為：「出於人類的特定目的而使用動物，且使用過程及結果很可能令動物感受到痛苦或者犧牲其生命。」而 Pokémon 對戰即具有這樣的特性，這也說明本文何以選擇該三種動物倫理學說來進行探討，因為從旁人立場來看，寵物飼主以娛樂或其他目的使其寵物進行肉體搏鬥並造成身心甚至生命危害，該行為完全符合上述三種理論批判對象之共同特質。

過動
ACG 產業文化與可能性

（四）作為正當運動的 Pokémon 對戰

　　既然明知將寵物推出去打打殺殺，是一種傷害寵物的行為，那麼為何對戰活動在《Pokémon》的世界仍舊如此盛行？最根本的原因就是，Pokémon 對戰正如真實世界的跆拳道或者其他運動項目一樣，是一種正當的運動，以這樣的角度來審視對戰行為，便不會覺得有不合理之處。當然還是可以想到一些論點來反駁 Pokémon 對戰的正當性，例如：

A. 對戰活動會造成 Pokémon 的身心傷害。

B. 對戰活動可能會意外造成訓練師以及周遭人員傷害或財產損害。

C. 持有強大戰鬥力 Pokémon 的訓練師或者其 Pokémon 萬一爆走失控、像隨機殺人犯一樣胡亂攻擊周遭人員或 Pokémon 怎麼辦？

D. Pokémon 對戰的對象不見得是訓練師，也可能是面對野生的 Pokémon，訓練師用自己的 Pokémon 與野生的 Pokémon 戰鬥，豈不等於侵犯或傷害野生動物？

E. 這跟拳擊、跆拳道不一樣，在 Pokémon 對戰時，實際在打鬥的是 Pokémon 又不是人類，如何能知道訓練師的 Pokémon 是自願參與對戰的？

　　針對上述批評，筆者提出相應的論點來支持對戰活動的正當性，以下依序說明之：

a. 事實上，大多數的運動都有可能造成身心傷害，但這些傷害通常能透過各種機制與手段預防。而以肉體搏擊類的運動而言，可以透過明確的競技規則、裁判的公正判決，以避免參賽者「殺紅眼」的情況。除此之外，賽前的準備（充足的休息、熱身、穿戴合格的防護具）、賽後的身體維護與調養……等等，這些都是使運動員健康進行運動賽事、

且盡可能不造成傷害的方法。雖然在《Pokémon》遊戲的訓練師對戰時看不到有第三方裁判的參與，但在動漫畫作品中，訓練師之間的正式對戰（如道館挑戰賽、聯盟錦標賽）都有第三方公正裁判；除此之外，如同拳擊比賽，已獲勝的 Pokémon 亦不能對失去戰鬥能力的對手 Pokémon 再予不必要的追擊。

b. 運動賽事若造成周遭人員傷害或者環境財物毀損，那麼可能是在不適當的環境下進行賽事，或者比賽時有不相關人員誤闖競賽場地。相同的概念亦適用於《Pokémon》所有作品的對戰活動。（少數因劇情等特殊情況下的對戰除外）

c. 這類情況較與運動無關，而是與人員的精神健康情形有關，若失控行為發生在比賽中，則通常該運動員會被判定失去資格而退場；若發生在運動賽事之外，則可能會由執法單位介入，並移交司法或精神治療單位處理。在明知運動員精神情況極度不穩定的情況下仍讓該員參與賽事，則相關團隊、教練也要負起責任，同理也適用於《Pokémon》的訓練師。

d. 在《Pokémon》的世界觀，訓練師會四處旅行，若在野外碰到強大、為數龐大且攻擊性高的野生 Pokémon，訓練師自然會以自己的 Pokémon 迎擊或逃跑，這種情況下的 Pokémon 對戰並非正式運動，而是自我防衛。當然也可能會有訓練師主動欺凌弱勢野生 Pokémon 的情況，該情形自然非運動，但這種蓄意不尊重動物生命權益的行徑，在真實世界的道德上也是不被認同的。

e. 在動畫中，的確可以看到訓練師的 Pokémon 怯戰，或者不予理會眼前對戰的情況，但一般而言，參與對戰的 Pokémon 皆會服從訓練師指令，甚少表現出違背或不情願之樣貌。至於遊戲中，很難假設或揣摩不具思考及情感能力的虛擬

生物會如何思考或感受，故對於遊戲而言，這個問題實質沒有意義。

（五）Pokémon 戰鬥負傷或瀕死對玩家的心境影響

雖然前一節解決了 Pokémon 對戰的道德正當性問題，但終究免不了 Pokémon 在對戰時負傷的事實，難道玩家對自己的 Pokémon 受傷，都不會有絲毫不捨嗎？筆者認為，這要依玩家對於遊戲中 Pokémon 的認知來探討，以下逐一列出可能影響玩家對 Pokémon 認知的因素：

1. 稀有度

越是稀有或者越難取得的 Pokémon，玩家對其情感投入及偏愛會更加顯著，這類 Pokémon 的稀有價值或是玩家在收服過程付出的努力，會轉為玩家對 Pokémon 的愛，這樣的差異也呼應本節第二層的探討內容。

2. 外型樣貌

外型可愛的 Pokémon 較容易使人聯想到現實世界中外型可愛的動物，這類 Pokémon 若在戰鬥中受傷或瀕死，較容易使人產生憐憫、疼惜之心。但這一類的 Pokémon，除非原本便有強大的戰鬥能力，否則玩家收服這類 Pokémon 的目的，通常是以收藏、觀賞用途為主，較不會用來對戰；相較之下，外型較帥氣、兇悍的 Pokémon 帶給玩家的感受會是可靠、強大的，玩家在使用這類 Pokémon 進行對戰時的心態比較偏向自信、驕傲，而這類 Pokémon 若在戰鬥中受傷或瀕死，玩家所感受到的則不是憐憫或疼惜，反而是自信心的挫敗，尤其戰鬥力越是強大的 Pokémon 越是如此。

3. 戰鬥能力

雖然第二點討論到戰鬥能力，但 Pokémon 的戰鬥能力不見得與外型有顯著關聯，比如：一樣是外型可愛的 Pokémon，夢幻（#151）、

基拉祈（#385）、美洛耶塔（#648）等 Pokémon 就有優秀的戰鬥力，這類 Pokémon 若在戰鬥受傷或瀕死，玩家對其所投入的憐憫、疼惜之情，或許就不會如第二點所描述的明顯，甚至不會有這樣的情感存在，其原因可能是該類 Pokémon 強大的戰鬥能力，在戰鬥中帶給玩家的可靠感與信心（比較不會在對戰中落敗）。相較之下，大針鋒（#015）、勇士鱸魚（#550）等 Pokémon，雖然外型較兇悍恐怖、但由於戰鬥力不突出，較無法在對戰當中賦予玩家相對應的可靠感與信心，也連帶使這類 Pokémon 在戰鬥受傷或瀕死時，較不會有第二點使玩家信心受挫的情況。

上述三點雖都是影響玩家對遊戲中 Pokémon 認知的主要因素，但此三者皆無法獨立成為圖 1 中 ①②③④ 的區分標準，唯有結合三項因素一同判別，才能夠彰顯出其中差異。舉個極端的例子：一樣是在對戰當中，外型嬌小可愛、戰鬥力薄弱，如同真實世界中小貓、小狗般存在的伊布（#133）；與外型兇悍、戰鬥力強大、又獨一無二，如神一般存在的騎拉帝納（#487），兩者若在對戰中負傷、瀕死，玩家的感受可能會有很大的差異。其原因正是伊布較容易使玩家與真實世界的寵物貓、狗產生概念聯想，使玩家產生「自己的寵物小貓、小狗在戰鬥中受傷」的心疼與不捨，再回顧本節第一層所探討，圖 1 的 ① 與 ③ 具有較高的相似性。但若負傷或瀕死的是騎拉帝納，對玩家的意涵可能會比較近似「我的戰神被打敗了？怎麼可能？」等挫敗感與不可置信，這是其外型與強大戰鬥力帶給玩家的反差感，雖然同樣為玩家所持有的 Pokémon，但比起伊布，騎拉帝納較難讓人與現實生活中的動物產生聯想，這也使其更加名符其實地做為「虛構生物」，此等認知也鮮明地區隔了 ① 與 ④。但即便舉了這極端的例子，③ 與 ④ 之間仍非毫無交集，對不同的玩家而言，③ 與 ④ 的重疊程度可能不同，①②③④ 的關聯如下關係式表示：

$$① ≒ ③ ; ② = \{③ , ④\}$$

過動
ACG 產業文化與可能性

四、總結

本文首先由《Pokémon》之作品緣起，探討該作的寵物養成要素，再以實體關聯圖，分層探討其虛實對應及價值異同，並嘗試將當代著名的動物倫理學說應用於遊戲作品中。雖然因為電玩遊戲的虛擬本質，而使本文所提及之學說難以應用於《Pokémon》主系列；本文許多論點也因為該議題甚少人研究，而難以找到能夠支持相關論證的文獻。但筆者仍針對遊戲中對戰行為的道德疑慮加以申論，並說明哪些因素，會影響到玩家對遊戲中 Pokémon 的認知，進而討論其中的虛實差異。

由於筆者對動物倫理及哲學知識的涉略有限，無法將本文的核心議題進行更嚴謹、更系統化且深入的探討。而除了本文所提及的三項動物倫理學說之外，或許有其他更適合拿來與《Pokémon》搭配詮釋的倫理及哲學議題；而要探討「在電玩世界中常被作為各種破關工具與戰鬥機器的寵物」的道德正當性問題，或許也有比《Pokémon》更適合的作品。但不可否認的是，作為一款適合寓教於樂的 ACGN 作品，《Pokémon》具備了充分的條件，於 2016 年夏季正式上線的手機遊戲《Pokémon GO》，也證明《Pokémon》不僅具有高度人氣，更帶動了世人對於諸多相關議題的省思。筆者也期待將來有更多嘗試以不同 ACGN 作品，或其他互動式載體為對象的探討文章。

參考書目

一、中文書目

孟祥森、錢永祥譯（1996）。《動物解放（Animal Liberation）》，頁 42-
43。臺北：社團法人中華民國關懷生命協會。（原書 Singer, P. 著）

陳怡蓁（2005）。《從單一判準到多重判準論述動物的道德地位》。中央大
學哲學研究所碩士論文。

許晉瑋（2010）。《一個動物各種表述：動物保護法的虛像與實質》。臺灣
大學法律學系碩士論文。

楊通進、江婭譯（2005）。《動物權利論爭》，頁 444-445。北京：中國政
法大學出版社。（原書 Regan, T., & Cohen, C. 著）

楊植勝譯（1997）。〈對動物我們只有間接的義務〉，Pojman, Loius P. 編著，
張忠宏等譯《為動物説話：動物權利的爭議》，頁 23-26。臺北：桂冠。
（原文 Kant, I. 著）

二、外文書目

Kant, I. (n.d./1980). Duties to Animals and Spirits. In Infield, L. (Trans.),
Lectures on Ethics. Cambridge, UK: Cambridge University Press.

Regan, T., & Singer, P. (Eds.). (1976). Animal Rights and Human
Obligations. Englewood Cliffs, NJ: Prentice-Hall.

三、網路資料

@ ちゃんねる（2012.06.20）。〈一只鯉鱼王用"自己的力量"打败小赤〉，
bilibili.com。上網日期：2016 年 9 月 17 日，取自 http://www.bilibili.
com/video/av290015

〈神奇寶貝〉（n.d.）。KomicaWiki。上網日期：2016 年 9 月 17 日，取自
http://goo.gl/BaomVg

〈神奇寶貝第三世代登場人物一覽〉（n.d.）。KomicaWiki。上網日期：
2016 年 9 月 17 日，取自 https://goo.gl/MDdrq8

〈傳説的寶可夢〉（n.d.）。神奇寶貝百科。上網日期：2016 年 9 月 17 日，
取自 https://goo.gl/VS1nF4

〈種族值〉（n.d.）。神奇寶貝百科。上網日期：2016 年 9 月 17 日，取自
https://goo.gl/3pSR2O

過動
ACG 產業文化與可能性

〈親密度〉（n.d.）。神奇寶貝百科。上網日期：2016 年 9 月 17 日，取自
　　https://goo.gl/0VJwXd

〈精靈寶可夢系列〉（n.d.）。維基百科。上網日期 2016 年 9 月 17 日，取
　　自 https://goo.gl/y9R0mr

〈鯉魚王〉（n.d.）。神奇寶貝百科。上網日期：2016 年 9 月 17 日，取自
　　https://goo.gl/9bKm1B

〈寶可夢列表〉（n.d.）。神奇寶貝百科。上網日期：2016 年 9 月 17 日，取
　　自 https://goo.gl/6Y00LC

PIMPNITE (2013.11.30)。〈★ ~EPIC MAGIKARP SWEEP~ ★ #2〉，
　　YouTube。上網日期：2016 年 9 月 17 日，取自 https://goo.gl/daeC9H

PIMPNITE (2014.09.15)。〈★ ~EPIC SHUCKLE SWEEP~ ★ #2〉，
　　YouTube。上網日期：2016 年 9 月 17 日，取自 https://www.youtube.
　　com/watch?v=aNag9F8m8_Y

PIMPNITE (2014.04.20)。〈★ ~EPIC TORCHIC SWEEP~ ★〉，YouTube。
　　上 網 日 期：2016 年 9 月 17 日， 取 自 https://www.youtube.com/
　　watch?v=gMtpY-0moZM

人渣文本（2016.06.11）。〈沒人知道的運動倫理學（一）：運動家精神與
　　遊戲家精神〉，《渣誌》。上網日期：2016 年 9 月 17 日，取自 https://
　　sosreader.com/sports_ethics_1/

神奇寶貝百科。上網日期：2016 年 9 月 17 日，取自 https://goo.gl/8HEqPW

藉沉浸理論探討 QTE 系統對遊戲體驗之影響

陳柏鈞

一、前言

　　1970 年代末，個人電腦剛開始廣泛普及，也帶動電子遊戲蔚成流行。直至今日，電子遊戲已發展成為一種成熟的媒體，與很多人的生活密切相關。不過，在 1999 年前，電子遊戲相關技術尚未發達，圖形、音效、操作方面十分地陽春，如果將當時的電子遊戲與其他娛樂方式的品質相比，例如電視、電影、漫畫、桌上遊戲、運動、繪圖等等，電子遊戲算是遜色許多，何況電視遊樂器、掌上遊樂器在當時大人的眼中只是個小孩子的玩具。然在 1999 年後，電子遊戲在圖形、音效呈現，以及玩家操作等方面進步迅速，不僅遊戲品質越來越好，花樣也越來越多，有些甚至可媲美電影般的演出，例如 SQUARE ENIX 遊戲公司開發的「Final Fantasy 系列」，就是以畫面精美而著名（李翊豪，2012）。

　　隨著技術的提升，各遊戲廠商也爭相開發更高品質、精緻的遊戲來抓住玩家的心。早期因為遊戲的開發成本低，每款遊戲只由一個程式設計師或再加上美工師組成的小團隊開發，便可出售數十萬份。其中不乏只花了幾個月製作的遊戲，所以開發商每年可以發布好幾款來吸引不同的遊戲玩家。但隨著各種軟硬體技術進步，程式計算和圖形處理能力提升，開發團隊的規模也隨之擴編以滿足日益複雜的圖形和編程需求。現在，即便使用預先構建的遊戲引擎，遊戲預算也常會高達數百萬美元。有的遊戲甚至需要好幾年的時間來開發，進一步提高了預算的壓力，此時若是無法吸引到玩家的青睞，很有可能因為一次的失敗而導致公司巨大的虧損。

但這巨大成本壓力帶來的影響是，廠商不敢冒然嘗試開發新系統，開發的腳步日趨保守，甚至可能一窩蜂使用同款系統／題材，哪項系統能吸引玩家就把它加入到遊戲中，期能得到玩家好評。而QTE 就是近期最被遊戲廠商廣泛利用的系統，幾乎在各種遊戲類型中都可以看見它的出現。但這樣的方法是否真的能夠提升玩家對於遊戲的沉浸度呢？

二、名詞解釋

（一）沉浸理論

「沉浸理論」或稱「心流理論」（Flow Theory）是 *Beyond boredom and anxiety* 一書（Csikszentmihalyi, 1975）所提出，其中最主要的概念是「沉浸」（Flow），解釋當人們在進行某些日常活動時，為何會完全投入情境當中，集中注意力，並且過濾掉所有不相關的知覺，進入一種沉浸的狀態。之後陸續有學者進行沉浸行為的相關研究並修正其定義，以期望更能符合沉浸狀態的描述。而沉浸理論用於遊戲部分則是表示，玩家在遊玩過程中沒有因為迷惑、重複、繁雜的任務或劇情而引起煩躁或無聊，沉浸其中時產生高度的融入感與充實感。

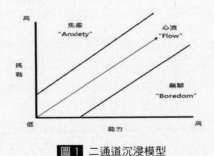

圖1 二通道沉浸模型

根據 Csikszentmihalyi（1975）的研究發現，「挑戰」以及「能力」是影響沉浸的兩大重要因素，如果挑戰與能力沒有高度的相關性，則人們不會產生愉快的感覺。當挑戰大過於能力，人們會變得焦慮；當能力大過於挑戰時，人們會感到無趣。如何維持挑戰與能力的動態平衡則是至關重要的關鍵。另外在 Massimini & Carli（1988）的文章中提到，沉浸狀態主要發生在挑戰與能力兩者平衡的情況下，若是兩者都處於低落的狀態，人們會產生冷漠的情緒。而娛樂也可以解釋成沉浸，娛樂的多寡會使得人們的從事行為時更加投入、更加努力與否。（轉引自周太饒，2014）

而 Chen（2007）也列出了遊戲沉浸最為重要的 3 項特點：

1. 遊戲本身應該能讓人得到滿足感、回饋感。

2. 遊戲裡的挑戰應該考慮到玩家的能力，進而讓玩家更投入。

3. 玩家應該在遊戲過程中感覺到自己對遊戲的掌控。

因為上述特點，遊戲沉浸時會讓玩家忘記時間和自己。Chen 也分析出，如果一個遊戲能被不同群體的人接受，那此遊戲一定要具備上述 3 點，且能根據不同玩家的能力來調整遊戲裡的挑戰是最為重要的。

（二）快速反應事件

「快速反應事件」（Quick Time Events，簡稱 QTE）系統的起源，網路上眾說紛紜，但可追溯此名稱最早是由鈴木裕[1]在《莎木》中所提出。在 QTE 系統中，一些劇情動畫的電子遊戲在進行時，螢幕上會突然閃動代表手把按鍵的圖示，這時玩家要迅速按下與提示對應的按鍵；如果反應速度過慢或者不小心按錯就有可能導致主

1　日本遊戲設計師與製作人，負責創作許多 SEGA 街機遊戲比如《Hang-On》、《Space Harrier》、《Out Run》、《After Burner》，以及《VR 賽車》、《VR 快打》、《夢遊美國》、《VR 戰警》等 3D 遊戲先驅，以及獲得好評的 Dreamcast 系列《莎木》。

角受傷或遊戲結束。自此開始 QTE 正式成為一種獨特的系統，且逐漸廣泛應用於各類電子遊戲中。

概括的說，QTE 共有兩種：第一種是螢幕上會出現一個或一組特定或隨機的按鍵符號，玩家需要在規定時間內（通常是幾秒以內）做出符合螢幕上的符號或動作，則系統會判斷為有效，否則就要重來或再次觸發 QTE 事件。第二種是一個特定或隨機的符號，在一段長度中迅速來回移動，玩家需要在符號移動到該長度的有效區域中時按下對應按鈕。而事件一般多指遊戲特定的劇情或對玩家控制的角色會產生直接影響的事件，所以一般 QTE 通常只在動作遊戲（ACT）或冒險遊戲（AVG）等遊戲類型中被提及。如果拋開劇情元素，這樣的操作形式也常運用於節奏音樂（舞蹈）遊戲中。

三、研究分析

由上述對沉浸理論的分析可得知，如果要讓玩家達到沉浸狀態，必須使遊戲難度與使用者的能力互相對應，如果遊戲難度過高，但是使用者能力較低，會導致玩家覺得焦慮；若是遊戲難度太低、使用者的能力較高，則會讓玩家覺得無聊。

將此規則應用在 QTE 系統中，一個遊戲裡 QTE 使用方式將會直接影響到遊戲的難度，而遊戲的難度就會影響玩家對這遊戲沉浸度，也就是遊戲的體驗回饋，且會直接反映在對遊戲的評價。換句話說，當玩家對於一個遊戲所評價的分數越高時，代表他對這個遊戲體驗是越好的。

然而，這樣直接對 QTE 作出評價是不公平的，因為我們不瞭解遊戲的開發背景，也不瞭解在這遊戲中 QTE 究竟是扮演怎樣的角色。所以本研究將透過對於遊戲開發背景的瞭解和分析 QTE 系統使用的方法、數量及難易度，透過各大遊戲論壇所給出的分數來瞭解 QTE 是否會對玩家的體驗造成影響。

本文選擇 IGN、GameSpot、Game Ranking、Metacritic 的分數作為主要的評判依據，原因是這 4 大論壇擁有較高的使用率和擁有較高的公信力，裡面的分數評價不只包含了資深的遊戲評論家還有各個不同能力區間使用者，而且國內外皆有玩家使用。User Score 則是收集這 4 個論壇理的玩家評分，評分人數皆超過 2000 人以上。

（一）《莎木》

表 1　《莎木》媒體、使用者評分

	IGN	Game Spot	Game Rankings	Metacritic	User Score
莎木	9.7/10	7.8/10	89.34%/100%	88/100	9.1/10

資料來源：筆者整理

《莎木》是 SEGA 在 2000 年推出的遊戲，製作人鈴木裕給《莎木》定義了一個新的遊戲類型叫 FREE（Full Reactive Eyes Entertainment），其實就是現在以開放世界、自由度為賣點的沙盤遊戲類型。在《莎木》中，遊戲模式分為兩種：一種為即時自由格鬥部分（Free Battle）融入了 3D 格鬥作品《VR 戰士》的格鬥元素。作為一款類 RPG 的遊戲，通過 3D 格鬥的方式進行戰鬥可以說十分新穎。另一種為突發的快速反應事件（Quick Timer Event）。

在《莎木》中，遊戲在進行到追逐戰或者表演成分比較高的過場動畫時就會介入按鍵輸入的互動方式。在《莎木》中出現的 QTE 屬於較原始的一種，在遊戲的追逐場景中，玩家需要在這期間按壓螢幕上的各種按鍵並快速對沿途的各種障礙物做出反應。如果表現不錯的話，便能夠完成一場華麗的追逐。而如果表現不佳的話，則有可能在沿途不斷碰壁並導致最終的失敗。QTE 一旦失敗，大多數情況有機會重新挑戰，但也有些劇情情況會隨 QTE 失敗繼續發展，發生的事件將有所變化。這是 QTE 的最初形態，而追逐戰也是 QTE 最合適的應用場景。或許正是因為這些新穎的設計概

念，此時 QTE 系統並沒有讓人覺得厭惡，而成為《莎木》的一個賣點。

（二）《戰神》

表 2　《戰神》媒體、使用者評分

	IGN	Game Spot	Game Rankings	Metacritic	User Score
戰神	9.8/10	9.3/10	93.58%/100%	94/100	8.9/10

資料來源：筆者整理

　　《戰神》由 SCEA 聖塔蒙尼卡工作室製作，在 2005 年推出於 PS2 上的 3D 動作冒險遊戲，玩家扮演斯巴達戰士 Kratos，以其過人的身手，操控鎖鏈雙劍「渾沌之刃」與等身巨劍「月神之刃」等具備神力的武器，來與各種墮入黑暗的怪物軍團們對抗。在 2007 年時被遊戲網站 IGN 評價為 PlayStation 2 最優秀遊戲第 4 名。

　　遊戲使用第三人稱視點來操作，廣大細緻的場景營造出壯闊有魄力的氣氛，每個場景都有各樣的機關難題，玩家所操控的角色有多樣化的行動方式，包括游泳、攀登懸崖、吊索渡河、懸吊攀崖等。遊戲對於戰鬥描寫非常的真實血腥，主角可以憑藉著自身的怪力或鋒利的武器，將敵人大卸八塊。在戰鬥的過程中，還會出現各種特殊行動的按鈕指示，玩家只要依照指示輸入按鈕，即可施展出各種不同的行動，讓戰鬥更為生動多變，也增添了遊戲的變化性。

　　在《戰神》中，QTE 的使用比較偏向是對目標的終結技，每當你接怪物打至殘血的時候，怪物的頭上會出現按鈕，此時若是按到按鈕就會進入一段華麗的斬殺階段，畫面壯觀也振奮人心。例如 Kratos 擊殺巨人時，透過 QTE 的按鈕刺殺、翻身、一躍而起跳到巨人的後頸上接著對他的腦袋做出終結，這種複雜的動作是玩家單靠手把上的攻擊或跳躍幾個按鍵無法完成的。有很多氣勢恢宏的大場面鏡頭配合 QTE 帶給玩家極強的視覺衝擊。嚴格的說這種 QTE

並不是必須存在的，QTE 本身是為了讓玩家欣賞震撼的畫面效果，即便去掉這些操作，用純播片的形式也可達到目的。但正因 QTE 有失敗的可能性，玩家才會把注意力更集中在畫面上，進而體驗到更強的沉浸感。

但 QTE 系統在《戰神》中並非完美無缺，除了在戰鬥時對怪物或 BOSS 的終結技，《戰神》還有另一種形式的 QTE ——開啟物品。不可否認《戰神》大氣勢的戰鬥場景結合一些 QTE 所呈現出來的效果是很震撼，但為人詬病的一點是，遊戲為了體現出 Kratos 無窮的力量，幾乎所有的門都需要玩家通過連打 R2 才能以打開，這並不是走個過場而已，而是只要你手速稍微慢點門便無法開啟，對於按鍵的設定 R2 鍵的使用也是極為不順手。不過這項問題在《戰神 2》中被修改為統一使用 O 鍵，相信是為了讓點擊更符合人體工學所做的改變。

（三）《惡靈古堡 4》

表3　《惡靈古堡 4》媒體、使用者評分

	IGN	Game Spot	Game Rankings	Metacritic	User Score
惡靈古堡4	9.8/10	9.6/10	95.85%/100%	96/100	9.3/10

資料來源：筆者整理

《惡靈古堡 4》是 2005 年由 CAPCOM 第四開發部（Capcom Production Studio 4）開發，並由 CAPCOM 發行的電子遊戲，最早為 GameCube 平台作品，其後被移植至 PlayStation 2、Wii 及 Windows 上。《惡靈古堡 4》也是第一款支援 Dolby Digital Pro-Logic 2 Surrround 環繞音效的系列作。《惡靈古堡 4》不僅在 IGN 上拿到了 9.8 的高分，更在 Game Rankings 中評價為 PlayStation 2

遊戲排名第 1 名。

《惡靈古堡 4》不同於系列作傳統的 2D 背景、3D 人物表現手法，改為當時電子遊戲界中首次出現的第三人稱肩後視點，同時使用動作捕捉技術（Mo- Cap）使角色動作更真實，場景的範圍也擴大許多，並以 16：9 的寬螢幕模式顯示，不但視野更加廣闊、行動更為靈活，遊戲的進行也更加連貫，不再出現以往系列作傳統的開關門讀取畫面。在系統方面，因應全 3D 化的變革，玩家角色的行動也更加的自由，並加入了新的行動按鈕（Action Button），除了原本以刀槍攻擊之外，還可以搭配包括跳躍、翻牆、掀梯、破窗、腳踢……等各種因應狀況而生的行動，例如用手槍射擊敵人腳部，讓敵人跪倒，再以腳踢的方式打敗敵人，或者像是動作電影一般，施展翻牆破窗等矯健帥氣的身手。

《惡靈古堡 4》除了視覺上的變化外，為了加強主角身手施展的 QTE 系統也是不可不提的重點。這個 QTE 系統會在遊戲過程中突然出現，指示玩家此時應該按哪種組合按鍵或是晃動搖桿，可以進行緊急的迴避、防禦、掙脫甚至是連段攻擊，尤其是在進行迴避和防禦項目上常常令玩家反應不及，輕則損失血量，重則慘遭一擊必殺。而 QTE 在遊戲過程中所出現的時機也是令人捉摸不定，不只是在正常遊戲中出現，就連看過場動畫時也會突然的出現，再加上 QTE 反應時間通常不到兩秒，所以玩遊戲若是不夠專心的話，被 QTE 到死也是稀鬆平常的事。

《惡靈古堡 4》中的 QTE 系統難度算是滿高的，過場動畫中出現的 QTE 通常都是一擊必殺。尤其是 Krauser 與 Leon 兩人的小刀對戰，有著 7 組的 QTE 在進行小刀攻防的過場動畫中，因為該段動畫實在是很精采，常讓許多第一次玩的玩家，或是 QTE 苦手因為不注意而被 Krauser 的小刀戳中，接著只能發出慘痛的叫聲，然後再次按下重來。

當然這樣的過場動畫若是刪去 QTE，用純播片的形式也可以，但是這樣就少去了令玩家融入劇情的緊張感，這裡的 QTE 雖然困難卻又不至於讓玩家討厭，很大的因素在於它與劇情搭配良好，出現的時機都是在危急的時刻，讓玩家的心情也跟著緊張了起來。

（四）《暴雨殺機》

表 4　《暴雨殺機》媒體、使用者評分

	IGN	Game Spot	Game Rankings	Metacritic	User Score
暴雨殺機	9.0/10	8.5/10	89.23%/100%	87/100	8.8/10

資料來源：筆者整理

《暴雨殺機》是由 Quantic Dream 所開發的驚悚冒險、互動式電影遊戲。於 2010 年 2 月 23 日由索尼電腦娛樂發行於 PlayStation 3 平台上。《暴雨殺機》透過互動式電影遊戲的方式，成功為 QTE 奠定了全新的風格，支持 PS3 MOVE 控制器與簡單的互動式玩法反倒是側面凸出了十分出彩的劇情設計和角色演出。

《暴雨殺機》整篇透過玩家移動角色以及使用 QTE 的方式，使角色與螢幕上的物體或其他人物互動以推進劇情，它的 QTE 時機分為兩種：

第一種，當玩家控制主角們在周圍轉來轉去時，可以按住一個鍵以發現角色腦中所想，並引發他們的內心獨白，而內心狀態也會影響圖式的排列方式，平靜時就是整齊排列，但內心混亂時反應圖示也會不斷飄來飄去讓你不好選擇。除了內心獨白，當玩家靠近物體或另一角色時可以與他們互動，這時就會出現與它相關聯的用戶介面圖示以表現他們應當做什麼。這裡的 QTE 方法包括按下控制器上的一個鍵、以特殊方法搖動類比搖桿或其他手法，這些會使得可控角色完成下一步動作。

第二種，就是數量比較多的反應式 QTE。這種通常出現在面對面肉搏或是在各種躲避狂奔的場面，玩家並不能完全控制角色而是要準備按下 QTE。當動作沒能正確完成時遊戲並不會中止，通常這類反應類的 QTE 失敗時，還會給你一兩次反應的機會，當然也不是讓你可以完全不理會它，若是失敗太多將會帶來人物死亡或是被逮捕而導致結局走向 BAD END。當然，玩家可以隨時調整難度，難度調整雖不會直接影響遊戲的劇情，但在更高的難度下對 QTE 手速的要求更高。QTE 的方式包括：

1. 晃動手把類型：像是手被抓住時，需要透過左右或是上下晃動搖桿模擬掙扎的感覺。

2. 連續點擊類型：此種 QTE 類型通常出現在角色需要出力時，像是跟敵人角力時必須連點來壓制敵人，或是爬梯子的時候需要連點 L1R1 模擬往上爬的腳步。

3. 複數按鍵型：這是指必須同時壓住畫面連續提示的按鍵來模擬角色所做的動作，像是拿出手槍、舉起手槍、射擊，又或是抱小孩、舉起來等等。

4. 單一按鍵型，這類的反應時間大約是 2 秒左右，通常是出現在比較刺激的時候。

　　《暴雨殺機》透過 QTE 和互動式電影遊戲的方式成功連結了玩家與遊戲角色，也讓玩家感受到角色的掙扎與徬徨，隨著劇情進展而跟著緊張，更深刻的沉浸在遊戲裡面，並且隨著玩家所做的不同 QTE 選擇，執行或不執行某項行動也會依據玩家的選擇情況而導致不同的結局，這種多重式結局不禁讓人想要一玩再玩。

（五）《惡靈古堡 6》

表5 《惡靈古堡 6》媒體、使用者評分

	IGN	Game Spot	Game Rankings	Metacritic	User Score
惡靈古堡6	7.9/10	4.5/10	73.55%/100%	74/100	5.4/10

資料來源：筆者整理

《惡靈古堡 6》是由 CAPCOM 於 1996 年出品的《惡靈古堡》系列最新作品，支援遊戲平台為 PlayStation 3、PlayStation 4、Xbox 360、Xbox One、Windows，是該系列史上改革最大的作品。

《惡靈古堡 6》遊戲共有 4 條故事線，分別從不同的角度補完爆發在美國和香港的兩次生化襲擊，去掉了以往的站定射擊的設定並加入了翻滾迴避地面移動等要素，讓大部分玩家對於這些創新十分認可，但以綿長戰役作為亮點的《惡靈古堡 6》仍獲得兩極的評價。首先是關卡設計的問題，很多地方明顯是為了加長遊戲時間而設計的，打的很多卻沒什麼新意。BOSS 的部分也讓人感到非常煩躁，總是要來來回回打上幾個回合，但又不怎麼需要技術含量，這些讓新系統沒有辦法很好的展現出來。再來，也與對 QTE 系統的掌握度不足脫不了關係。

對於 QTE 系統的部分其實在惡靈系列的 4 代就開始使用，讓玩家更加融入劇情和加深遊戲的緊張感，但又為何在 6 代中會引起玩家反感？以 4 代來說，QTE 的難度比起 6 代更難。一個段落反覆死個 4、5 次都很正常，就算戰鬥時不緊張，到了過場大家全緊張了起來。但是 4 代的 QTE 給人感覺是真的能沉浸其中，雖然 4 代的 QTE 初玩時折磨人，但無論是時機選取還是數量節奏的控制都明顯是下了大功夫，與遊戲整體氣氛的契合度也很好，可以認為是一種對 QTE 用法的新探索。但是 6 代開始有點濫用，QTE 變得

過動
ACG 產業文化與可能性

大量且過長，可以做的地方不做，不該做的地方卻用了一堆。除此之外還有著許多只要小小失誤就被一擊必殺的橋段，這些足以讓第一次玩的人不斷看著「YOU ARE DEAD」而感到挫折不已。這種和難度與技巧無關的關卡卻要一直重來，自然讓人感到非常的沮喪，也導致新、老玩家都抱怨連連，對 QTE 累積的不滿最後遷怒到系統、劇情、演出上面，使得缺點被無限放大，優點無限縮小。

最後，即將上市的《惡靈古堡 7》已經被製作人告知不會有從 4 代開始出現的 QTE 系統，想必多少是受到了 6 代的影響吧！

（六）《Ryse：羅馬之子》

表 6　《Ryse：羅馬之子》媒體、使用者評分

	IGN	Game Spot	Game Rankings	Metacritic	User Score
羅馬之子	6.8/10	4/10	64.30%/100%	60/100	6.0/10

資料來源：筆者整理

《Ryse：羅馬之子》（Ryse：Son of Rome）由 Crytek 團隊製作，過去以第一人稱射擊的末日之戰（Crysis）系列而聞名天下，《羅馬之子》可算是他們首次嘗試第三人稱動作的作品。這款遊戲以第 4 代的 CryEngine 引擎打造，帶來超級賞心悅目的聲光效果品質，且十分著重於古羅馬士兵之間的近距離戰鬥場面，大量的 QTE 及忽快忽慢的畫面效果讓人不斷想起電影《300 壯士》的廝殺場面。原本這部作品從畫面來說可以說是無可挑剔，全程的過場都採用即時運算，主角那一身軍裝在光線反射下，完完全全讓人覺得遊戲的技術進步神速。戰鬥時的節奏以及運鏡，在草叢中打鬥所飛出的灰塵、雜草、落葉，武器碰撞時所產生的火花，投石車飛來的巨大石塊，砸到地面所噴射出來的碎石、飛揚的粉塵等等，逼真的動態模糊跟淺景深，幾乎讓人誤以為自己在看電影。其氣勢磅礴的音樂更

是沒話說，搭配上遊戲的主題很有帶入感，戰場上士兵的吶喊聲讓人覺得身歷其境，令人熱血沸騰。

《Ryse：羅馬之子》因為將 QTE 作為主要的戰鬥玩法，導致 QTE 數量之多被戲稱為「QTE 之子」，讓不少玩家聞之卻步。但是其 QTE 困難度對於其他遊戲而言卻是相對簡單。在《Ryse：羅馬之子》，你只需要將敵人打至殘血，對方的頭上就會出現骷髏頭，接著在範圍內扣下 RT 鍵就能發動血腥殘暴但同時爽度滿分的處決殺敵，此時玩家必須依據人身上出現的顏色在準確的時間內按出相對應的按鍵，因為本作處決對應的按鍵只有兩個，刀劍對應 X ──當敵人身上出現藍光時按下；拳腳盾牌對應 Y ──當敵人出現黃光時按下。所以只要仔細觀看主角的動作，就能輕鬆的按下對應的按鍵，顏色的對應剛好與手把上按鈕的顏色相同，所以要熟悉處決的系統是非常容易的事情。而對於反應速度沒信心的玩家也不用擔心，就算按下了錯誤的按鍵或者是太慢按，都不會影響處決的進行；只是如果可以更精確的按下對應指令，便可以獲得更多的獎勵。

不過《Ryse：羅馬之子》的 QTE 也並非所有玩家皆能接受，部分玩家認為雖然運用了電影化的手法來呈現戰鬥的「酷炫」，但實際的體驗上，除了感受到電影級別的畫面水準之外，並沒有更多的戰術打法或者技巧運用，只是很無趣地按畫面提示去按鍵而已。也有玩家認為與其使用 QTE 反應按鍵來刁難玩家，倒不如讓玩家一邊欣賞敵人猙獰的表情，一邊輕鬆的發動處決。

（七）《教團 1886》

表 7 《教團 1886》媒體、使用者評分

	IGN	Game Spot	Game Rankings	Metacritic	User Score
教團 1886	6.5/10	5/10	62.61%/100%	63/100	6.6/10

資料來源：筆者整理

過動
ACG 產業文化與可能性

《教團 1886》的遊戲成品從畫面上來說可算是目前次世代平台的最高水準，尤其是全程即時演算的過場與遊戲進程的無縫切換相當爽快，人物建模與皮膚貼圖質感極好，面部表情幾乎接近電影CG 級別，頭髮與鬍鬚的拂動相當自然。尤其值得一提的是，衣服的柔體處理效果可以說是目前遊戲業最好的，無論是人物走動時、跑動時還是射擊時，衣物與披肩的自然擺動效果都令人驚艷（A9vg，2015）。《教團 1886》有著無可挑剔的畫面，理所當然的其他的因素就會成為了加減分的重要原因。

　　《教團 1886》採用互動電影式遊戲的方式來呈現，互動電影的遊戲為了彌補遊戲互動不足的部分，通常都會融入 QTE 的方式來讓玩家更有參與感，而不是讓玩家以為自己在看電影。當然一聽到 QTE，大部分被 QTE 折磨得死去活來的玩家都會想要避免，並認為 QTE 根本毫無用處，也不能提高遊戲體驗。為此，遊戲開發商 Ready At Dawn 的 Marc Turndorf 在採訪中被問及關於 QTE 在遊戲中是否會頻繁出現的問題，他說：

> 我並沒有具體答案，但是可能在每 3-4 分鐘就會有一次嗎？不是，是看情況而定。QTE 的種類有很多種。有一些在 Boss 戰出現，也有只在近戰中出現的，這會讓遊戲更有趣。然後就是一些小的 QTE，比如開門等等。遊戲中有很多，我們會視情況加入 QTE，但是我們不會隨便就加入這些 QTE 的。我們是著在恰當的情況和方式下加入，讓玩家有更好的遊戲體驗。（引自一封情書，2014）

　　但是，我們可以看到表 7（媒體、使用者評分），製作人的信心喊話並沒有成功的改變玩家對於遊戲的評價。部分 QTE 出現的方式的確如同製作人所說的可被玩家接受，像是開關門、近戰的QTE 終結。但是，做為一個主要對戰都是第三人稱射擊的遊戲，

對於 BOSS 的方面居然只能靠著 QTE 小刀作為主要作戰方式,靠兩個按鍵用刀砍幾下、偶爾滑動搖桿躲避敵人攻擊,再加幾個 QTE 掙扎就行了,連槍都不用,這讓許多玩家非常的不解。而 QTE 的使用上變化也沒有《暴雨殺機》那樣多,撇去一般的單一按鍵型 QTE 和連續點擊類型 QTE 外,只有使用類比搖桿選擇攻擊部位再加上單一按鍵的混和式 QTE 較為特別。

除此之外,它依舊未能逃脫掉一般玩家對於互動電影式遊戲融入 QTE 的想法,許多過場動畫中的 QTE 操作間接打斷了過場劇情的節奏,令人感覺極為多餘,像是開發商「為了互動而互動」。不是說這種方法不好,在《暴雨殺機》中也是透過這種方式來呈現,不過《暴雨殺機》包含了多種結局和分支的設定,你的每一個選擇和對 QTE 的反應,都會左右到後期劇情的走向甚至是人物的生死;但《教團 1886》從一開始劇情走向就已經被開發商定死了,純粹單一的 QTE 操作在當下時代也顯得極為的簡單粗暴,多數時候它不過是為了平衡遊戲和電影的界限,這種偽互動性,其本身就暴露了遊戲開發上的稚嫩(木斯君,2015)。

四、研究結果

本次透過 7 款使用 QTE 較讓人印象深刻的遊戲,經過 QTE 分析及遊戲背景觀察後,瞭解到使用 QTE 確實可以提高玩家對於遊戲的體驗。這點可從分數較高的《莎木》、《戰神》、《惡靈古堡4》、《暴雨殺機》的分析看的出來。當然,這並不代表說隨便的使用都可以達到好的效果,在《惡靈古堡6》、《Ryse:羅馬之子》、《教團 1886》中使用的 QTE 系統,反而讓他們原本優秀的畫面或是劇本淪為犧牲品。因此,在此可以歸納出三個使用 QTE 的重點:

（一）遊戲類型的選擇

　　的確，QTE 的加入可以豐富玩家的控制和增加鏡頭的互動，但不代表甚麼類型的遊戲都可以加入 QTE ，製作者必須先瞭解玩家真正想要在這類型遊戲中得到什麼樣的體驗。如今，遊戲在戰鬥系統上作出創新已是一件非常困難的事情，很多為此撓破頭的製作人將 QTE 視為「救命的稻草」，原本只是作為「調味劑」的 QTE 卻被製作人趕鴨子上架，強行作為遊戲的主要戰鬥系統（波特，2015）。更別提近年來打著動作遊戲為名的網頁遊戲或手機遊戲，充其量不過是將 QTE 強塞其中而已，令玩家對於 QTE 的觀感更加下降。

（二）數量、難度和時機的掌控

　　QTE 重要的自然是數量、難度和時機的掌控，但是想做好這點並不容易，只有讓畫面效果和出現 QTE 的時間形成完美的契合點才能達到最棒的效果。在《惡靈古堡4》的 QTE 因為比較少而給人意猶未盡的感覺，而且出現的突然，這種驚喜的感覺確實激動人心。《戰神》的 QTE 雖然比之前增加了許多，但是配合各種對 BOSS 的終結技和華麗的動畫演示，且平衡性做的好也很震撼。而《暴雨殺機》中的 QTE 又更多了，但是它採用了互動電影式遊戲的方式以及提高了 QTE 的容錯度，因此並不會讓人排斥，相反會讓人更加深入遊戲體驗。總體而言，QTE 應該做為一個幫助玩家參與劇情互動中的工具，而不是作為一個卡住玩家的方式。

（三）創新度

　　玩家對於 QTE 的接受度在不斷的下降，這也許是人類的天性，對於嶄新的東西總是充滿好奇，而對舊的東西總是會感到生膩，因此若是沒有新的用法很可能沒辦法吸引到玩家的目光。像在《莎

木》中，QTE 作為新系統出現時確實吸引人，而《戰神》在這方面也是用盡了心思。為什麼被重物壓住就要連打圓圈而不是 R1 ？為什麼被抓住就要左右搖晃搖桿而不是轉圈？ QTE 提示會分別按照鍵位設計出現在螢幕的四周邊緣，這些細節的設計都是為了滿足玩家心理和人體工學等多方面的需求，更要滿足控制器的特性。而《暴雨殺機》則是透過互動式電影遊戲的方式再次將 QTE 作出新的詮釋，不只有趣也讓玩家更為融入遊戲中。

　　最後，身為一名遊戲玩家，筆者肯定各家遊戲公司對於遊戲製作所花費的時間及心血。本研究藉由多款遊戲和多篇專業玩家的文章分析出 QTE 對於遊戲體驗的影響，希望可以作為未來對於 QTE 使用的基礎研究。

過動
ACG 產業文化與可能性

參考書目

一、中文書目

王瑞璿（2007）。《建構取向學習、學習心流經驗與幸福感之相關研究》。
政治大學教育研究所碩士論文。

李翊豪（2012）。《電子遊戲發展歷程探討》。高雄師範大學工業科技教育
學系碩士論文。

周太饒（2014）。《以沉浸理論探討智慧型手機遊戲使用者之群聚分析》。
交通大學經營管理研究所碩士論文。

範遠軒（2008）。《使用者沉浸對網路廣告效果之影響：LISREL 模型之驗證》。
中國文化大學新聞系暨新聞研究所碩士論文。

二、網路資料

A9vg（2015）。〈教團 1886 遊戲性畫面優缺點解析〉。取自 http://wap.
gamersky.com/gl/Content-526310.html

Admin（2014）。〈Ryse：羅馬之子 次世代繡花枕頭〉。取自 http://www.
zgonglue.com/a/pc/dongzuosheji/2014/1014/221677.html

Chen, J. (2007). Flow in games (and Everything Else). *COMMUNICATIONS
OF THE ACM, 50*(4), 31-34. Retrieved from URL: http://www.
jenovachen.com/flowingames/p31-chen.pdf

Game Rankings. (2000). Shenmue. Retrieved from URL: http://www.
gamerankings.com/dreamcast/198621-shenmue/index.html

Game Rankings. (2005a). God of War. Retrieved from URL: http://www.
gamerankings.com/ps2/919864-god-of-war/index.html

Game Rankings. (2005b). Resident Evil 4. Retrieved from URL: http://www.
gamerankings.com/ps2/925156-resident-evil-4/index.html

Game Rankings. (2010). Heavy Rain. Retrieved from URL: http://www.
gamerankings.com/ps3/933123-heavy-rain/index.html

Game Rankings. (2012). Resident Evil 6. Retrieved from URL: http://www.
gamerankings.com/ps3/605603-resident-evil-6/index.html

Game Rankings. (2013). Ryse: Son of Rome. Retrieved from URL: http://
www.gamerankings.com/xboxone/632870-ryse-son-of-rome/index.html

Game Rankings. (2015). The Order: 1886. Retrieved from URL: http://www.
gamerankings.com/ps4/718917-the-order-1886/index.html

GAMESPOT. (2005a). God of War. Retrieved from URL: http://www.gamespot.com/god-of-war-2005/

GAMESPOT. (2005b). Resident Evil 4. Retrieved from URL: http://www.gamespot.com/resident-evil-4/

GAMESPOT. (2010). Heavy Rain. Retrieved from URL: http://www.gamespot.com/heavy-rain/

GAMESPOT. (2012). Resident Evil 6. Retrieved from URL: http://www.gamespot.com/resident-evil-6/

GAMESPOT. (2013). Ryse: Son of Rome. Retrieved from URL: http://www.gamespot.com/ryse-son-of-rome/

GAMESPOT. (2015). The Order: 1886. Retrieved from URL: http://www.gamespot.com/the-order-1886/

HuntersMoon（2016）。〈屍塊四散的復仇血路！RYSE：Son of Rome《RYSE：羅馬之子》流暢戰鬥、爽快處決之愉悅開箱！〉。取自 http://gamelife.tw/thread-9133-1-1.html

IGN. (2000). Shenmue. Retrieved from URL: http://www.ign.com/games/shenmue/dc-14499

IGN. (2005a). God of War. Retrieved from URL: http://www.ign.com/games/god-of-war/ps2-661321

IGN. (2005b). Resident Evil 4. Retrieved from URL: http://www.ign.com/games/resident-evil-4/gcn-15821

IGN. (2010). Heavy Rain. Retrieved from URL: http://www.ign.com/games/heavy-rain/ps3-811232

IGN. (2012). Resident Evil 6. Retrieved from URL: http://www.ign.com/games/resident-evil-6/ps3-85710

IGN. (2013). Ryse: Son of Rome. Retrieved from URL: http://www.ign.com/games/ryse/xbox-one-77597

IGN. (2015). The Order: 1886. Retrieved from URL: http://www.ign.com/games/the-order-1886/ps4-166564

Metacritic. (2005a). God of War. Retrieved from URL: http://www.metacritic.com/game/playstation-2/god-of-war

Metacritic. (2005b). Resident Evil 4. Retrieved from URL: http://www.metacritic.com/game/playstation-2/resident-evil-4

Metacritic. (2010). Heavy Rain. Retrieved from URL: http://www.metacritic.com/game/playstation-3/heavy-rain

Metacritic. (2012). Resident Evil 6. Retrieved from URL: http://www.metacritic.com/game/playstation-3/resident-evil-6

Metacritic. (2013). Ryse: Son of Rome. Retrieved from URL: http://www.
metacritic.com/game/xbox-one/ryse-son-of-rome

Metacritic. (2015). The Order: 1886. Retrieved from URL: http://www.
metacritic.com/game/playstation-4/the-order-1886

一封情書（2014）。〈《教團：1886》為何要加入 QTE？開發商：會讓遊
戲更有趣〉。取自 http://www.yxdown.com/news/201406/129200.html

七宗痛（2014）。〈新一代的硬體殺手《Ryse：羅馬之子》這是在打電動還
是看電影？〉。取自 http://home.gamer.com.tw/creationDetail.php?sn=
2622454

少年心器（2014）。〈時代造就還是陰錯陽差？QTE 系統利弊淺談〉。取自
https://read01.com/d05Loo.html

木斯君（2015）。〈《教團：1886》：遊戲過度電影化，似乎並不是一個好
選擇〉。取自 http://www.dgtle.com/article-9410-1.html

波特（2015）。〈玩電影還是看遊戲？淺談 QTE 機制〉。取自 http://
www.18touch.com/yyt-qiantanqte.html

阿君（2014）。〈彷彿看了十個多小時的電影－淺談《暴雨殺機》與《超能
殺機：兩個靈魂》〉。取自「阿君的玩食天堂」http://z24518261.pixnet.
net/blog/post/124220054-(%E5%8A%87%E9%80%8F)%E5%BD%B7%
E5%BD%BF%E7%9C%8B%E4%BA%86%E5%8D%81%E5%80%8B
%E5%A4%9A%E5%B0%8F%E6%99%82%E7%9A%84%E9%9B%BB%E
5%BD%B1%EF%BC%8D%E6%B7%BA%E8%AB%87%E3%80%8A%E
6%9A%B4

青森縣（2015）。〈《教團：1886（The Order：1886）》首曝評測淚別高
分 神作變雷作！〉。取自 http://www.gamersky.com/news/201502/
526121.shtml

陳怡安（2002）。〈Flow 沉浸理論整理〉，《網路社會學通訊期刊》，20
。取自：http://mail.nhu.edu.tw/~society/e-j/20/index.htm#168

綠豆殼（2010）。〈蘭花、摺紙、殺人魔的愛恨與執念－《Heavy
Rain》〉。取自 https://ludouke.me/2010/05/01/%e8%98%ad%e8%8a
%b1%e3%80%81%e6%91%ba%e7%b4%99%e3%80%81%e6%ae%b
a%e4%ba%ba%e9%ad%94%e7%9a%84%e6%84%9b%e6%81%a8%
e8%88%87%e5%9f%b7%e5%bf%b5-%e3%80%8aheavy-
rain%e3%80%8b/

廣州求敗（2012）。〈SEGA 首席功臣鈴木裕的無奈：《莎木》與 SEGA 的
成敗內幕！〉。取自 http://bbs.a9vg.com/forum.php?mod=viewthread&
tid=2023227&page=1&authorid=7 44905

歐洲聯盟遊戲產業政策之探討

黃惠鈴

一、前言

　　本文研究對象為歐洲聯盟（European Union, EU，以下稱歐盟）的遊戲產業及其相關政策，在前言之後，首先描繪歐盟產業發展戰略的輪廓及指出遊戲產業在歐盟產業政策中之定位，接著詳細介紹現行歐盟遊戲產業政策，再進一步介紹歐盟重要會員國及其鄰近國家內部的遊戲產業發展現況及政策，在上述資料基礎，進行比較及分析歐盟產業政策之優勢及限制，期以從歐盟內外不同角度，對歐盟遊戲產業及其政策作一剖析，最後則為全文研究之總結。

二、歐盟之產業發展戰略及遊戲產業

　　歐洲聯盟自上個世紀 60 年代以來，以超國家的國際組織方式運作，即各會員國將部分國家的權限上交於歐洲聯盟，特別是在經濟領域，期歐盟透過整合協調，制定超國家宏觀的調控政策為所有會員國創造最大化的共同利益，因此在探討歐盟遊戲產業政策之前，須對歐盟產業政策的策略有些了解，始能理解遊戲產業在其整體產業策略中之定位。

　　事實上在經歷了上個世紀末，世界經濟生產製造活動向亞洲移動的板塊變動後，歐洲產業早已不存在勞力密集之生產製造業空間，2000 年前後興起之電子業及電子商務一度為歐洲的產業帶來活絡，但是全球資本流動過度自由化，則使得 2008 年後歐洲經歷了資本主義施行以來最大的經濟危機：先是由美國次級房貸所引發的金融危機，爾後是歐洲大陸在統合過程中，因各國財政信用及償

償能力不一致下所導致的歐債危機，這兩波金融危機接踵而來，歐盟會員國經濟深受重創，國民生產總值（GDP）倒退 15.1%，350 萬個工作位置消失（European Commission [EC], "Industrial Policy," n.d.），歐盟各國對於統合之路充滿懷疑，在這些年間歐盟作為歐盟會員國之上的超國家組織，也一直尋思如何使歐洲產業再一次復興，恢復榮景。

在全球產業的生態版圖中，歐盟評估其原有之優勢為穩定及可預知的制度，良好且完整之基礎建設，高端技術及知識之擁有，健康及訓練良好之勞力（"COM(2014) 14 final," 2014.01.22: 7），但在當前的全球經濟中逐漸失去競爭力的原因是在內部市場，特別是服務業市場未全然統合，行政程序及法規條令之簡化不夠，勞動市場亦不夠有彈性，這些都使金融危機後更多的企業投資卻步，使得歐盟產業之升級停滯（同上引：7）。對此歐盟提出一些重要的政策方針，如鬆綁公司營運之法令規定，鼓勵小額投資，取消季財報等以減輕企業的行政負擔（同上引：8），仍以配合款（matching fund）方式來鼓勵會員國推動中小企業產業政策（同上引：12），除了傳統能源及原物料之產業外，歐盟最希望找到能再掀起第四次工業革命的新產業，亦即其所謂的「重點技術」（KETs, Key Enabling Technologies）策略（"COM(2009) 512 final," 2009.09. 30；"SEC(2009) 1257 final," 2009.09.30），這些具有重點技術的產業必須富有創新及未來性，數位產業則成為其中之重中之重。

但事實上歐盟和其他國家最先開始乃是著重於數位化在工業上的應用，如德國所提倡的工業 4.0 的概念：「製造業電腦化、數位化和智慧化」，是將數位化應用於製造之後，以獲得商業上和經濟上的利益；而遊戲產業卻剛好倒過來，娛樂化的數位工業，先存有極大的市場及高度商業利益，從這個世紀的第二個 10 年開始，歐盟才漸漸重視遊戲這項產業的發展，在這之前，遊戲產業有鑑於其所包含之視聽及文化元素，在歐盟產業政策的規畫下，一直隸屬於

視聽媒體及文化領域，[1]甚至沒有特別著墨，只是視聽產業的其中一環，散落在光碟影片、電影媒體產業之中，歐盟並不特別提及或將之單獨列出，成為個別的產業，直到 2013 年歐盟一份名為「2014 到 2020 創 意 歐 洲 計 畫 」（Creative Europe Programme, 2014 to 2020）的 1295/2013 號文件中才具體形於文字地提到遊戲（Game）這個字（"Regulation (EU) No 1295/2013 of the European Parliament and of the Council of 11 December 2013 establishing the Creative Europe Programme (2014 to 2020) and repealing Decisions No 1718/2006/EC, No 1855/2006/EC and No 1041/2009/EC Text with EEA relevance [Regulation (EU) No 1295/2013]," 2013.12.20）。

歐盟 2013 年內部的一份報告則顯示全球遊戲產業年產值有 560 億美元（Stewart & Misuraca, 2013: 9），到了 2016 年 Newzoo 遊戲顧問諮詢公司的調查報告則顯示全球遊戲產業的年產值已高達 996 億美元，較前一年成長了 8.5%（Newzoo, 2016.04.21）。

而根據歐盟內部這份文件（Stewart & Misuraca, 2013: 17）的資料可以看出歐盟遊戲產業年產值的發展趨勢，從 2006 年起呈現穩定發展的狀態。

---

1 指 歐 盟 於 2006 年 歐 盟 議 會 及 理 事 會 的 兩 份 決 議（"Decision No 1718/2006/EC," 2006.11.24；"Decision No 1855/2006/EC," 2006.12.27），以 及 於 2009 年的一份決議（"Decision No 1041/2009/EC," 2009.11.04），前二者述明 2006 到 2013 年的視聽部門及文化計畫，後者則規範與第三國之視聽媒體的合作。

過動
ACG 產業文化與可能性

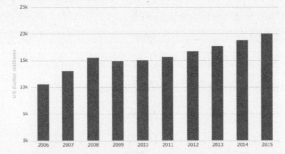

圖1 歐盟遊戲產業市場產值發展趨勢。資料來源：*The Industry and Policy Context for Digital Games for Empowerment and Inclusion: Market Analysis, Future Prospects and Key Challenges in Videogames, Serious Games and Gamification* (p. 17), by J. Stewart & G. Misuraca, 2013, Luxembourg: Publications Office of the European Union.

　　若以另一份調查數據來看，歐洲自 2010 年開始每年均有 200 億美元的年產值，和北美不相上下，甚至略勝一籌，約為亞洲產值的一半，如下表所示。

表1 全球遊戲產業年產值

Region / Country	2013	2012	2011	2010
Asia-Pacific	$49.623 billion	$44.063 billion	$42.358 billion	$38.77 billion
Japan	$22.29 billion	$22.29 billion	$23.04 billion	$21.13 billion
China	$14 billion	$9.8 billion	$7.3 billion	$6.9 billion
South Korea	$9.64 billion	$9.23 billion	$9.082 billion	$7.784 billion
Australia	$2 billion	$1.16 billion	$1.5 billion	$1.67 billion
Taiwan	$825 million	$773 million	$713 million	$660 million
Indonesia	$492 million	$463 million	$429 million	$396 million
India	$376 million	$347 million	$294 million	$230 million

表1 全球遊戲產業年產值（續）

Region / Country	2013	2012	2011	2010
Europe	$20 billion	$21.3 billion	$21.3 billion	$20.66 billion
United Kingdom	$3.67 billion	$2.6 billion	$5.4 billion	$3.812 billion
France	$6.9 billion	$4 billion	$3.352 billion	$3.416 billion
Germany	$3.7 billion	$3.36 billion	$2.757 billion	$2.659 billion
Italy	$1.961 billion	$1.85 billion	$1.428 billion	$1.371 billion
Russia	$1.5 billion	$1.3 billion	$1.4 billion	$1.207 billion
Netherlands	$807 million	$807 million	$809 million	$801 million
North America	$22.8 billion	$20.7 billion	$20.7 billion	$20.49 billion
United States	$17.39 billion	$17.1 billion	$16.6 billion	$18.58 billion
Canada	$2.3 billion	$2.773 billion	$2.171 billion	$1.682 billion
Latin America	$3.9 billion	$5.4 billion	$5.4 billion	$4.74 billion
Brazil	$1.4 billion	$2 billion	$2 billion	$391 million
Mexico	$1.56 billion	$1.2 billion	$636 million	$1.25 billion
Middle East	$2.6 billion	$2.6 billion	$1.983 billion	$1.2 billion
Arab World		$1.31 billion	$1.31 billion	
Turkey		$593 million	$593 million	$50 million
Israel	$89 million	$85 million	$80 million	$76 million

資料來源： "Video game industry," by Fandom, Retrieved September 17, 2016, from http://vgsales.wikia.com/wiki/Video_game_industry#

從這張表中可以看出，亞洲因擁有眾多人口及廣大市場，特別是中國、日本、印度及臺灣，不單是人口密集，並且在傳統上即有一定的遊戲人口比例，及數位產業自上個世紀 80 年代以來的優勢，尤其是日本、韓國和臺灣，因此占全球遊戲產業市值之一半，同時可見其明顯的成長趨勢，特別是中國繼「世界工廠」之後的「世界市場」之態勢，3 年內遊戲產業產值成長翻倍，光整個亞洲約成長了 25%，而歐洲則和北美同為第二大主要的遊戲產業區域，但美國在二次戰後於視聽娛樂商業化的全球優勢及數位產業硬體的研發創新能力對於歐洲來說也是勁敵。因此，面對亞洲和北美的夾擊，及歐洲遊戲產業原本就存在民間龐大產值和市場，在全球產業的戰略位置上，除了傳統產業的升級必須數位化之外，歐盟清楚知道以數位化起家的遊戲產業是全球經濟戰略中兵家必爭之地。從 2013 年起，在其媒體政策下，由歐盟執委會之教育、視聽及文化事務組（Education, Audiovisual and Culture Executive Agency）負責，採取一連串促進遊戲產業發展之政策，以下即詳細介紹歐盟這幾年較具體之政策細節。

三、歐盟遊戲產業政策之內容

遊戲產業政策對於歐盟而言是較新領域，最近才開始受到重視，如前述，遊戲產業原先一直隸屬於視聽媒體及文化領域，並不特別提及，直到 2013 年建立「2014 到 2020 創意歐洲計畫」（Creative Europe Programme, 2014 to 2020） 的 1295/2013 號 規 章 文 件（ "Regulation (EU) No 1295/2013," 2013.12.20）中 才 提 到 遊 戲（Game）這個詞，但是作為一個單一產業，歐盟其實並沒有一個完整的政策，上述計畫又分為文化及媒體兩大領域，而遊戲產業則歸在媒體類，即「媒體次計劃」（MEDIA Sub-programme）之下（同上引：Article 10），在同一份文件中，歐盟設定其政策成效之評量

及監控為遊戲的數量（同上引：Article 18），具體執行措施則以開放歐盟境內及鄰近歐洲國家的遊戲公司以提出計畫的方式向歐盟申請計畫補助經費，該總計畫期程自 2004 年至 2020 年止，每年均可申請，至目前為止共有 2014、2015 及 2016 三期之計畫申請公告及審核，每一期均規劃 250 萬到 260 萬歐元之預算供申請。

　　歐盟仍以歐盟作為類國家之主體性立場制定相關的篩選條件，在補助對象上，有資格提出申請者為歐盟會員國境內的公司外，尚有申請加入歐盟的候選國、參與 EEA 的 EFTA 國家，以及瑞士等國家境內的公司，另外歐盟也給予與歐盟國家內的公司有合作協議的鄰國公司機會提出申請，因此是以泛歐洲的立場推動遊戲產業（同上引）。

　　在審核上，歐盟以一百分為準，並設定以下標準（EC, "Call for Proposals: EAC/S-31/2013 Development - Video Games," n.d.）：

　　——與歐洲相關程度（20 分）：適合歐洲及國際化之發展策略及潛能；

　　——內容及活動（10 分）：內容應具原創性並有適合的發展和生產的財務策略搭配；

　　——計畫的宣傳（20 分）：應具合適的市場及行銷策略，可以最大化消費群；

　　——計畫團隊（10 分）：應具潛力、經驗及合適的創意團隊；

　　——影響及永續性（10 分）：計畫應具彈性；

　　——創新及特性（30 分）：於計畫進行的工作中及開發出遊戲的娛玩中，應具有創新且合適的技術。

　　另外，以下幾點將可加分：

　　（1）所申請之公司處於產品開發能力較低的國家中，另加 5 分；

　　（2）針對年輕視聽群眾的計畫，另加 10 分；

　　（3）若計畫將與沒有共同官方語言之國家的技術人員共同合

作，另加 10 分。

到了第二期及第三期的計畫徵選公告之審核標準與第一期大同小異，歐盟審核的依據不脫以下面向：計畫執行的原創性、可行性（包括可行的財務計畫及團隊成員的經驗和能力等）、創新性、與歐洲的相關性、永續性及具市場化的商業性，唯自第二期後，歐盟在額外加分的部分只給予針對年輕族群的計畫，特別強調是針對 12 歲以上之年輕人所設計的計畫（EC, "Call for proposals: EACEA-6-2015 Development - Video Games," "Call for proposals: EACEA-20-2015 Development - Video Games," n.d.）。

目前所執行三期的徵選結果，2014 年，編號 EAC/S31/2013 公告，共有 259 家不同公司不同計畫提出申請，其中 29 個計畫獲得歐盟補助（EC, 2014.08.08）；2015 年，編號 EACEA/06/2015 共 182 個計畫提出申請，補助 31 個計畫（EC, 2015.07.30）；2016 年，編號 EACEA/20/2015 共 138 個計畫申請，有 23 個計畫獲得補助（EC, 2016.07.29），歐盟的計畫補助規定不得超過該計畫預算之 50%，因此，2014 年平均歐盟補助所通過之計畫經費為 42 ％，2015 年亦為 42 ％，2016 年則為 43 ％，總金額分別為 2014 年 3,238,688 歐元，2015 年 3,411,555 歐元及 2016 年 2,580,543 歐元，[2] 而每期計畫最多可達 30 個月。

若以歐盟會員國來看的話，西班牙是最多家公司提出計畫申請的會員國，2014 年共有 34 個公司提出計畫，2015 年 25 個計畫，2016 年 18 個，均為各該年度提出最多計畫的國家，總金額亦數一數二，但是成功獲得補助的比率卻不高，即使是西班牙公司申請成功率最佳的 2016 年，以金額來看，通過率只有 8%，以計畫數量來看，只有 11%，18 個計畫申請只有 2 個計畫通過，僅獲得 95,269 歐元補助，甚至不超過 10 萬歐元。若單以帳面上的數字來

---

2 整理計算自前述所列歐盟 2014，2015 及 2016 三期計畫申請入選公告。

比較，歐盟境內遊戲產業真正熱門的仍屬傳統經濟上的強國，主要是德國和法國，甚至英國，以及一些北歐國家，如丹麥，挪威及荷蘭，而中歐的波蘭亦不差，平均都有 2 件以上，審核通過率較高，且最主要乃是其所申請成功獲得的補助經費額度不少。2014 年獲得最多補助的法國約 49 萬歐元，2015 年則為英國，獲得 55 萬歐元，2016 年則為挪威，獲得總額約 59 萬歐元的補助，計畫申請通過率為百分之百，穩定性最高者應屬德國，每年申請經費的計畫通過率均在 18% 到 19% 之間，至少有兩個計畫通過，而第一期 2014 年獲得最多經費補助的法國，2016 年只有一個計畫通過，通過率 4%，且經費只有 6 萬歐元左右。[3]

另外，歐盟經費編列最多的科研架構研究計畫「展望 2020」（Horizon 2020），於 2014 到 2020 年之間共編列八百億歐元，遊戲公司及研究機構均可申請，根據 Nordic Game Institute 的整理（European Games Developer Federation [EGDF], 2016.03.15），2016 到 2017 這兩年間至少有以下項目可供遊戲產業領域的公司或研究機構申請，相關總經費最高可達一億九千兩百萬歐元，詳參見下表 2。

---

3 整理自歐盟以國家分類之 2014，2015 及 2016 三期申請公告結果，請參閱（EC, "Creative Europe Media - Applications by country, 2014," "European Commission, Creative Europe Media - Applications by country, 2015," "European Commission, Creative Europe Media - Applications by country, 2016," n.d.）。

過動
ACG 產業文化與可能性

表2 「展望 2020」計畫適合遊戲產業之項目

	計畫項目	經費（Euro）
1	SMEInst-01-2016-2017- Open Disruptive Innovation Scheme	50.000 in phase 1 0.5 and 2.5 million in Phase 2
2	ICT-06-2016: Cloud Computing	3 - 5 million for A 2 - 4 million for B
3	ICT-21-2016: Support technology transfer to the creative industries	0,5 and 1 million
4	ICT-19-2017: Media and content convergence	2 - 4 million
5	ICT-20-2017: Tools for smart digital content in the creative industries	2 - 4 million
6	ICT-23-2017: Interfaces for accessibility	2 million
7	DS-08-2017: Privacy, Data Protection, Digital Identities	2 - 3 million
8	ICT-12-2016: Net Innovation Initiative	0.2 million -15 million
9	ICT-18-2016: Big data PPP: privacy-preserving big data technologies	1 million - 8 million
10	ICT-10-2016: Software Technologies	31 million
11	DS-02-2016: Cyber Security for SMEs, local public administration and Individuals	22 million
12	DS-06-2017: Cryptography	18.5 million
13	SMEInst-06-2016-2017 – Accelerating market introduction of ICT solutions for Health, Well-Being and Ageing Well	0.5 million in phase 1 0.5 and 2.5 million in Phase 2
14	ICT-24-2016: Gaming and gamification	1 million
15	ICT-22-2016: Technologies for Learning and Skills	5 million for A 2.5 million EU for B
16	SFS-39-2017: How to tackle the childhood obesity epidemic?	up to 10 million
17	SC1-PM-15-2017: Personalised coaching for well-being and care of people as they age	3 - 4 million

表 2 「展望 2020」計畫適合遊戲產業之項目（續）

	計畫項目	經費（Euro）
18	ICT-36-2016: Boost synergies between artists, creative people and technologists	3 million for (A) 4 million for (B)
19	ICT-19-2017: Media and content convergence	1 million
20	ICT-32-2017: Startup Europe for Growth and Innovation Radar	1.5 million
21	CO-CREATION-01-2017: Education and skills: empowering Europe's young innovators	2.5 million
22	SwafS-18-2016: The Ethics of technologies with high socio-economic impact and Human Rights relevance	3.8 million
23	SwafS-22-2017: The ethical dimensions of IT technologies: a European perspective focusing on security and human rights aspects	4.2 million
24	CULT-COOP-04-2017: Contemporary histories of Europe in artistic and creative practices	25 million

資料來源：" 15.3.2016 Horizon 2020 funding for game developers 2016-2017," by EGDF, 2016.03.15, Retrieved 2016. 05. 11, from http://www.egdf.eu/15-3-2016-horizon2020-funding-for-game-developers-2016-2017/

事實上遊戲產業的範圍至少橫跨內容和技術兩大區塊，「2014 到 2020 創意歐洲計畫」（Creative Europe Programme, 2014 to 2020）主要是針對遊戲產業軟體及內容部分的補助政策，而「展望 2020」（Horizon 2020）中與遊戲產業相關之計畫則較多著眼於技術的創新研發。簡言之，歐盟目前以計畫申請，透過審核及經費補助方式來推動歐盟境內遊戲產業的政策，類似與企業合作的方式，

任何計畫在向歐盟申請時，申請者均須自負一定的經費，歐盟並不會負擔全額，意即所謂配合款（Matching Fund）的概念，來確保申請者具備一定的能力及規模執行計畫，並防止計畫經費的濫用。若以一項產業從上游製作、生產、及相關基礎建設的佈建，以至於公司內部管理，國家賦稅及法令，乃至市場行銷等面向來看，歐盟的遊戲產業政策仍屬於初始階段，透過這兩大計畫項下的子計畫經費補助，歐盟並未涉入太多該產業的發展，這一方面尊重了自由市場之競爭機制，及確保民間企業之活絡性，但另一方面，有系統一步一步地推動歐盟遊戲產業的策略，歐盟反不如各會員國來得具體。為了更進一步了解歐盟的遊戲產業發展狀況，接下來將介紹歐盟主要會員國的遊戲產業政策。

四、歐盟主要會員國之遊戲產業政策

歐盟作為一個經濟領域的超國家組織，乃是一個多層次治理的政治制度，因此在探討歐盟遊戲產業政策時，除了知道歐盟層級的政策之外，仍必須對於各會員國於這項產業的政策有所了解，始能更加清楚整個歐盟遊戲政策的輪廓。

相較於歐盟面對自由市場時，相當保守節制的遊戲產業政策，歐盟一些主要會員國對於遊戲產業的推動則顯得較為積極。其中歐盟內部經濟實力較強的幾個強國，如法國、英國、德國及北歐國家，特別是法國，在遊戲產業的推動上是處在引導的地位，表 3 可略見 2007 年時歐盟各主要會員國在遊戲產業上具體政策之比較。

表 3 歐洲國家遊戲產業政策之比較

	稅賦優惠	補助	無息借貸	其他獎助計畫
法國	✓	✓	✓	✓
英國	✓			✓
丹麥		✓		✓
芬蘭		✓		✓
冰島		✓		✓
挪威		✓		✓
瑞典		✓		✓
德國				✓

資料來源： "Drucksache 16/7081, 16. Wahlperiode," by Deutscher Bundestag, 2007.10.24, from http://dip21.bundestag.de/dip21/btd/16/070/1607081.pdf

（一）法國

　　法國是歐盟國家中最早開始佈局遊戲產業的會員國，也是全世界繼美國之後的第二大遊戲產業國，這些著名的遊戲，如 Assassin's Creed，Raving Rabbids，Just Dance，Game of Thrones 均產自於法國，目前法國約有 300 家遊戲公司，每年創造 5 千個工作機會及 1 萬個間接的工作，有 27 億歐元年產值，遊戲產業的產品百分之八十為出口，為法國賺進大筆外匯。法國不單只專注在企業的軟硬體開發及商業性，同時也培養遊戲人才，直接從教育著手，使人才與產業連結，因此法國大學設有相關科系，法國政府設有國家遊戲學校（the national school of video games and digital interactive media in Angoulême, and Gobelins）及國家電影視覺中心（the national centre for cinema and the moving image）來推動遊戲產業，並且加強智慧財產權法律，及以具體的賦稅優惠和各種補助政策來鼓勵法國境內的遊戲公司（France Diplomatie, 2014.04），法國政府給予法國遊戲公司可高達平均百分之二十的免稅（Centre national

過動
ACG 產業文化與可能性

du cinéma et de l'image animée. (n.d.). Tax credit for videogames [CNC], "Tax credit for videogames," n.d.），而經費的補助主要是由法國工業部經濟暨數位部門（the French Ministry for Industry, the Economy, and the Digital Sector）及國家電影視覺中心（the national centre for cinema and the moving image）負責，補助對象分兩大類，第一類是補助遊戲內容具文化價值者，以承擔及發揚文化資產；第二類則是補助在遊戲開發前期所需的創新研發，以鼓勵業者在不擔憂及無須考量市場因素下，大膽研發創新技術（CNC, "Support Fund for Videogames," n.d.）。同樣地，法國政府也不會補助超過各計畫預算之百分之五十，同時上限設為 200,000 歐元（同上引）。

（二）英國

英國也是歐洲遊戲產業活躍的市場，這些著名的遊戲，如《Grand Theft Auto》、《Tomb Raider》、《Burnout》、《LittleBigPlanet》、《Wipeout》、《Dirtt》及《Grand Theft Auto》，均產自於英國，每年英國遊戲產業的產值與法國及德國同列歐洲國家前三名，2013 年以 36.7 億美元（約合 21 億 9 千萬英鎊）排名第三，2011 年則以 54 億美元（約合 32 億 3 千萬英鎊）居首（Fandom, "History of European video game market revenues," n.d.）。英國現行遊戲產業政策最具體的是以 2010 年的「數位經濟法案 2010」（Digital Economy Act 2010）及 2015 年 5 月 8 號的「2010 至 2015 年政府政策：媒體及創意工業政策」（2010 to 2015 government policy: media and creative industries）政策文件（Policy Paper）為主要依據，英國將遊戲產業歸於影視媒體之下，除了在第一份文件具體定義遊戲，將之與電影、電視節目、動畫並列創意產業，2013 年起英國引進稅負優惠政策可享有百分之二十到二十五不等之免稅，以促進遊戲產業的發展。

事實上，法國自 2006 年及英國自 2013 年起，以賦稅優惠政策資助遊戲公司的發展，起初歐盟認為具有妨礙歐盟共同市場自由公平競爭機制的疑慮，因此歐盟執委會加以審查，並要求法國及英國提出更加詳細免稅或減稅的篩選標準，經執委會調查及分析後，認為遊戲產業為弱勢產業，並具有文化產業特質，法英兩國所免稅或減稅企業的市場市占率甚小，並無妨礙自由市場機制的可能，因此分別在 2007 年及 2014 年另公布文件，同意兩國對遊戲產業稅賦優惠政策（EC, 2007.12.12）。

（三）德國

雖然德國遊戲產業及市場亦屬歐洲國家中的領先成員，但是德國政府在遊戲產業的態度上並不如英法兩國政府的積極主動，英法兩國多從商業及經濟利益上考量，推動遊戲產業之發展，並以直接的賦稅優惠，在資金上幫助遊戲公司提升市場競爭力。德國則仍將遊戲產業歸於文化媒體類，側重其文化屬性、教育功能和社會責任，並不認為應屬於要求商業利益的重要產業政策之一，2007 年德國聯邦議會仍然收集德國遊戲企業及協會的意見，通過決議文件「促進電腦遊戲，強化媒體競爭力」（Wertvolle Computerspiele fördern, Medienkompetenz stärken）（Deutscher Bundestag, 2007.10.24），並基此文件要求德國聯邦政府與德國遊戲產業界合作，設立德國電腦遊戲獎以鼓勵德國境內具有文化及教育內涵的遊戲製作，而這也是德國政府近幾年所做最大的新政策，這項類似電影獎項的電腦遊戲獎，稱為「德國電腦遊戲獎」（Deutscher Computerspielpreis / The German Video Game Awards），自 2009 年起，每年春季由德國文化及媒體部（Bundesregierung für Kultur und Medien）與民間協會德國互動娛樂軟體協會（Bundesverband interaktive Unterhaltungssoftware e. V., BIU e.V.）及德國電腦遊戲發展協會（Bundesverband der Entwickler von Computerspielen e. V.,

G.A.M.E. e.V.）合作主辦，德國數位遊戲文化基金會（Stiftung
Digitale Spielekultur）協辦，自 2014 年後獎項的官方負責單位則由
德國交通及數位基礎建設部（Bundesministerium für Verkehr und
digitale Infrastruktur）接手，繼續與上述民間遊戲相關協會共同舉
辦，至今已舉辦 10 屆（Deutscher Computerspiel(Website), n.d.）。
最高獎金達 10 萬歐元，每一年設置的獎項均不相同，最近一屆
2016 年所設置獎項如下：

表 4 2016 年德國電腦遊戲獎得獎名單

獎項名稱	獎金額度
最佳德國遊戲獎（Bestes deutsches Spiel）	100 000,00 EUR
最佳兒童遊戲獎（Bestes Kinderspiel）	60 000,00 EUR
最佳青少年遊戲獎（Bestes Jugendspiel）	60 000,00 EUR
最佳新進概念獎（Bestes Nachwuchskonzept）	75 000,00 EUR
最佳創新獎（Beste Innovation）	35 000,00 EUR
最佳導演獎（Beste Inszenierung）	35 000,00 EUR
最佳非娛樂遊戲獎（Bestes Serious Game）	35 000,00 EUR
最佳行動遊戲獎（Bestes mobiles Spiel）	35 000,00 EUR
最佳遊戲設計獎（Bestes Gamedesign）	35 000,00 EUR

資料來源："Teilnahmebedingungen Deutscher Computerspielpreis
2017," by Deutscher Computerspiel, n.d., Retrieved
September 14, 2016, from http://deutscher-
computerspielpreis.de/preis/teilnahmebedingungen

　　德國的遊戲產業政策受限於德國社會保守的觀念，這些獎項的
得獎作品均要求具有正面教育性質的遊戲內容及故事情節，18 禁
的遊戲基本上不可能得獎，因此，電腦遊戲獎的獎助仍只限於小部
分的遊戲及遊戲公司（Hauck, 2010.05.17）。2012 年《末日之戰2》
（Crysis 2）—第一人稱射擊（Egoshooter）遊戲—獲得最佳德國遊

戲之獎項時，得獎公司 Crytek 的葉利（Avni Yerli）稱這是個「微小的改革」（kleine Revolution）（Golem.de, n.d.），但是德國基民黨黨團負責文化及媒體政策的貝恩森議員（Wolfgang Börnsen）卻批評，認為這類的殺手遊戲（Killerspiel）不應該獲得最佳德國電腦遊戲的榮譽，甚至認為所謂獨立的評審團不具代表性（Spiegel online, 2012.04.25），2014 年亦發生兩位評審因不滿評審團以多數決方式，刪掉 18 禁遊戲角逐獎項的提名而退出評審團（Peschk, 2014.05.13）。

（四）北歐國家

北歐五國丹麥、瑞典、挪威、芬蘭和冰島，以及丹麥的自治區法羅群島（the Faroe Islands）、格陵島（Greenland）及芬蘭的自治區奧蘭群島（Åland）這個區域人口加總起來大約 2 千 6 百萬人左右，遊戲公司超過 350 家，提供超過 4 千 5 百個工作位置，遊戲產業每年有 5 億歐元的營業額（Nordic Game Institute, n.d.），由於歷史、語言和文化，乃至地理上的相近及交集，即使其中有些國家或自治區未加入歐盟內，這些政治實體在政治經濟上仍形成一個緊密合作的區域，稱作「北歐合作」（Nordic Co-Operation）的架構。加上北歐五國人口少、市場小，除了各國補助自身國內遊戲公司之遊戲產業的發展之外，仍然相當著重在北歐合作框架下推動遊戲產業，特別又因為這項產業的發展非常具有文化成分，而北歐五國有許多共同歷史和文化的元素，因此在這個區域內，遊戲產業發展不管是民間企業或官方政策，乃至市場及行銷都是交融在一起的。

若以北歐五國整體來看，官方共同有關遊戲產業的政策最主要是 2006 年到 2015 年執行的「北歐遊戲計畫」（The Nordic Game Program），在 1345 位申請者中，總共贊助了 112 個遊戲計畫，幫助北歐國家內的遊戲開發者走向全球，並且建立了每年舉辦的「北歐遊戲年會」（Nordic Game Conference），成為歐洲最大的遊戲

開發者聚集的展覽會（Nordic Game Program, n.d.）。這個計畫原來是由民間公司 Nordic Game Resources AB 設計和執行，原定執行6 年，後來又延長 4 年，並且在最後的 3 年改由北歐五國官方的「北歐合作」為此而建立的北歐遊戲研究機構（Nordic Game Institute）接手（同上引）。同時在 2015 年到期後，亦找到額外經費支持該計畫持續下去（Nordic Game Bits, 2015.03.05）。另一項北歐遊戲的共同政策是自 2006 年起每年亦由上述 Nordic Game Resources 及北歐遊戲年會和北歐遊戲研究機構在瑞典 Malmö 共同舉行的北歐遊戲獎（Nordic Game Awards）。

　　另外，北歐各國內部當然也各有不同的相關補助政策，以挪威為例，因為挪威本身非歐盟會員國，但是卻為北歐五國中的重要大國之一，在遊戲產業發展與北歐和歐盟均非常密切，因此可透過挪威了解北歐五國內部彼此和歐盟在遊戲產業上的連動關係。

　　2008 年挪威文化部（Ministry of Culture）宣佈電腦遊戲為重要的文化表現，特別是兒童和年輕人的文化承載媒體，但市場卻充斥外國產品，因此挪威以擴充圖書館遊戲資源方式，購進以挪威語言製作的遊戲，如 2011 年 2 百萬挪威幣（NOK）編入國家預算中以擴充圖書館挪威語的遊戲。除此之外，挪威政府也規畫遊戲產業的預算以資助該產業發展，主要由挪威電影基金（Norwegian Film Fund）統籌，每年接受申請案件，從 2004 年起補助 6 百萬到 8 百萬挪威幣（NOK）不等（Norwegian Ministry of Culture and Church Affairs, 2008.03.07）。

　　有趣的是挪威政府亦注意到在遊戲產業性別平等的問題，其政策文件中指出，數據顯示 20% 遊戲產業的重要工作位置為女性，挪威政府認為這在遊戲產業是正面的，因為遊戲產業的最終使用者大部分是兒童及青少年，傳統上女性對於兒童及青少年的發展扮演著重要的角色。另外，挪威政府也注意到各區域的平衡發展，因此亦鼓勵各地區單位投入資金或補助遊戲的開發，此外，遊戲產業並

不只在於遊戲本身，其背後軟硬體技術的研發非常重要，因此挪威政府亦給予專注於研發創新的企業免稅或減稅，乃至直接補助的政策優惠（同上引：53-55），至於國際層級，挪威則強調前述北歐合作架構下的北歐遊戲計畫，與北歐國家合作以擴大市場及補助來源，而挪威雖然不是歐盟的會員國，但是北歐三個主要大國丹麥、瑞典及芬蘭均是歐盟的會員國，因此透過北歐合作架構，挪威的遊戲產業仍有入口打入歐盟市場，而歐盟的資助計畫對於鄰近歐洲國家，即使不是會員國，亦向其敞開申請大門，特別是 EFTA 的成員國，均可申請（ "Regulation (EU) No 1295/2013," 2013.12.20），因此，挪威亦善用此資源，鼓勵境內企業向歐盟申請經費補助（Norwegian Ministry of Culture and Church Affairs, 2008.03.07: 55-56）。

五、歐盟遊戲產業政策之優勢與限制

以下，將就歐盟面對全球經濟結構的外在環境，及內部各會員國的遊戲產業和消費市場的壓力，來分析上述歐盟遊戲產業之優勢及其限制。

（一）活化中小型企業為主的產業

如前述，歐盟遊戲產業政策是由下而上（Bottom Up）的推動而形成，早在歐盟當局重視遊戲產業之前，歐洲國家內部已有相當大遊戲人口的消費市場，例如在英國 16 到 49 歲的人當中有 37% 認為自己是重度玩家（Active Gamer），在西班牙和芬蘭則分別為 28%（Pan European Game Information [PEGI], n.d.），在另一份資料中則顯示，2012 年 11 歲以上的遊戲玩家占英國人口約 35%，在

法國則為 46%，德國為 25% 以及西班牙有 29%。[4] 但是在宏觀的產業結構上，歐洲超過 1 千 5 百家（EGDF, 2015）的遊戲公司，除育碧公司（Ubisoft）可稱為具全球跨國企業規模的歐洲遊戲公司外，大部分歐洲的遊戲開發商都是中小企業型態，並沒有太多全球性的企業（Stewart & Misuraca, 2013: 9；EGDF, 2015: 2），因此歐盟的遊戲產業政策必須考量到，如何活化各項資源及資金不雄厚的中小型遊戲開發商的競爭力。

「歐洲遊戲開發者聯盟」（European Games Developer Federation, EGDF）的資料顯示，歐洲目前有十個左右的遊戲協會，至少 1 千 5 百家的開發商，超過 2 萬 5 千個工作位置及加上市場銷售則超過十萬人以上的工作人員（EGDF, 2015），而目前歐盟遊戲產業政策以計畫補助方式，基本上能補助到中小企業規模的遊戲公司，活絡其資金運用，但同時歐盟要求補助資金不得超過該計畫的百分之五十，要求提出申請的遊戲公司必須有相對應的配合款（Matching Fund），這樣不致使市場壟斷，也自動淘汰體質不妥的小公司。歐盟注意自由市場之平衡，尚可從其審查法國及英國對於其國內遊戲公司之免稅或減稅，是否會傷害歐盟內部市場自由運作之案例看出。從產業政策宏觀面來檢視，歐盟在推進遊戲產業和內部自由市場機制之間尋求平衡，以保持自由市場內各企業的競爭力，實屬不易。

（二）平衡商業利益和社會價值觀

相對於其他市場，特別是中國和美國對商業利益的競逐，歐洲遊戲產業政策的發展囿於其二戰後強調和平的政治文化限制，比其

---

4 此處的玩家定義為於前一年曾於任何平台玩過數位遊戲者，調查時間為 2011 年第 4 季到 2012 年第 2 季（Stewart & Misuraca, 2013: 16）。

他地區都要來得強調遊戲產業的社會面影響，尤其是抑制負面的影響，比如前面曾提過德國遊戲產業的例子，電玩遊戲在德國社會中對不少人而言，仍具有負面的刻板印象，因此歐盟產業政策在制定時，多強調非娛樂性質的遊戲（Serious Game），甚至希望數位遊戲的運用能多用於教育學習（E-learning）及醫療健康（Healthcare），或者補助技術創新研發計畫，和實際主流市場所興盛的，可能較多激烈情節的商業遊戲（Leisure Game）有一段距離，事實上歐盟目前政策所補助的遊戲仍多限於非娛樂性的遊戲種類（Serious Games），商業及娛樂性質較高的計畫都必須有技巧地兼具非娛樂性的遊戲設計目的，才較容易獲得歐盟政策的補助，因此如何協調兩類遊戲，使歐盟的政策既能控制住社會的負面影響，還能兼顧商業市場利益，及非娛樂用途的目的，仍是歐盟遊戲政策未來應著重之處（Stewart & Misuraca, 2013: 10）。

另外，對於社會面的教化影響，由於數位遊戲消費對象多為兒童及青少年，歐洲國家多數對遊戲設有分級制度（game rating system），但並不存在統一的歐盟官方遊戲分級制度，各國內部均有各自的分級制度，例如在德國是 Unterhaltungssoftware Selbstkontrolle（USK），英國則是 Video Standards Council（VSC），在芬蘭則是 Finnish Centre for Media Education and Audiovisual Media 負責。不過這幾年開始慢慢整合，歐洲的遊戲企業 1998 年組成「歐洲互動軟體聯盟」（Interactive Software Federation of Europe），2013 年於其下設立非營利性質的「泛歐遊戲資訊」（Pan European Game Information），並創建了一套遊戲分級系統（PEGI System），且獲得歐盟執委會的支持，也受到市場的接受，這或可成為歐盟未來整合各會員國在遊戲產業上各項法令規章的範本（PEGI, n.d.）。

（三）重視外溢的創新技術

　　歐盟對於遊戲產業作為整體來規劃的產業政策其實並不完整，除了強調遊戲申請補助的計畫須包涵歐洲的文化元素之外，在政策上並看不太出來遊戲產業專有之屬性，反而著重在基礎技術的研發和創新，而遊戲製作在技術革新中可能的外溢效果，便成為歐盟目前整體產業政策所看重的，比如人工智慧、類比技術或虛擬實境等軟硬體的創新，歐盟希望遊戲產業發展出來的技術可以用於其他領域，如教育學習、醫療復健，或甚至在軍事防衛上（Stewart & Misuraca, 2013: 12）。因此，以遊戲公司的角度來看，反而在講求高科技的「展望 2020」（Horizon 2020）的科研框架計畫中可以得到可觀的補助，以「歐洲遊戲開發者聯盟」（European Games Developer Federation, EGDF）所整理的資料可以看到目前有 6 家遊戲教育研究中心（EGDF, "European Games Education Institutions focusing on Horizon 2020 projects," n.d.）、22 家遊戲公司（EGDF, "European Game Developers interested in Horizon 2020 projects," n.d.）投入該計畫的研究，雖然在遊戲產業上側重於高科技技術的創新是歐盟的優勢，但以遊戲產業角度來看，這樣的產業政策還不夠完全。

（四）超越文化元素的跨科技整合

　　當前全球化的主流文化仍是歐洲為主，甚至連在亞洲的玩家對於歐洲人文和歷史的熟悉度並不下於歐洲人本身，加之歐洲地區多元而豐富的文化遺產更是歐洲遊戲產業向全球市場發展的很大優勢，因此，遊戲產業一開始——不單在歐盟，甚至在其他歐洲國家——都是被定位文化政策之下，近年來再逐漸加上創意研發的部分，而成為新創文化產業。

然而細究遊戲和傳統的文化藝術，甚至媒體等產業性質有很大的不同，遊戲的表達媒介或工具是數位的、是現代的科技，至少包括軟硬體兩個層面的技術，其呈現的內容卻可能是新創的，或從歷史中尋找素材；成品的表達上卻又富涵視聽美學的元素，及創作者和遊戲者之間的互動，甚至擴及到敘事學及社會心理學的研究，因此跨科際的整合無庸置疑是遊戲產業必須的發展。德國將遊戲產業的權責單位由文化及媒體部（Bundesregierung für Kultur und Medien）改成交通及數位基礎建設部（Bundesministerium für Verkehr und digitale Infrastruktur）實為看出遊戲產業超越文化元素的實際行動，但是這仍然不夠；法國傾國家之力推動遊戲產業，比其他歐洲國家更重視遊戲產業人才的養成，設立遊戲研究中心及廣設專門科系；北歐國家整合文化及市場，以聯合的行動來推動區域內遊戲產業，與這些相比，歐盟負責遊戲產業的權責單位及目前之遊戲產業政策則略顯單薄，這些歐盟會員國加總起來的遊戲產業政策，或可作為歐盟推動遊戲產業之啟發。

六、結論

　　整體而言，歐盟的遊戲產業及其相關的政策尚屬初期，仍不完整，但是這幾年開始受到重視，有兩個原因：一是來自於外在國際經濟環境的競爭，特別是亞洲和北美，除了本身遊戲產業及市場受到威脅之外，歐盟也有在金融危機和停滯的傳統製造業外，另闢一條經濟復甦蹊徑的壓力；二則是該產業在歐盟內部的市場漸趨龐大及成熟，歐盟各會員國比歐盟更加積極重視遊戲產業政策的制定及執行，迫使歐盟必須重視遊戲產業，制定相關施行細節，但如同歐盟在不同領域的統合程度深淺不一，對於一個新興陌生的產業，歐盟的政策實在仍有許多不足，歐盟對於中小型企業規模的經費補助誠然活絡了中小型企業為主體的產業結構，及巧妙地維持了自由市

場運作的機制，但是仍須努力於協調商業性及非商業性的遊戲開發，以使其補助政策確實和市場的期待相符，並且不抵觸提升整體經濟利益。

再者，超越文化及媒體的遊戲產業在歐盟政策制定者眼中，仍不具備一個完整的產業主體性，因此，在歐盟政策中看不到遊戲產業獨有屬性，特別是其跨學科領域的特性，從數位化到文學歷史，從軟硬體技術創新到社會心理學，從視聽美學到敘事設計，從產品生成到市場行銷，從遊戲人才的培育到遊戲公司獨有的公司管理和商業模式的法令規章，歐盟遊戲產業政策尚有許多待開發之處。

參考書目

Centre national du cinéma et de l'image animée. (n.d.). Support Fund for Videogames. Retrieved September 12, 2016, from http://www.cnc.fr/web/en/support-fund-for-videogames

Centre national du cinéma et de l'image animée. (n.d.). Tax credit for videogames. Retrieved September 12, 2016, from http://www.cnc.fr/web/en/Tax-credit-for-videogames

COM(2009) 512 final: Communication from the Commission to the European Parliament, the Council, the European Economic and Social Committee and the Committee of the Regions – "Preparing for our future: Developing a common strategy for key enabling technologies in the EU". (2009.09.30). from EUR-Lex: http://eur-lex.europa.eu/legal-content/EN/TXT/?uri=COM:2009:0512:FIN

COM(2010) 614 final: Communication from the Commission to the European Parliament, the Council, the European Economic and Social Committee and the Committee of the Regions – "An Integrated Industrial Policy for the Globalisation Era Putting Competitiveness and Sustainability at Centre Stage". (2010.10.28). from EUR-Lex: http://eur-lex.europa.eu/legal-content/EN/TXT/?uri=COM:2010:0614:FIN

COM(2012) 582 final: Communication from the Commission to the European Parliament, the Council, the European Economic and Social Committee and the Committee of the Regions – "A Stronger European Industry for Growth and Economic Recovery Industrial Policy Communication Update". (2012.10.10). from EUR-Lex: http://eur-lex.europa.eu/legal-content/EN/TXT/?uri=COM:2012:0582:FIN

COM(2014) 14 final: Communication from the Commission to the European Parliament, the Council, the European Economic and Social Committee and the Committee of the Regions – "For a European Industrial Renaissance". (2014.01.22). from EUR-Lex: http://eur-lex.europa.eu/legal-content/EN/TXT/?uri=CELEX:52014DC0014

Decision No 1041/2009/EC of the European Parliament and of the Council of 21 October 2009 establishing an audiovisual cooperation programme with professionals from third countries (MEDIA Mundus). (2009.11.04). *Official Journal of the European Union, L288*(52), 10-17.

from EUR-Lex: http://eur-lex.europa.eu/legal-content/EN/
TXT/?uri=CELEX:32009D1041

Decision No 1718/2006/EC of the European Parliament and of the Council
of 15 November 2006 concerning the implementation of a programme
of support for the European audiovisual sector (MEDIA 2007).
(2006.11.24). *Official Journal of the European Union, L327*(49), 12-29.
from EUR-Lex: http://eur-lex.europa.eu/legal-content/EN/
TXT/?uri=uriserv:OJ.L_.2006.327.01.0012.01.ENG

Decision No 1855/2006/EC of the European Parliament and of the Council
of 12 December 2006 establishing the Culture Programme (2007 to
2013). (2006.12.27). *Official Journal of the European Union, L372*(49),
1-12. from EUR-Lex: http://eur-lex.europa.eu/legal-content/EN/
TXT/?uri=uriserv:OJ.L_.2006.372.01.0001.01.ENG

Department for Culture, Media & Sport, UK. (2015). *2010 to 2015
government policy: media and creative industries*. from https://www.
gov.uk/government/publications/2010-to-2015-government-policy-
media-and-creative-industries/2010-to-2015-government-policy-media-
and-creative-industries#appendix-9-changing-entertainment-licensing-
to-make-it-easier-to-organise-public-performances

Deutscher Bundestag. (2007.10.24). Drucksache 16/7081, 16. Wahlperiode.
from http://dip21.bundestag.de/dip21/btd/16/070/1607081.pdf

Deutscher Computerspiel. (n.d.). Teilnahmebedingungen Deutscher
Computerspielpreis 2017. Retrieved September 14, 2016, from http://
deutscher-computerspielpreis.de/preis/teilnahmebedingungen

Deutscher Computerspiel(Website). (n.d.). Retrieved September 14, 2016,
from http://deutscher-computerspielpreis.de/

European Commission. (n.d.). Competition Policy. Retrieved September 1,
2016, from https://ec.europa.eu/growth/industry/policy/competition_en

European Commission. (n.d.). Industrial Policy. Retrieved August 31, 2016,
from https://ec.europa.eu/growth/industry/policy_en

European Commission. (n.d.). Call for Proposals: EAC/S-31/2013
Development - Video Games. from http://eacea.ec.europa.eu/creative-
europe/funding/development-video-games_en

European Commission. (n.d.). Call for proposals: EACEA-20-2015
Development - Video Games. from http://eacea.ec.europa.eu/creative-
europe/funding/development-video-games-2016_en

European Commission. (n.d.). Call for proposals: EACEA-6-2015

Development - Video Games. from http://eacea.ec.europa.eu/creative-europe/funding/development-support-for-development-european-video-games-2015_en

European Commission. (n.d.). Creative Europe Media - Applications by country, 2014. from http://eacea.ec.europa.eu/sites/eacea-site/files/documents/results-videogames-eacs312013-applications-received-by-country_en.pdf

European Commission. (n.d.). Creative Europe Media - Applications by country, 2015. from https://eacea.ec.europa.eu/sites/eacea-site/files/applications-received-by-countrydev-vg2015.pdf

European Commission. (n.d.). Creative Europe Media - Applications by country, 2016. from: https://eacea.ec.europa.eu/sites/eacea-site/files/applications_received_by_country_video_games_2016.pdf

European Commission. (2007.12.12). IP/07/1908: State Aid: the Commission authorises French aid scheme for video game creation. from Press Releases Database, European Commission: http://europa.eu/rapid/press-release_IP-07-1908_en.htm

European Commission. (2014.03.27). IP/14/331: State Aid: Commission approves UK video games tax relief plan. from Press Releases Database, European Commission: http://europa.eu/rapid/press-release_IP-14-331_en.htm

European Commission. (2014.08.08). List of selected projects, Creative Europe - Media, Call for proposals: EAC/S-31/2013 Development - Video Games, Selection year: 2014, Application deadline: 28-mars-14. from http://eacea.ec.europa.eu/sites/eacea-site/files/documents/results-videogames-eacs312013-list-of-results_en.pdf

European Commission. (2015.07.30). List of selected projects, Creative Europe - Media, Call for proposals: EACEA-6-2015 Development - Video Games, Selection year: 2015 Application deadline: 26-mars-15. from http://eacea.ec.europa.eu/sites/eacea-site/files/publication-of-results-dev-vg-2015.pdf

European Commission. (2016.07.29). List of selected projects, Creative Europe - Media, Call for proposals: EACEA-20-2015 Development - Video Games, Selection year: 2016 Application deadline: 03-mars-16. from http://eacea.ec.europa.eu/sites/eacea-site/files/results_video_games_2016.pdf

European Games Developer Federation. (n.d.). European Game Developers interested in Horizon 2020 projects. Retrieved September 18, 2016, from http://www.egdf.eu/horizon2020developers/

European Games Developer Federation. (n.d.). European Games Education Institutions focusing on Horizon 2020 projects. Retrieved September 18, 2016, from http://www.egdf.eu/european-games-education-institutions-focusing-on-horizon2020-projects/

European Games Developer Federation. (2015). How to enable Digital Growth in Europe?. Retrieved September 14, 2016, from http://www.egdf.eu/08-10-2015-how-to-enable-digital-growth/

European Games Developer Federation. (2016.03.15). 15.3.2016 Horizon 2020 funding for game developers 2016-2017. Retrieved May 11, 2016, from http://www.egdf.eu/15-3-2016-horizon2020-funding-for-game-developers-2016-2017/

Fandom. (n.d.). History of European video game market revenues. Retrieved September 12, 2016, from http://vgsales.wikia.com/wiki/Video_games_in_Europe#cite_note-5

Fandom. (n.d.). Video game industry. Retrieved September 17, 2016, from http://vgsales.wikia.com/wiki/Video_game_industry#

France Diplomatie. (2014.04). France is second in the world for the production of video games. Retrieved September 12, 2016, from http://www.diplomatie.gouv.fr/en/french-foreign-policy/economic-diplomacy-foreign-trade/events/article/france-is-second-in-the-world-for

Golem.de. (n.d.). Crysis 2 ist das beste deutsche Spiel 2012. Retrieved September 14, 2016, from http://www.golem.de/news/deutscher-computerspielpreis-crysis-2-ist-das-beste-deutsche-spiel-2012-1204-91442.html

Hauck, M. (2010.05.17). Das ging ins Auge. *Süddeutsche Zeitung*.

Interactive Software Federation of Europe. (n.d.). About ISFE. Retrieved August 18, 2016, from http://www.isfe.eu/about-isfe

Norwegian Ministry of Culture and Church Affairs. (2008.03.07). Report No. 14 (2007-2008) to the Storting: Video games. from https://www.regjeringen.no/contentassets/18e08f284064463e97031737fbed2396/en-gb/pdfs/stm200720080014000en_pdfs.pdf

Newzoo. (2016.04.21). The Global Games Market Reaches $99.6 Billion in 2016, Mobile Generating 37%. Retrieved September 16, 2016, from https://newzoo.com/insights/articles/global-games-market-reaches-99-6-billion-2016-mobile-generating-37/

Nordic Game Bits. (2015.03.05). Extra Million for Nordic Game Support in 2015. Retrieved September 14, 2016, from http://nordicgamebits. com/2015/03/05/extra-million-for-nordic-game-support-in-2015/

Nordic Game Institute. (n.d.). Founding Meeting of the Nordic Game Institute held. Retrieved September 14, 2016, from http:// nordicgameinstitute.org/

Nordic Game Program. (n.d.). Retrieved September 14, 2016, from http:// www.nordicgameprogram.org/

Parliament of the United Kingdom. (2010.04.08). Digital Economy Act 2010 (C.24). from http://www.legislation.gov.uk/ukpga/2010/24

Pan European Game Information. (n.d.). About PEGI?. Retrieved September 18, 2016, from http://www.pegi.info/en/index/id/23

Pedersen, J. (n.d.). An overview of the Norwegian game industry. from http://www.scangame.dk/downloads/overview%20of%20 norwegian%20game%20industry.pdf

Peschk, A. (2014.05.13). Werd erwachsen, Deutscher Computerspielpreis - Warum Andre Peschke und Heiko Klinge ihre Jurytätigkeit beenden. Retrieved September 14, 2016, from http://www.gamestar.de/specials/ spiele/3055733/so_nicht_deutscher_computerspielpreis.html

Regulation (EU) No 1295/2013 of the European Parliament and of the Council of 11 December 2013 establishing the Creative Europe Programme (2014 to 2020) and repealing Decisions No 1718/2006/EC, No 1855/2006/EC and No 1041/2009/EC Text with EEA relevance. (2013.12.20). *Official Journal of the European Union, L347*(56), 221-237. from http://eur-lex.europa.eu/legal-content/EN/TXT/?qid=1480677 699545&uri=CELEX:32013R1295

SEC(2009) 1257 final. (2009.09.30). from http://eur-lex.europa.eu/legal-content/EN/TXT/?uri=CELEX:52009SC1257

Spiegel online. (2012.04.25). Unionsfraktion kritisiert „Killerspiel"-Nominierung. Retrieved September 14, 2016, from http://www.spiegel. de/netzwelt/games/crysis-2-fuer-den-deutschen-computerspielpreis-nominiert-kritik-boernsen-a-829760.html

Stewart, J., & Misuraca, G. (2013). *The Industry and Policy Context for Digital Games for Empowerment and Inclusion: Market Analysis, Future Prospects and Key Challenges in Videogames, Serious Games and Gamification.* Luxembourg: Publications Office of the European Union.

論我輩將宗教、
靈異與 ACGN 互注的潮流

胡又天

一、導言

「數位移民」一般指出生於「電腦已經發明，但尚未數位環境年代」的人們，在經歷了沒有網路到處處網路的世界；知識隨著不斷推陳出新的科技而改變，也看到彼此從零開始使用資訊科學的方法、電子遊戲的術語、同人創作的概念，重新賦予歷史、民俗、宗教等等舊事物解釋。這不僅富有趣味與新鮮感，而且能夠幫助我們理解其本質與流變，乃至應用到事業之中。本文要討論的，便是「同人創作與宗教信仰」、「資訊科學與方術、魔法」這兩種新興的比喻，然後試圖提示：我們如何運用這個思維來交融新舊，讓傳統文化得以在深層機理上結合尖端科技，而得到新生。

二、從《Pokémon Go!》談起：不是邪靈，
勝似邪靈的時間殺手

本節主要論點：把同人創作與宗教信仰等量齊觀，將其本質的差異放在一邊，只看它於現實中如何吸引人們花時間在其身上，乃至發展出以它為核心的經濟。

每個人一天只有 24 小時，能閱讀的作品、能參與的活動，都是有限的。如果只是看一遍、體驗一下，一輩子看個幾萬本書、幾千種遊戲、幾百場表演，並不算難；但如果要深入那個圈子（或曰「坑」），花時間、金錢、精力去參加活動、作其同人，甚至把職業生涯放在上面，選擇就不會很多。而站在「圈子」的立場，不論

是傳統的民俗、宗教，還是各種當代的 ACGN[1] 作品，期望人們持續黏著在其周圍，作其忠誠的教徒，每天都花若干時間在上面，那麼，這競爭就開始顯得殘酷了。

2016 年 7 月，結合現實地圖、AR 技術[2] 和著名 IP[3] 的手機遊戲《Pokémon Go!》問世，於各地掀起了抓寶熱潮以及相應的社會話題。其中一些來自宗教界的意見，非常引人注目：有基督徒將遊戲中那些造型討喜的怪獸斥為「邪靈」，告誡眾人不要碰；也有較理智的牧師，為文否定了這種反智而武斷的表現，建議基督徒採用比較緩和的說法：「一般來說，我們可以接受的是『這個遊戲會誤導小孩走上泛靈論，讓他們無形中接受萬物都有靈的錯謬中，所以不玩比較好』。」（劉曉亭，2016.08.12）佛教則持較包容的態度，例如有寺廟住持開放山門，歡迎大眾進來抓寶，順便隨喜一下；原本就是泛靈論的日本神道，也多是請玩家注意不要冒入神社禁區就好（小山，2016.07.25）；而華人的道教與民間信仰則是有人想把虛擬怪獸和「好兄弟」連在一起，不過目前眾人的反應是一笑置之，沒有像基督徒那樣引起危疑。同為一神論的伊斯蘭教，有伊朗率先在全國禁止這款遊戲，表面上的說詞是「安全考量」，事實上他們不諱言是因為牴觸教法（數位時代，2016.08.11）；沙烏地阿拉伯、印尼等國的教長也對此遊戲發了禁令，謂之「惡靈」，但有不少信教的民眾無視之，依然玩得很開心（施旖婕，2016.07.22；中央社，2016.07.21）。

---

1 Anime, comic, game, novel 的合稱。

2 Augmented Reality，擴增實境。

3 Intellectual Property，智慧財產。印象中，這個縮寫雖存在已久，但直到 2014 年左右才開始大肆流行，普及到每個談及文化產業者都很難不講一講的程度。在此之前，宅圈或者廣義的消費者群體並不使用這個商業氣息鮮明的縮寫，只是籠統直觀地說「這是那家公司的東西／系列／作品／角色」。

為什麼會有教徒將遊戲裡的角色視為邪靈、惡靈？在此，先把一神論與泛靈論的衝突放在一邊，只從「爭奪時間」的觀點來理解，或者更簡單的，就用小孩子的語言：我喜歡你跟我好、跟我玩我的遊戲，不想要你去跟別人玩別的。

　　每個教派都會舉辦一些活動、設計一些儀式讓徒眾參與，但其中也有教派會用各種手段，制約信徒把空餘的時間，甚至所有精力都花在本派的活動，哪怕這種要求違反正信的教義，且會讓人與真實社會脫節。這樣的教派一般會被稱為邪教，稱這樣的教徒為狂信者。而其邪與狂的根源，除了權欲與財欲之外，應該還有一種更原始的欲望，就是「想要認同」的病態膨脹，從「希望你跟我玩」到「你只准跟我好」，乃至要求全世界都按他的想法走。當今世上的幾大宗教，都在不同國家有過這樣的行動，後來引發反抗，或被比較能做實事的勢力打敗，這才讓正統回歸到比較溫和、有所克制的程度，然而這樣的教徒與教派還是源源不絕。

　　設身處地想：當你是一個牧師，或者一個積極參與教會活動，帶領著一些人，而能得到喜樂與成就感的信徒，你看到原本應該與你一同禮拜，學習《聖經》的青年、同輩，分心去玩手機遊戲的時候，會不會有挫折感與失落感？即便你只是一個普通人，你有沒有向親友介紹過你重視的作品，放影片給他看，結果對方不專心，沒兩下就開始翻別的書報雜誌，或是滑手機的經驗？碰到這種情況，你可以怎麼辦？

　　通常，我們可以細心誘導，告訴他這東西為什麼重要，也可以請對方給予尊重，先耐心看完，看完之後還是不喜歡或不同意，那也不好強求。可是如果你有一些權柄，你會不會想要作些硬性規定，不准他不專注，甚至把令他分心的事物斥為壞東西呢？你未必會這樣做，但你很難不這樣想。而現實中可以看到，不少人就這麼做了。

圖 1 香港《蘋果日報》網頁截圖。引用的訊息中,「神社」誤作「神舍」;右下角的圖說,「慨歎」誤作「概歎」,皆頗令人慨歎。又「耶 L」為粵語「耶撚」簡寫,意思是盲信耶穌的鳥人。「撚」是俗字,讀作 lan2,正寫為「屌」,通臺語的「卵」及其俗字「懶」。資料來源:〈【Pokémon Go 殺到】基督徒斥「與邪靈玩遊戲」 網民:耶 L 更像邪教 〉,香港《蘋果日報》,2016.07.26, 取 自 http://hk.apple.nextmedia.com/realtime/news/20160726/55412449

　　接著把思維代入到教會高層,或是敗給《Pokémon Go!》的遊戲業者,將討論拉高到「文化戰爭」的層次,即可以清楚感覺到市場的版圖,或者每個人每天 24 小時這塊大餅,被奪走了應該可以屬於「我」的一塊,而且它又是和「我」不同系統的日本文化,即便辯稱《Pokémon》這個現代作品和神道教沒什麼關係,反駁基督教與伊斯蘭教的「邪靈」指責,但事實是:多一個人玩「它」,日本的影響力就強一分,「我」就相對減弱一分。用搶地盤的觀念來看,便不難理解那些恐嚇與禁令以及相關言論所流露出的焦慮。

過動
ACG 產業文化與可能性

真有這麼嚴重嗎？對一般人、平信徒或野心不大的修士來說，沒有；但對把身家性命都寄託在宗教或者自家系列作的人來說，就是這麼嚴重。在一些佛學著作，也可以看到對其他宗派和「外道」的攻訐，動輒詛咒人家下地獄永不超生，恐嚇讀者要依我的法門才是正法，其狠戾實在不像是佛祖傳下的正道。何以故？說到底，也就是爭人、爭地。

　　近年商城制、課金制的手機遊戲興起，爭奪玩家的零碎時間，並且利用人性的種種弱點吸金，被許多傳統派單機或網路遊戲愛好者斥為「邪道」或「邪教」（雖然之前的網路 MMORPG 也未必有好到哪裡去）。有人是戲謔性或認真的覺得它和邪教就是同一回事；差別或許只在──課金手遊只跟你要錢、要時間，不像邪教還會跟你要命。但如果有人真的為之送命，那其他的差異也不重要了。而不論它算不算邪教，課金手遊彼此之間也是戰得血肉橫飛，因為一天就 24 小時，即便是重度玩家，也很少能同時玩超過兩、三款遊戲。於是，「你正在玩的遊戲是哪一國的 IP」、「我們國產的遊戲能否在這個戰場打下一塊」，對某些人來說，就是性命交關的問題，足以為此扯旗掀起「宗教戰爭」了。這種戰爭其實已經在各地論壇零星地戰過不少次，之所以沒搞大，是因為華人作品目前還打不贏。較具理智的人，都會選擇先保持低姿態，在自由、多元、本土之類的旗號下打打感情牌，先取得一席之地再說，就像基督教早期也是靠隱忍、友愛而非對抗，才得以發展下去。

　　《基督教今日報》記者杜胤廣（2016.08.12）的〈寶可夢敵基督的真相解密　反思你生命中的偶像　生命成熟度決定上癮程度〉一文，已經接近解釋上述問題的本質：「只要能主導你做出任何抉擇，並高過上帝的主權時，任何事物都會成為你在敬拜的『偶像』。」該文對妖魔化《Pokémon Go!》的言論持保留態度，而作固本培元的正論，說「生命成熟」、能「活出聖潔的生活」，不被挾制、誘惑才重要，最後引〈哥林多前書〉的「凡事都可行，但不

都有益處；凡事都可行，但不都造就人」作結。換句話說，只要這些娛樂不動搖上帝的第一優先，那就還好，而那些遊戲裡的成就，在我主的評價體系裡不計分。

如果皮卡丘、可達鴨真的是邪靈、惡靈，那反倒好，因為如果它是可被明確指稱的妖魔，那麼，討伐它，將「受害者」從其誘惑中「拯救」出來，恰恰可以榮耀上帝與真主。問題是，它們只是凡人創作出來的卡通角色，卻比任何邪靈都厲害地占去了無數人的一部分時間，甚至發生意外、傷亡，讓跟不上時代潮流的教眾更形脫節、更顯落寞。那麼，怎麼辦呢？

反射性地將它說成「邪靈」，霸道地查禁，顯然不是什麼高明的答案。認為把自己的信仰持守好、把小孩教好才重要，也只是平庸而無濟於事的答案。什麼才是好答案呢？推出屬於你的信仰、你的文化、你的國家、民族、團隊，或者就是你的作品，來汲取人氣，跟它爭地盤，才是濟事的好答案。這答案也有很多人會說，但要做，思維落伍又欠缺技術的人是做不來的。那誰能做得來呢？就是我們（編按：指 ACGN 迷群）。所以現在如果有人真的能做而且要做，我們可以幫他找人、找錢、立一個大義名分的；在這樣的團隊出現之前，我們就是吹風、鼓勵、催生，並且用評論來監督，遏止假藉這個名義來騙錢的不肖者。

三、同人創作與宗教信仰的互相比喻

明白了宗教與 ACGN 在爭取人們時間與認同的相通之處，接著整理近來網友將宗教與同人相提並論的文章。

當前中國大陸的名作家——馬伯庸，早年在網上寫同人小說，漸漸發跡，成名後轉攻原創的中國歷史小說——其實也就是改作「中國史」這個屬於公共財的三千年巨坑的同人。他也有一些中、短篇的史論與散文，用現今的網路語言重述歷史故事，其中一篇

〈老子化胡——史上最大同人戰爭〉，開頭如下：

> 道教和佛教作為中國歷史上兩個最優質的 IP，兩家粉絲在大部分時候都是和諧相處的。全真祖師王重陽教導我們說：
> 儒門釋戶道相通，三教從來一祖風。
> 紅蓮白藕青荷葉，三教原來是一家。
> 可是兩者的粉絲群太龐大了，圈子一大，什麼鳥都有。在創作同人作品的時候，不免會產生一些衝突。其中有些衝突曠日持久，吸引了無數大手[4]大觸[5]參與，成為一場橫跨道、釋兩大圈子的千年同人戰，令人歎為觀止。（馬伯庸，2015.12.22）

開宗明義，把道教和佛教說成「IP」，就像現在把動漫角色的愛好群體戲稱為「阿克婭教」[6]、「蕾姆教」[7]。文學史上，拿當代的詞彙和古代的事物互相比喻，是很常見的事；約 10 年前，我在 PTT 歷史板上就有過一則推文：「《論語》的同人誌很多，不要和原著搞混」，提醒一位板友不要把《莊子》裡的孔門言談當真。[8]

4　日文的「大搖大擺」，亦用來稱呼同人展售會上，知名、暢銷、威風的社團，也可以引伸到各個圈子裡的名人、能人。

5　從中國大陸 2 次元圈子裡流行開來的名詞，也是「大能」的意思。其來源，一說是使用電繪板、觸感筆的高手畫師，被戲稱為「觸手」，再升一級就是「大觸」。當然，大家望文生義，想到的應該都是各種變態漫畫和成人遊戲裡的觸手，我認為也對，因為當初開始這麼叫的人，一定就是故意的。

6　2016 年春季動畫《為美好的世界獻上祝福！》角色，確實擁有一個教派的女神，然而是個笨蛋，倒楣地被男主角拖到異世界，因而幸運地在現實世界的觀眾裡收穫了一批信徒。

7　2016 年春－夏季動畫《Re：從零開始的異世界生活》角色，能打，但心靈無依，而在男主角身上尋得了寄託的女僕，受到作者與製作團隊大力刻劃，命中了諸多男性觀眾的保護欲，進而成為了半年來許多同人展會的熱門 cosplay 角色與本子王之一。

8　該文應該還存在 PTT 的 historia 或 dummyhistory 板，但已記不得、找不

當時這條推文可能讓人感到新鮮，引來了不少「XD」讚許。然而其中的關鍵是：我們是真讀過書，覺得的確可以這樣比，不會不倫不類。

如果嚴格檢驗，道教、佛教和「智慧財產」畢竟有些不同，但這種比方最重要的功能與意義在於，它聯通了舊學和新知，把古代文史和網路 2 次元娛樂兩個感覺隔很遠的圈子帶到了一起，等量齊觀。這一方面可以幫助現在的讀者比較輕鬆地理解與接受，另一方面，它也可以幫助自己建立一種簡潔的史觀，重新審視史實與史料，而不致陷入各種傳統說法的迷障。這非常重要。

馬伯庸這篇文章後面便以這樣的語言，整理了《老子化胡經》這部把老子說成佛教祖宗的「同人本」，如何引發綿延近千年的筆戰，好幾次鬧到皇帝都要出面調停，最終以道教在辯論中的大敗作收。其實，這個爭端實在很幼稚——它本身的確很幼稚——但當它牽涉到地盤問題和話語權之爭，關係到無數道士和尚生計的時候，就是皇帝也不能不慎重處理的問題。這個故事和道理，以前也有不少論文和專書講過，但都不能像我們這一群喜歡動漫的人，能以輕鬆的筆調，三言兩語就引導讀者將「同人創作」的概念套到宗教史上，撇開敬畏來透過現象、掌握本質。

香港的鄭立，《民國無雙》與《光輝歲月》遊戲製作人，PTT名人 chenglap，最近也在 PTT 上回了一帖，後整理成〈多神教與一神教〉一文，帶入商業邏輯，旁徵博引來開示鄉民，如何等量齊觀。現徵得同意，引述全文如下：

問：泛亞伯拉罕一神信仰歷史發展上有何優越處？

如果你有玩過《超級機械人大戰》，就知道《超級機械人大戰》，除了《OG》系列之外，主要都只有日本版。

到是哪一篇了，檢索亦未得，祈諒。

這是因為《超級機械人大戰》，是涉及很多不同作品的授權，而這些授權又曾經賣過去國際。這些國際授權非常複雜，之間難以合作。日本人之間可以談好，但是去到外國往往不能，甚至被魔改過，例如《超時空要塞》在美國被人和《南十字星》弄成了《Robotech》，《百獸王》與《機甲艦隊》變成了同一個作品，亂象頻生。

　　那是因為這些作品，原本就分屬不同的公司，只是成為了集體回憶之後，單一個已經不能賣，集合起來才能夠賣。而《超級機械人大戰》，事實上就是一種多神教。

　　其實人類自古以來的行為，都沒甚麼分別，在遠古時代，人類還是會創作一些超級巨大人形英雄出來，給予他故事，加以宣傳，然後販賣他的人偶。這些我們稱之為神仙、神、泰坦之類。例如奧丁、雷神泰爾，也會有女角，例如雅典娜、女媧。

　　後來不同地方交流，開始想到 cross-over 的事情，不同地方創作的神就會產生很多同人，例如講兜甲兒是阿姆羅的同學，雅典娜從宙斯的頭爆出來。後來得到廣泛觀眾的認同之後，他們慢慢形成一種含糊但有時矛盾的複雜關係，這些創作加起來，有人把他們集合成史詩作品，就形成了多神教，《超級機械人大戰》就是這種多神教，《魔戒之王》也是，二郎神跟孫悟空和如來佛祖混在一起都是。

　　但是多神教有一個問題，就像《超時空要塞》變成了《Robotech》，流傳之間因為種種為了推廣的方便，不是誤讀，就是自己推翻世界觀，就算今天有網絡的世界，高達和鋼彈，薩克與渣古，《寵物小精靈》與《神奇寶貝》與《精靈寶可夢》都是分開，《最終幻想》變成《太空戰士》。在沒有網絡的世界，他們的變化更烈，宙斯其實就是 Jupiter，有些神仙去到別處在不斷被二次創作下，已經變成完全不同的角色，甚至去到已經無法知道他們是否同一個角色，例如齊天大聖孫悟空和猴

神哈奴曼，故事也有出入。

　　所以便開始有統一世界觀的做法，《超級機械人大戰》不斷的重寫，踢走矛盾的部份，就是為了讓兜甲兒與孫悟空能夠合理地一起在地球聯邦治下上學。阿姆羅也成為了加拿大人，兜甲兒的日本從 20 世紀變成了未來。所以多神教往往開始有一神教的傾向，就是覺得需要統合世界觀，減少粉絲衝突。

　　但就像《超級機械人大戰》難以處理海外版權問題一樣，有時《恐龍戰隊》變成了《Power Ranger》之後就是已經有了自己的生命。所以沒辦法統合成同一個版本，反而自己派生出另一個大分支。有了《Power Ranger》之後其他日本戰隊也只能跟著這個方式同化，多神教的傳教就跟日系特攝一樣，往往最後變成了在地化，他的本家並沒有壯大很多，而是越來越豐富了世界觀，因為別人不容許你的《恐龍戰隊》來美國時，宣稱恐龍戰隊是本家，否定了 Power Ranger。

　　吸收了這樣的教訓，就會一開始就統合世界觀，並努力維持，並不准有異端的想法，這就開始了一神教化，所以《超級機械人大戰》要出《OG》，國漫畫會推出《DC Universe》，《Avenger》，這些都是把為了單一品牌推廣以及不要再異化而產生的。所以會有些學者主張，一神教是多神教的演化結果，不過這個說法也有點社會達爾文。因為現實來說多神教還是沒有滅亡。就像即使開始品牌統合，同時也會有像神主的《東方》，或者 opensource 這樣的東西。

　　所以不如說，當有政治和經濟需要，將政治當成工具，有組織想要擴張的時候，一神教就是這麼好的工具。一神教適合組織宗教，擴張。就像 M$ vs. Linux，iOS vs. Android，但同時，多神教也會做某程度的統合，八百萬尊神上還是有天皇現人神，Android 的規格也是慢慢統一，《超級機械人大戰》還是出現了 alpha 線，道理一樣。統一方便管理賣錢，資源調整，

但只要沒有這誘因時，人類的創意又使人類有分開發展的天性。就像一神教的教會衰弱時，一神教又會出現不同的支派和解釋，統一也只是暫時而不是永恆的。

去到一千年後，可能就會有人問，為何以 MS-DOS 為藍本發展出來的 Windows 形式派生的系統（可能已有多個不同支派，有不同的解釋方式）能夠生存這麼久，道理也一樣。特別是，可能未來第三次世界大戰，我們各個地方被打斷聯系，又拿 Windows 重新各自再發展一次，最後就會弄出各個不相容但同宗的電腦系統。甚至世界各國都有不同版本藍色機器貓傳說，總之，人類的本質，這麼多年來，都沒甚麼變化（鄭立，2016.06.09）。**9**

上面這篇文章雖是漫談，但沒有亂講。而且鄭立除了玩過、看過一大堆遊戲與動畫，還取得香港中文大學比較史學的碩士學位，這種史觀是他的看家本領。我讀過歷史系，也贊同他的見解。無獨有偶，文中提到的《東方 Project》系列作，神主 ZUN 也使用了遊戲的形式和語言，闡述了他所理解的神道與信仰，例如《東方風神錄》（2007）中，在外界被遺忘而瀕臨消亡的守矢雙神、八坂神奈子與洩矢諏訪子遷入幻想鄉，照例要和主角組戰上一兩場來奠定地位，並在對話中向主角與玩家傳教：

魔理沙到最後也「不瞭解信仰的意義」於是去詢問神奈子。
　　——於是神奈子是這樣回答她的：
那就好比是你對魔法的熱忱一般的感覺（〈《東方風神錄》Ending No.5，魔理沙線結局對話〉，n.d.）。

9　整理板見鄭立（2016.06.11）。

洩矢諏訪子：真是的！是巫女的話就聽好了！

　　　　　　「祭典」別名是「歌舞奉神」，

　　　　　　也就是神和人類一起玩！

博麗靈夢：難道說，之前跟早苗和神奈子

　　　　　她們的戰鬥也是……

洩矢諏訪子：正確，那正是歌舞奉神，也就是祭典，

　　　　　　這回輪到我主辦的彈幕祭典啦！

　　　　　　（〈《東方風神錄》EX 關卡，

　　　　　　靈夢線 Boss 戰前對話〉，n.d.）

　　諏訪子說：「祭典就是和神一起玩」，這種「去神聖化」的理論，卻為傳統信仰指出一條新生的路。自古廟會就和娛樂活動緊密結合，近年臺灣民俗信仰最為人所知的形象，也是歡樂又新潮的「電音三太子」；《東方》系列作的玩家在反覆挑戰彈幕之中，熟悉了這些角色的「神德」，產生認同，乃至發心考究其原型、原典。《東方風神錄》在系列作中甚具好評，有極多同人創作，也有很多人實地走訪了其原型的長野縣信濃諏訪大社，切切實實地為這傳統信仰續了命，《東方風神錄》也因而得以享有更紮實的認受基礎，而能為廣大創作者與業者提供許多啟發（宮酒姬，2015）。[10] 此外，須強調的是：這種文章也是到近十幾年才有可能出現。

10　參見宮酒姬：〈生生不息的蛙蛇，重建信仰的奇蹟——守矢雙神與現人神雜考〉，《東方文化學刊》第一期，臺北：恆萃工坊，2015 年 6 月，頁 39-75。

圖2 《東方風神錄》正篇大 Boss 八坂神奈子最高難度終符「風神之神德」，為一風格鮮明、緊張刺激的著名難關，在東方眾間享有盛名，中文圈對之亦有「麻將山」的別稱。

四、一代人一代歌，少年閱歷，成年風格

上一輩的學者，沒碰過當代同人創作的詞彙，通常只會用傳統的說法「衍生作品」、「偽書」之類；這一輩在少年時期，如果還沒修過課、讀過專書，學識不夠，也不會有這樣講的靈感和把握。我們是在上大學前玩這些遊戲、看這些動漫；也接觸過不同版本與譯名的 ACGN 作品，等到接觸歷史學之後，自然會想到用史學方法來梳理曾看過的歧異與流變，就可能寫出看似輕描淡寫，卻能結合史學及考證的漫談文章。但如果是先接觸學術，再來補強 ACGN 知識的同學或前輩，即便如何努力，也不太可能像自小在 ACGN 領域長大的孩子，能靈活運用比方。

中文學界著作等身的龔鵬程先生，在《俠的精神文化史論》一書的自序〈我的少年行〉中說，他小學時沉迷武俠小說，初中又開始練武，著迷於比對小說和現實的異同；高中時李小龍電影大為風行，他研究得更起勁，還訂閱了香港的《當代武壇》雜誌，從而打下他上大學以後做學問的基礎：

> 當時我所收集的專業圖書與雜誌，全是武術類的。我搜羅資料、尋訪圖書、比勘研讀、親身練習體驗，而漸能融會貫通的

治學工夫，全由這上面來，影響了我一輩子讀書做學問的方法。後來在學界，看到新學說、遭逢學術論辯時，腦子裡也不自主地就會浮現武打的類擬情境。我手上已經沒有刀了，但刀法融入了我的行事、言談及運思之中（龔鵬程，2004）。

那是 1960 至 70 年代武俠小說的鼎盛時期。當年武俠小說也蒙受不少污名，就像同時、後來以及現在的動漫與電子遊戲；後來看這些小說的孩子長大了，變成有真功夫的學者，用真學問來研究武俠文化，肯認武俠小說中的真東西，武俠小說也就得到了正典的地位。即便現在這個文類有所衰微，但其精髓多少也會在其他作品，以及各行各業的讀者心中傳下來。到我們這一輩，以及再年輕一些的同學，遭逢學術論辯時，腦子裡會浮現的畫面，就有不少會是遊戲、動畫裡的場景了吧。

龔先生對此也有預感：2000 年，他在「金庸小說國際研討會」上發表了一篇講稿〈E 世代的金庸：金庸小說在網路和電子遊戲上的表現〉（龔鵬程，2002），從看到他女兒（比我高一屆）玩《笑傲江湖》，打電話和同學討論攻略的情景，想到學界同仁對此新潮完全沒有研究，因而建議大家去瞭解，也向整個學界因循故習的風氣提出警訊。然而他畢竟已經不是能夠玩電子遊戲玩得那麼起勁的小孩子，該文的介紹僅止於整理一些資料，遠不如龔先生其他論著能提出深刻的觀察；而玩過、會玩的人，很容易就可以超越它。

後來幾年，又出現不少武俠文學研究，但也沒聽說學界哪位教授碰觸動漫與遊戲這一塊，且作出成果——如果有，我們一定會傳閱、會討論。不過，這也無妨，因為再過幾年，就是我們這輩人開始當上教授，且會努力運用資源，幫助在實戰中打拼的創作者與業者。今後的學界與文壇，也必然會有愈來愈多人帶入 ACGN 的思維與詞彙；當然，這會引發門戶之見、地盤之爭，讓傳統派感到「有

過動
ACG 產業文化與可能性

奇怪的東西混進來了」，[11] 但對新銳的作者與大眾而言，就是要多混一些奇怪的東西進來才有意思。問題只在，我們引進的這些今典、新典，能有多少是國產的 IP，或至少是讓本地同人魔改過的版本，在利用、詮釋與再創作上能否以我為主、操之在我。如果能，就能義利兩全地將新學風與產官學合作關係建立起來；現況是不太能，所以我們這一輩的任務，也就是努力「讓它能」。

可以怎麼做？大概也就是繼續更多、更精地把舊學和新知摻在一起，做撒尿牛丸。

五、資訊科學與方術、魔法

這裡必須講述一些個人經驗，以幫助大家評估現在的世道與市況與先前有何異同。

我 3 歲開始玩電腦，學過一點 BASIC 語言，8 歲看《軟體世界》雜誌學會用 PC-TOOLS 修改遊戲，又開始上撥接 BBS，看到站友文章《電腦玩家》雜誌漫畫拿 255、65535 之類的數字當搞笑梗來用的時候，都笑得特別開心。我也愛看各種和電腦有關的故事，包括《電腦叛客》（1994）、《資訊遊俠列傳》（1995）及沒多少人看過、看懂的《微軟陰謀》（1995）；各種工程師笑話，如 1997年紅遍資訊界與臺灣的《呆伯特》系列；老哥讀電機系的時候，買過 3 本比呆伯特更技客（Geek）的美國漫畫《User Friendly》，[12]

---

11 典故參見萌娘百科：「原先是《千與千尋》中湯婆婆的一句台詞『有奇怪的東西趁著下雨混進來了啊』，後被發揚光大。直意為『畫面中出現一些不相關的東西』，經常被用於吐槽一些出現了不正經無節操的事件、畫面等，表達吐槽者的詫異，吃驚」（〈有奇怪的東西混進去了〉，n.d.）。

12 作者 J.D. "Illiad" Frazer，重度科幻迷與科技宅，自 1997 年 11 月開始連載至今，實體書由專精電腦書的 O'REILLY 出版社發行。請見 http://www.userfriendly.org/。

我也都能看懂裡面對各種作業系統和程式語言的調侃，還上網追它的連載。後來讀了文組，沒有繼續學寫程式，但就像龔鵬程先生之於武俠文學，對資訊科學也一直抱有親切感，因為我就是跟這些東西一起長大的。

到現在我也能跟資訊界的朋友聊上幾句，更關注過不少用上了IT 思維的小說，當然，科幻經典如《基地》系列、《星際大戰》與《星艦迷航記》系列，以及國人的創作，也都有在看。有著我這種口味的消費者，為數想必不少，畢竟這幾十年來，從歐美到東亞，奇幻文學在《龍與地下城》、《劍與魔法的世界》這些主流之外，出現愈來愈多「科學與魔法並存的世界」，便反映了大眾對這種想像的喜好。

科學與魔法並存的世界，可能是什麼樣？這種想像很具吸引力，因為科學是嚴謹、客觀、有憑有據、我們能掌握的，而魔法是幻想的、難以確定的。科學最大的魅力，在它有方法，能將未知變為已知、把不可知的整到可知。人類有求知欲，又有追求整齊秩序、完備系統的美感，在這樣的世界中，便能有雙重的享受：一是想像、設計出一套可以邏輯自洽的魔法體系，二是用科學方法在故事中解開魔法的謎團，甚至讓兩者相互啟發，生出更厲害的東西。

近年中國大陸的網路玄幻小說，便湧現了許多這樣的作品，主角多是帶有現代科學知識的穿越者，轉生到異世界，便一步步把中世紀水平的魔法研究，提升到超神境界，進而開宗立派、改天換地。雖然書中的魔法都是隨作者怎麼想就怎麼有的，所謂科學也是隨他怎麼扯，但還是可以看得很爽。而如果作者想要為作品中的「理論」增加一些可信度，那就多引入一些不是隨他說了算的設定或學理。下舉 4 部作品為例：

（一）《靈吸怪備忘錄》（2010）

這是一部遵循 DND 規則的小說，其嚴謹、細緻與創意，在中文作品裡皆可算是數一數二的難得精品。在其第二卷《魔網殺機》中，主角的一個「朋友」年輕時發明了「艾克林恩種馬小說術」，對 DND 世界魔法來源的魔網幹了一把黑客行為，被通緝而逃亡地底，其對主角有如下說明：

> 「這個法術，它的作用不是人，」他說，「我說過，它和卡蘇斯成神術原理相同，因為它的目標是針對魔網本身。」
>
> 這倒是個新鮮的說法。
>
> 「我說過了，卡蘇斯猜想神明是和魔法之神締結了網路通訊協定的魔網超級 VIP 用戶。他認為祂們通過魔網傳輸和運作神力，把力量賜給那些神奴，同時還支付一小部分神力給魔網的管理者作為魔網使用費。但是我的想法和他有點兒不一樣，我認為神明支付給魔法之神的魔網使用費不是神力，而是神奴們回饋向他們神明信仰之力的幾萬分之一。是的，我認為無論是信仰之力還是神力，都是通過魔網傳輸的。阿塔斯世界沒有神，是因為魔網崩潰，信仰之力到達不了神處，神也就從那個世界上消失了。所以我編寫了這個法術。」
>
> 他挺起胸膛，努力放低沉聲線，儘量擺出一臉莊嚴：「這是鄙人，『起點巫師』艾克林恩畢生的傑作，吾將之命名為『艾克林恩種馬小說術』。」
>
> 「我給你一秒鐘，」我說，「講明白你的這個什麼種馬小說術到底有什麼用。否則我這就送你去見『眉目含春』的舒拉女士。」
>
> 艾克林恩的臉立即變得慘白。

「呃，簡而言之，付費網路小說。」

「什麼？」

「說白了就是，呃，我在用魔網發種馬小說。這個法術的核心，呃，其實相當於虛擬了一個類神明的許可權，只不過它所影響到的不是神奴，而是其他的魔網使用者，呃，就是奧術使用者。」

「付費網路小說？」這真的讓我驚奇了，「也就是說，閱讀了你的種馬小說的奧術使用者，會向你付費？那費用又是什麼，信仰嗎？」

「不，我用神奴對神明賜予神力的信仰回饋來舉例，是為了說明這個核心的運作模式。我的小說就如同神力的運輸模式一樣，而我的小說受眾既然是奧術使用者……」

突然之間，我感到一陣眩暈，四條觸鬚一時都有點兒不知道該往哪兒放了：「……他們支付給你魔力？」

艾克林恩聳了聳肩。

這段精彩的闡述，既有致敬，也有惡搞。首先，DND 世界的「魔網」設定，本就是一群重度宅在 TRPG 規則的基礎上逐漸腦補出來的，它多少會和當代的計算機科學有相通的地方，《靈吸怪備忘錄》乾脆再進一步，把它和互聯網弄成一回事。再來，這位應該是穿越者的艾克林恩，其經歷與作為，也都是比照著起點中文網上的許多爽書，只有一點不同，就是這本書的主角不是他。之後的劇情不多介紹，在此要強調的是：「掌握規則，然後作弊」，這是通用於任何小說的套路，因為我們人類就是一直在幹這種事。至於之後你要讓他有好結果還是作死的下場，就看你想要怎麼爽了。

（二）《量子江湖》（2010）

武俠小說加物理學。本作滙集許多金庸小說奉為在武學上有如物理學家一般貢獻的傳奇人物，如黃裳首先解釋了內力的來源，張三豐提出 3 個公式量化了所有武功招式，猶如牛頓整出的經典力學體系，主宰了之後數百年的武林，也讓武功的傳承由傳統的門派制變成像現代大學一般的學院制，直到主角誤打誤撞，開闢出了「量子武學」。之後，武林中還出現了「弦武學」、「超弦武學」，「暗武學」等等遠超過經典武學體系的功法，展開各種懸疑故事。時代設定，則是並未受到外族與西洋工業文明衝擊的中國。此書 2010年開始在天涯論壇發表，得到巨大迴響後在《今古傳奇》連載並集結出書。作者自謂是 2007 年畢業於哥倫比亞大學的金融工程碩士，目睹了金融風暴前後那些衍生性金融商品和金融工程師是如何翻雲覆雨搞爛世界，而發想出本作的雛形。

（三）《奧術神座》（2013-2014）

連載於起點中文網，在概念上或可說是《量子江湖》的西式奇幻版本。此書將近代大學體制和物理學史套到了魔法師的社會，法師的修為和他的學問息息相關，升級的方式是寫論文，而主角從前世帶來更進步、完整的數學與物理學，發表了一篇篇刷新人們世界觀的論文，多次讓無法接受新知識體系的前輩道心崩潰、頭腦爆炸（所以這書有過一個花名叫「爆頭神座」），也攢得了大筆有錢也買不到的，可在奧法社會中兌換資源的貢獻點，最後自然是成為一代宗師。

（四）《走進修仙》（2015-）

《奧術神座》的跟風作，改為《仙俠世界》，其中各「今法」修仙門派已經走上了現代物理的大道，達到 20 世紀初的水平，而

靈魂穿越的主角帶來的是 21 世紀的知識與雜學，在修煉與戰鬥的過程中，用仙法實現了許多動漫招式和網路科技。此書的亮點，是為歷史上許多不同時代的科學家、數學家編了一個有著中式名號的「同位體」，例如「機佬」圖靈作為長生不老的仙人，按照他們的學說來設計各種功法，在這世界裡同台演出，彌補某人英年早逝，或某兩人始終沒有對話過的遺憾。雖然有一些讀過理科的人，批判文組的作者對科學與數學的描述錯誤連連，但「讓不同時代科學家同台演出」的設定，頗有賣點，有可能吸引國外消費者。就像 2016 年 3 月發表的格鬥遊戲《Science Kombat》（科學快打／科學家大亂鬥）（見 http://super.abril.com.br/jogo-science-kombat），便吸引多國媒體報導，成為一時話題。不過，連載到最近，因為作者的文筆並不特別高明，此書的概念也已不算新鮮，故關注者未如前幾本多而持久。

　　除了上述幾本，還有很多作品用量子力學或網路科技的概念設計劇情，其中最成功的，應該就是《攻殼機動隊》（1989-）系列和 1999-2003 年《駭客任務》（Matrix）三部曲了。這幾部名作已有很多專家研究過，而到最近的臺灣，韋宗成漫畫《冥戰錄》（2010-）連載至今也透露出一個把全臺灣靈脈串聯成網路，藉此強化各路神明靈力的工程計畫，當然，靈力不會憑空產生，這肯定不是好事情；金光布袋戲的第八檔《墨世佛劫》（2015）結尾，主角群與要洗腦九界的大智慧決戰時，也用上了黑客手法，鑄造靈器讓幾位智者的意識侵入大智慧的意識境，去消耗大智慧 108 名高僧集合體的思能（胡又天主編，2016）。[13] 姑且不深究這些作品誰先誰後、誰抄誰，畢竟大家都是受到互聯網科技的啟發與實惠，才編得出這種劇情。而黑客行為的本質，其實也就是「掌握規則，然後

---

13 相關評論可參見本人編的《金光布袋戲研究》第一期（臺北：恆萃工坊，2016 年 8 月）。

作弊」；如果是寫不帶異能與科技的歷史小說，那麼可以玩的大概就是法律與行政程序的 bug 了——這也是作業系統。

觀察這些小說的成功，也觀察自己讀到此類橋段時的爽感，就可以看出一種「很廉價的爽法」：人喜歡看到自己熟悉的概念、方法、科技，在陌生地帶占得先機取得成功，碾壓落後的競爭對手。在現實世界，哪裡還有這麼好的事？即便有，也很快就會被人做掉了，除非你的知識是真正走在時代前沿的，但這就不是隨便哪個人都能寫的了。而在小說世界，可以任意創造出無窮無盡的處女地和處女給我們爽。可以預料，今後再有什麼風靡世界的新知，也很快會在爽書的市場裡得到表現。但當簡單的爽書已不能滿足你的時候，想要繼續這個爽法，而且想要更爽，那只有一個辦法，就是玩真的：挑戰用科學方法來研究、解釋、革新現實世界的方術，例如中醫、氣功。這種研究過去經常被揭穿為偽科學，以下就來看看有沒有人是真科學，並且做出實際成果的。

我的另一個身分是臺灣大學特異功能研究社創社社員，社團於2005 年創立，指導教授是以特異功能研究聞名的李嗣涔教授，他在不久後接任臺大校長，為免爭議，宣稱任內不（公開）進行相關研究，指導教授之位也轉交給了別人。後來他任滿退休，可以放心做了；這學期（2016 年 9 月）開始，還回來臺大開授「人體潛能專題」，本文刊出之時應該已有一些迴響了。

李校長等人的研究始於 1980 年代後期，氣功與特異功能蔚為熱潮的時候。重播 N 次的《賭聖》、《賭俠》之類港片可以看到很多特異功能梗，真實世界的特異功能自然沒有電影裡演的那麼神，但是解釋這些現代科學不能充分解釋的現象，就是最合乎科學精神的一大挑戰。2000 年，他基於對「手指識字」機制的研究，發表《難以置信——科學家探尋神祕信息場》一書（李嗣涔、鄭美玲，2000），2004 年又有續集《難以置信 II 尋訪諸神的網站》（李嗣涔、鄭美玲，2004），從書名就可以看出，他使用了網路的概念

來描述靈界，稱為「宇宙信息場」。時至最近，他終於提出了一個可以刷新宇宙觀的理論架構：

> 我在 2014 年提出「複數時空」的統一架構來解釋暗質、暗能、特異功能、信息場、量子糾纏這些宇宙大、中、小尺度所發現的謎團，我認為真實的宇宙是八度的複數時空，除了我們所熟知的四度實數時空（三度空間、一度時間）也就是「陽間」以外，還有一個四度的虛數時空也就是「陰間」，是意識的世界，任何一個實數的物體變成物質波也就是進入量子的狀態，可以被複數的波函數描述時，它就可以進入虛數時空，物體意識也被喚醒達到心物合一狀態。兩個時空是由無數的大大小小的漩渦通道所聯通，兩個相鄰的正反通道（一個由實到虛、另一個由虛到實）會形成立體的太極結構，其魚眼部位就是通道，而最小的通道就是基本粒子的自旋（李嗣涔，2015）。

動漫圈的朋友，看到「虛數時空」一詞，是否會心一笑，懷疑李校長看過日本的輕小說或動畫《魔法禁書目錄》？[14]《魔禁》也有「虛數學區」之類的劇情，當然，作者可能只是從科學常識和一大堆雜七雜八的作品中想像出來的，沒多費心思給予認真的解釋。而李校長，或許還有其他小說家、科學家，就在這十幾年的時間裡，不約而同地提出這個概念。曾聽過人感嘆，現代物理從量子力學走到弦論以後，就變得有點像玄學了；而今看到相反的現象——過去屬於玄學的靈異，在我們這兩三代人筆下，開始科學化了。

李校長的理論具有不少爭議，短時間內應該也很難得到學界主

---

14 鎌池和馬著，日文版於 2004 年 4 月出版第一冊，至今已有 30 餘卷，動畫共兩季 48 集，於 2008-2011 年間播送完畢。劇場版動畫《劇場版魔法禁書目錄：安迪米昂的奇蹟》於日本時間 2013 年 2 月 23 日上映。

過動
ACG 產業文化與可能性

流承認。然而，如果不是做科學研究，而是寫小說、寫遊戲，就不用顧慮這點，而可以站在他的理論基礎上大開腦洞了。我在2009年寫過一篇只開了頭的唬爛文〈臺灣大學靈界網路〉（胡又天，2009.10.25），說因為李校長等人的研究，臺大起了異變：所有臺大人每一入夢，就會被登入「靈界網路」，進到比照現界臺大建立的靈界臺大，在裡面可以如醒時一樣地學習、交流，然而因為大家在夢中可以憑藉想像來具現事物，更可以將所學化為招式來戰鬥，因而生出了許多兇險，甚至死亡。網友的反應還不錯，可惜我沒空繼續寫下去。

如果你想要可以確證，而且能夠付諸實用的也有，就是中醫的科學研究。臺大物理系王唯工教授，於2009-11年出版了《氣的樂章：氣與經絡的科學解釋，中醫與人體的和諧之舞》、《水的漫舞：水腫與老化的關係，健康飲食的全新觀點》、《氣血的旋律：血液為生命之泉源，心臟為血液之幫浦 揭開氣血共振的奧祕》、《氣的大合唱：人體、科學、古今中醫藥，齊唱未病先治之歌》等書（王唯工，2009，2010a，2010b，2011），邏輯縝密且有病例、數據佐證，又深入淺出，只要有中學理化的程度即可看懂大部分，如果讀過一些中醫理論，更可以看他怎麼用現代科學的簡潔語言重述古人尚未弄通、古文講不清楚的概念，過癮至極。中醫文是當代玄幻小說的另一大宗，跟風水題材不相上下，皆因為這兩門是真的有用，但又帶有許多神秘色彩，因而讓江湖術士與小說家有了極大的發揮空間。

然而在「科學化」的方面，卻是實務走在了小說創作的前面，如王唯工教授發明「脈診儀」，整理出了經絡的數學規律；近年中醫界與科學界還有更多儀器、療法和理論的新發明，有待創作者前來取材。此一領域攸關性命，又有根基牢固的產業與傳統打底，必有暢銷潛力，就像這屆奧運游泳賽，讓世人看到了運動員近年開始流行拔罐。拔罐的原理算是比較簡單的，但已對當代的主流醫學有

了一些威脅，在報導中也看到一些醫界大老對這種「異端療法」潑冷水。我覺得，如果秉持真正的科學精神，應該虛心加以研究；但如果套用本文前面提到的「搶地盤」觀念，這酸度就很好理解了。而在中醫文中，關乎民族主義與產業霸權的中醫、西醫之戰，一直是廣大讀者的興奮地帶。今後，大家也會期望更具真材實料的硬派中醫理論、療法與小說，我輩正可共襄盛舉。

六、科學方法與奇幻文學的矛盾

前述說明用科學方法來搞奇幻文學，能有什麼樣的趣味。然則物極必反，它能搞出趣味，也就能搞到沒趣。下舉兩例來說明日本作者對這個問題的看法，及其處理的分寸。

首先，主攻怪談文學與推理小說的京極夏彥，讓劇中角色使用了一種去神秘化的思維，來解釋日本陰陽術裡的「式神」：

> 所謂式神不過是將式擬人化的稱法。式就是喪葬儀式、畢業式之類的那個式……不，跟算式的式也相同。
> 亦即，法式並非使用什麼超自然力量的行為，也不違反自然的運行或法則。差別只在於是否有人為意志的介入，其結果永遠是合乎常理的。但若不知式的作用原理，光看答案無法理解內部結構，自然就會覺得結果很不可思議，這與野人把收音機當成魔法的道理是一樣的。
> ——《姑獲鳥之夏》，中禪寺秋彥的台詞（林哲逸譯，2008）

京極夏彥強調了「知其所以然」的重要，我們很容易接受這個論點。但是，你整出的原理，你認為的「所以然」，真的就是正確的嗎？對於爽書來說，隨作者說了算，讀者看多了以後，大概也就會覺得「又是一個自 high 的傢伙」。

過動
ACG 產業文化與可能性

如果作者想要認真一點，那便只剩兩條路：一是像李校長、王教授那樣，真的去做基礎研究，挑戰真實世界，求能徹底解釋那些現象的原理，並且接受嚴格的檢驗與質疑。這太硬了。第二條，就是回到人文的路數，把關鍵與謎底放在「人為什麼會這麼想、這麼做」這些主觀因素上面，而淡化「物理上的所以然」這些客觀因素的重要程度。不然，真要計較物理，所有超級英雄和超能力作品都沒得玩了，雖然像《空想科學讀本》這種故意較真的考究，也別有一種吐槽的趣味。

　　京極堂也是遵循著這個路數，推演怪談，來返照現實社會的罅隙，以及人性幽晦暗昧處的恐懼與溫情。其實，換誰來寫，大概也都離不開這個路數，因為靈異文學如果要被認為是文學，就需要使人能在其中看見人文，而能有所反思。否則，就真的只是鬼扯。

　　對於主旨在「爽」的作者，這大概不是需要考慮的。爽書裡的異能、魔法、怪物，並不需要有什麼深遠的人文脈絡，只需要狂霸酷跩炫，或者夠變態、齷齪、欠揍，再讓你揍扁，或拿去扁別人；主角也只需要在一個又一個的異界裡搞工業革命、科學革命，碰到問題用超級兵器一路碾過去就好。但我們寫東西總不能只無腦的爽，你多少會想要高級一點的愉悅，或者能登上大雅之堂的內涵。這時就要考慮要根據什麼來設計神秘、如何解密、解到何處為止。

　　對此，《東方Project》的作者ZUN，在借鑑前人創作的基礎上，也開闢了幾條值得參考的分枝路數。例如，他用了「電腦程式」的概念來解釋「式神」，但其口吻就與京極夏彥有了很大的不同：

> 通常我們所說的式神，是「藉由創造模式，將心靈轉變成道具」。亦即讓幻想誕生出實體。
>
> ──《東方香霖堂》第16話〈不工作的式神〉，
> 森近霖之助的台詞（霖之助譯，2015：111）

式神不是一個種族，而是覆蓋在妖怪之上類似於「軟體」的東西。這個「軟體」起作用的方式，在這裡寫作「憑依」。

——《東方求聞史紀》，阿求的記錄

（轉引自院長 each，2016：134-136）

《東方香霖堂》小說主角，半妖店長森近霖之助，對於流入幻想鄉的舊電腦，也稱之為「外界的式神」。這部小說主要的趣味，是看知識有限的幻想鄉人，如何以管窺天，用他們模模糊糊的思維來理解傳統、信仰、魔法以及外界傳來的一星半點的科技產物，然後籠籠統統地歸納到他們的常識——實體源於幻想。神主 ZUN 故意擬作這種「不科學的科學」，也有一層用意，是想讓大家能轉換視角，跳脫習慣，來品味不一樣的思維。這也可以說是「玄學科學化」的反向操作。

ZUN 著意如此設計，也有其深意在：我們用科學解釋神秘，雖然很愉快，但如果真的證明出來了呢？那麼這個神秘就不再是神秘，而會被納入常識，而以往圍繞著它所產生的傳說，也就失去了存在基礎。站在科學的立場，你是爽過了，又開掉一個苞了；站在神秘的立場，這便是毀滅。而《東方 Project》的主要舞台「幻想鄉」，恰恰是為了保育幻想產物，抵抗世人的否定而存在。[15] 這樣，全系列的基調，便與科學主義有了根本的不同，也就有了張力。另一方面，ZUN 又在他音樂 CD 系列的小冊中，構建了一個徹底被科學主義宰制的未來現世，以及身懷異能、與這個世界有些格格不入，偶能窺見、穿越到幻想鄉及其他時空的「秘封俱樂部」二人組，

---

15 例如《東方神靈廟》一面 boss 幽谷響子，是山彥——傳說中會在山間跟你作回音的大嗓門妖怪。而今我們小孩子都知道回音的物理，這種妖怪也就只能被確定為古人的迷思了，而幻想鄉要讓她能繼續活下去，就要限制幻想鄉民的知識，使之繼續相信山彥的傳說。

過動
ACG 產業文化與可能性

讓他們去體驗超越其常識的神秘。這些故事多以二人組的對話展開，偶有說書人視角的旁白，去描述這個「想像力滅絕了」的科學世紀，如：

> 人是從何時開始不再接受神秘呢。
>
> 若在黑暗中浮現火苗，放在從前，人們必會認為是死者留戀現世的魂魄，或者狐精誆騙人類時的鬼火吧。
>
> 那意味著深厚的想像力。
>
> 即使科學昌明，想像力的重要也不會有變。因為科學的大部分是由想像力而生。火苗其實是磷光，抑或是等離子體，又或者是腦的某種機制引發的錯覺，這些其實也是想像。
>
> 但是，隨著信息社會的發展，想像力滅絕了。
>
> 當人們都能平等地獲得信息時，想像的餘地便不存在了。
>
> 火苗的真面目，必定存在於所知信息的汪洋大海中。若是沒有，只要認定為是一個錯誤，然後將之抹煞就好。
>
> 人類將知根知底的神秘作為娛樂來消遣，而否定沒有答案的神秘。
>
> 這就是這個國度的神明消失的理由。
>
> 如今，全日本都是神明的墓園。
>
> ——《伊奘諾物質》（2012）曲目九，
> 〈收集日本各地的不可思議〉（ZUN [曲]，2012）

ZUN 設想的是一種極端的情形，然而他針對的並不是科學，而是資訊社會所助長的，人們對「正確答案」之期望的過分膨脹。如果能確定你是對的，那就等閒視之——可以，這很科學。如果能確定你是錯的，那就「將知根知底的神秘作為娛樂來消遣」——哈哈，看你在唬爛。最怕就是不能確定其性質和對錯的東西，這會讓

我們不能保持知識上的自傲。神明的一個來源是人對未知的敬畏，而這個科學世紀的主流意識形態摒除了未知與敬畏，「否定沒有答案的神秘」，所以神明就消亡了。

那麼，這個社會的人還會崇拜什麼呢？《燕石博物志》（2016）進一步講到，這個世界的名流熱中追逐的是高質量的準確情報（李文浩，2016：59-70），用俗語來說就是「明牌」。[16] 這其實已經可以套用到當前臺灣、香港經濟的困局：大多數的人與錢，都只想投資在短期內能有確定回報，一定能立即賺到錢的東西。哪有這麼好康的代誌？答案就是繼續炒房地產，或者炒一些別的什麼，撈一票馬上走人。

這跟創作有什麼關係呢？這裡我不跟大家一起怨天尤人，抱怨眾人不重視傳統、文化、情懷、美感及基本功，卻還說要搞「文創」；我們應該探討的是，到我們來創作、經營的時候，該怎樣引導讀者與玩者重視傳統、文化、情懷、美感、基本功等等。這之中有幾個關鍵詞，就是想像力、可能性與敬意。

《量子江湖》的設定非常新穎，但到《奧術神座》與《走進修仙》就漸顯老套，而且，撇開劇情來看這種構思，也只是把一套知識體系拿來跟這個小說世界 cross-over 一下的同人二創。我們會對各種駭客、黑客的故事情節感興趣，是因為在現實生活與工作中，時時面臨各種規則與作業系統，也要設計各種戰略、戰術來為自家戰鬥，優秀的小說往往可以給予我們啟發，而遊戲更自古就有模擬、演習的訓練功用，如果這兩者能整合真實的歷史與科學，就更容易得到功利主義者與現實主義者的推崇。[17] 然而這是「鬥智」的

16　1980 年代，臺灣「大家樂」賭風熾烈，賭徒紛紛向各路神明祈求明牌，其中不少人槓龜了就砸神像，不少正派的宮廟與修士搖頭嘆息，亦莫可奈何。

17　臥牛真人小說《修真四萬年》（2015-）在 2016 年 11 月 20 日更新的 1649 章〈新的文明，新的聯邦！〉中，即為主角的祖國「星耀聯邦」設

路數，是服務於「對確定性的欲望」，在這上面創作永遠不可能超越真實，讀者對智鬥水平的胃口會愈來愈刁，你報明牌，在你的世界裡可以隨你開，但那只是自爽；讀者看多了，就會期待能對現實世界報明牌的作品，那你就去做財經分析師或科學研究員好了，但你不可能永遠報準，在這條路上，當「確定性」與「想像力」有所衝突時，必須犧牲後者，這就可能背離了你的初心。

所以另外一條路，就是保育想像空間和神秘、敬畏的路數。求知是樂趣，但不是唯一；科學是方法，但不該是助長傲慢心態的大棒。奇幻文學與多神教本是符應人類「分開發展的天性」而生成，這和部分物理學家追求「大統一理論」這種聖杯的一神教傾向是南轅北轍的。我們必須審時度勢，在兩條路之間作適當的取捨，如果有李嗣涔的複數時空、王唯工的中醫研究這些的確走在時代前端的理論，可以拿來「一神」一下，進行一場知識碾壓；如果不具備夠硬的底子，就宜多在人文情感上作工。當然，最好是交互為用、相輔相成。

回到實務面，我們創作或傳教，都是在爭取人們的時間與認同，是在全國甚至全世界的文化戰爭裡面摻一腳。本土的人事物，對本地的顧客或有加分作用，但也有不少人更喜愛能讓自己浮想聯翩的異國情調。那麼，可以讓本土題材也開出飽具魅力的想像空間嗎？歷史傳說、民俗信仰，可以怎麼改編，作出什麼能和我們的生意渾然一體的新詮釋，例如《東方風神錄》的「祭典就是和神一起玩」？藏傳佛教有轉經輪，轉一遍就算讀經一遍，這和音樂遊戲裡每天挑戰幾首歌的日常活動是不是一樣？我們的音樂、遊戲和地方宮廟又可以如何合作（胡又天，2015.07.22）？

近年，日本動漫界與地方政府、旅遊業多有合作，推出各種「聖

想了以全民聯網的《文明》遊戲，調動上千億普通人的智慧，為各種政治問題探索解決方法，並加強公民的認同。

地巡禮」行程，直接沿用了宗教詞彙來對待動漫角色。這些動漫角色是神明嗎？你可以戲謔或認真地說他們的確是男神、女神，也可以貶稱為人造偶像或「只是個程式」。但是，有《少女與戰車》動畫在世界各國收穫了大批狂熱愛好者，確實振興了 311 東日本大地震災區大洗町的實例，便可務實地改一句《論語》：「雖曰非神，吾必謂之神矣。」[18]

我們這一輩現在的作品，如果成功，將會影響以後的小孩，以及從小孩長成大觸的奇葩；如果失敗，那麼將來的小孩與大手就是去追外國的作品，作異教的同人。思及此，便可從商戰、國戰回歸到最原始的：人類的群性，我們對「認同」的渴望。宗教信仰與 ACGN 創作之所以能夠等量齊觀，便因為它們都是由此生發。當我們能夠認識到自己和先人在這上面的情志，各是何等樣貌，各經歷過什麼；以何為美，以何為善；有哪些共通點，又有哪些歧異，就可以深切地體會到我們歷史文化和民俗信仰的情感結構與思想傾向，作出沒有別人能做得比你道地的東西。

最後，推薦香港陳雲論述鬼神的文集《香港大靈異》三冊，該書明言其主旨為神道設教、復育華夏風俗，以濟助現實政治、豐厚文藝土壤。其對科學與神秘之分際提出的見解，可謂《東方》系列所提出問題的上佳回應，謹摘錄如下，願我輩同人一體參詳，徜徉而活用之。

> 莊子說：「六合之外，聖人存而不論。」聖人涵養豐富，心量廣大，不會故意去駁斥現世以外的事情。**我們要有科學的、理性可以感知的東西，就要有不科學的、非理性的東西做參照，這樣才可以看到科學去到何種地步，科學止步於何處。**鬼神靈

18　《論語・學而》，子夏曰：「賢賢易色，事父母能竭其力，事君能致其身，與朋友交言而有信。雖曰未學，吾必謂之學矣。」

異邈巡於如夢幻泡影的理性邊界，我們讓它們幾分，它們就在邊界安頓，只是進入夢境和暗黑世界。我們排斥它們，它們就會直入帳中，登堂入室，那就是**著魔、中邪**（陳雲，2016，封底文案，粗字為筆者所加）。

參考書目

一、中文書目

王唯工（2009）。《氣的樂章：氣與經絡的科學解釋，中醫與人體的和諧之舞》。臺北：大塊文化。

王唯工（2010a）。《水的漫舞：水腫與老化的關係，健康飲食的全新觀點》。臺北：大塊文化。

王唯工（2010b）。《氣血的旋律：血液為生命之泉源，心臟為血液之幫浦揭開氣血共振的奧祕》。臺北：大塊文化。

王唯工（2011）。《氣的大合唱：人體、科學、古今中醫藥，齊唱未病先治之歌》。臺北：大塊文化。

李文浩（2016）。〈秘封少女奇幻之旅——《燕石博物志》初步考察〉，《東方文化學刊》，5：50-86。

李嗣涔（2015.04）。〈一物兩象：手指識字及念力的機制〉，「身、心、靈科學 2015 年會」講題論文。臺灣：臺北。

李嗣涔（2015）。〈一物兩象：手指識字與念力的可能生理機制〉，《佛學與科學》，16（2）：73-80。

李嗣涔、鄭美玲（2000）。《難以置信：科學家探尋神祕信息場》。臺北：張老師文化。

李嗣涔、鄭美玲（2004）。《難以置信 II 尋訪諸神的網站》。臺北：張老師文化。

林哲逸譯（2008）。《姑獲鳥之夏》。上海：上海人民。（原作京極夏彥著）

胡又天主編（2016）。《金光布袋戲研究》（第一期）。臺北：恆萃工坊。

宮酒姬（2015）：〈生生不息的蛙蛇，重建信仰的奇蹟：守矢雙神與現人神雜考〉，《東方文化學刊》，1：39-75。

院長 each（2016）。〈「御阿禮之子」式神說及藤原妹紅出身異說〉，《東方文化學刊》，5：102-169。

陳悵（2013）。《量子江湖 · 燕子塢》（上中下）。臺北：野人。

陳雲（2016）。《香港大靈異》（三集）。香港：花千樹。

霖之助譯（2015）。《東方香霖堂》。臺北：青文。（原作 ZUN 著）

龔鵬程（2002）。《龔鵬程年度學思報告：2000 年報》。宜蘭：佛光人文社會學院。

龔鵬程（2004）。《俠的精神文化史論》。臺北：風雲時代。

二、網路資料

〈有奇怪的東西混進去了〉（n.d.）。取自「萌娘百科」https://zh.moegirl.
　org/zh-tw/%E6%9C%89%E5%A5%87%E6%80%AA%E7%9A%84%E4
　%B8%9C%E8%A5%BF%E6%B7%B7%E8%BF%9B%E5%8E%BB%E4
　%BA%86

〈《東方風神錄》Ending No.5，魔理沙線結局對話〉（n.d.）。取自「THBWiki
　（東方維基）」http://thwiki.cc/%E6%B8%B8%E6%88%8F%E5%AF%B
　9%E8%AF%9D:%E4%B8%9C%E6%96%B9%E9%A3%8E%E7%A5%9
　E%E5%BD%95/%E9%9B%BE%E9%9B%A8%E9%AD%94%E7%90%8
　6%E6%B2%99

〈《東方風神錄》EX 關卡，靈夢線 Boss 戰前對話〉（n.d.）。取自「THBWiki
　（東方維基）」http://thwiki.cc/%E6%B8%B8%E6%88%8F%E5%AF%B
　9%E8%AF%9D:%E4%B8%9C%E6%96%B9%E9%A3%8E%E7%A5%9
　E%E5%BD%95/%E5%8D%9A%E4%B8%BD%E7%81%B5%E6%A2
　%A6_ExStory

小山（2016.07.25）。〈面對 Pokémon GO 大騷動，日本各地的應對法〉。
　取自「日本集合」http://japhub.com/?c=2936

中央社（2016.07.21）。〈瘋精靈寶可夢 印尼玩家無視伊斯蘭教令〉。取自
　http://www.cna.com.tw/news/ahel/201607210375-1.aspx

吾道長不孤（2015- 連載中）。《走進修仙》。取自「起點中文網」http://
　read.qidian.com/chapter/vlIeeXgmOKo1/j6OViJw-Rg8ex0RJOkJclQ2

杜胤廣（2016.08.12）。〈寶可夢敵基督的真相解密 反思你生命中的偶像 生
　命成熟度決定上癮程度〉，《基督教今日報》。取自 http://www.cdn.
　org.tw/News.aspx?key=9083

臥牛真人（2016.11.20）。〈新的文明，新的聯邦！〉，《修真四萬年》。

施旖婕（2016.07.22）。〈Pokémon 違反伊斯蘭教義 傳沙國再發禁令〉，《蘋
　果 日 報 》。 取 自 http://www.appledaily.com.tw/realtimenews/article/
　new/20160722/913177/

胡又天（2009.10.25）。〈台灣大學靈界網路〉。取自 https://www.ptt.cc/
　bbs/DummyHistory/M.1256474857.A.3C8.html。

胡又天（2015.07.22）。〈《三牲獻藝》可以為我們再建什麼神道？〉。取
　自 http://0rz.tw/ltuAD

香港蘋果日報（2016.07.26）。〈【Pokémon Go 殺到】基督徒斥「與邪靈
　玩遊戲」 網民：耶 L 更像邪教〉。取自 http://hk.apple.nextmedia.com/
　realtime/news/20160726/55412449

馬伯庸（2015.12.22）。〈老子化胡 - 史上最大同人戰爭〉。取自 http://blog.

sina.com.cn/s/blog_561ee4750102w2bl.html

愛潛水的烏賊（2013-14）。《奧術神座》。取自「起點中文網」http://read.
qidian.com/chapter/NEvr5HgrmN41/NYfFsK_p5WMex0RJOkJclQ2

劉曉亭（2016.08.12）。〈寶可夢暴露的教會危機〉。取自「傳揚論壇」
http://weproclaimhim.com/?p=4299

數位時代（2016.08.11）。〈避免引發危機，伊朗正式禁玩寶可夢〉。取自「風
傳媒」http://www.storm.mg/lifestyle/152798

鄭立（2016.06.09）。〈Re: [疑問] 泛亞伯拉罕一神信仰歷史發展上有何優
越處?〉。取自「PTT historia 板」https://www.ptt.cc/bbs/historia/
M.1465441711.A.8D9.html

鄭立（2016.06.11）。〈多神教與一神教〉。取自 http://chenglap-blog.
logdown.com/posts/736860-polytheism-and-monotheism

魔力的真髓（2010）。《靈吸怪備忘錄》。

三、視聽媒體資料

ZUN（曲）（2012）。《伊弉諾物質 ~ Neo-traditionalism of Japan.》。東京：
上海アリス幻樂。

2 次元版圖的接合與加固：論中國動漫意識的生活化及產業化——
以「有妖氣」現象為例

周文鵬

一、前言

2016 年中，大陸 2015 年度流行語「寶寶」（東方網，2015.12.15；張傑 2015.12.16），成為臺灣熱極一時的流行自稱詞。當越來越多年輕人模仿對岸使用「寶寶心裡苦，但寶寶不說」等類似句法，清楚獲得體現的，除了臺灣民眾熱衷於境外事物的接受慣性，更包括了文化與生活之間的連動關係。從本質來看，包羅萬象的「文化」，其實是一種以邏輯為內涵的存在。例如一群人以特定文字、動作組成溝通暗號，然後約定俗成地使用、流傳；久而久之，如果不明白施受關係背後盤根錯節的理路，對外人而言，不僅無法精準掌握語境，叩問不了名為「文化」的軌跡與思維，就連融入對方既有的生活意識，都不是件容易的事。

隨著媒體數位化與資訊網路化的纏繞式演進，像「寶寶」這樣因跨境使用而連通異地邏輯，甚或促成文化共有、生活交融的例子早已屢見不鮮。其中更有擴及產業影響的案例，例如各國動漫產業如何構築自身創作底蘊的問題，以及接受者如何形成閱聽族群？消費意識如何凝聚？市場環境如何產生？商業價值如何轉化？資金投入如何接引？境外合作如何接軌……等等。

而近年來，交錯著「文化創意」、「知識產權（以下簡稱IP）」、「泛娛樂」、「互聯網＋」等多組詞彙，中國市場以「2次元」為概念，捲起了動漫產業的躍進浪潮。當「中國動漫」的國

際意象不再只是《喜羊羊與灰太狼》，當《雛蜂》、《一人之下》、《從前有座靈劍山》、《女媧成長日記》等中國原創漫畫（含原創小說改編）已經作成動畫在日本播出，當騰訊集團著手營運數位漫畫平台，當「CICAF 中國國際動漫節（杭州）」、「CCG EXPO 中國國際動漫遊戲博覽會（上海）」等國家級動漫展會，12 年間穩定完成百萬人潮、千項交易、億萬金流的活動成果（任彥，2016.05.03）；可以理解的是，有一種不同於日、美動漫產業的發展經驗，正以岡田斗司夫歸類的第三世代御宅族為核心接受群，[1] 在這塊東方大陸上漸變出不同於傳統概念的宅文化板塊。

　　鑑此，本篇自「文化」、「生活」的圈層關係入手，著眼於中國動漫生態與互聯網現象的共振效應，以「有妖氣」平台及其原創漫畫作品為例，嘗試梳理箇中自愛好、社群、文化、生活乃至產業的五化歷程，並探討「大華漫市場」前提下，數位漫畫、電子平台等兩大熱潮，將如何勾連臺灣動漫文化的當代體系。

二、從內外到分合

　　作為常與「傳統」、「經典」串接的後綴，「文化」一詞不僅總難脫離文史化、道統化的價值想像，隨著「飲食文化」、「遊戲文化」、「時尚文化」、「動漫文化」等義界概念的形成，更使得這個指涉多有歧義的詞語，彷彿清晰卻又籠統地被交付使用。有趣的是，時常嵌合著日常、瑣事的「生活」一詞，同樣也因為美食生活、娛樂生活、流行生活、ACG 生活等使用方式，而在具體的猶如衣食住行的同時，產生出了兼容在刻板印象與多元想像之間的意

1　即「貴族主義」與「菁英主義」之後的「自我主義」世代。提出者岡田斗司夫為日本御宅文化研究者，動畫製作公司「Gainax」創辦人，曾於東京大學、立教大學開設御宅學相關課程。御宅族世代論，見岡田斗司夫（2009）。

義功能。換言之，雖然「文化」與「生活」之間並不真正存在對比或對等的詞組關聯，但在探究相關議題之前，廓清對於兩者本質及屬性的論述視角，實是不容忽視的前置工作。

（一）文化圈與邏輯的傳／承

如果把「文化」讀作「文明轉化的結果」，透過中華文化、日本文化、美國文化等民族底蘊的約分，不難發現「文化」最初傳達的概念，其實是一群人為了在某地域安身立命，所以嘗試回應時間和環境的洗禮，留下了處理問題的方法，以及與方法互為表裡的思維觀念。[2] 例如民族文化一旦確立了人群與地域的關係，先人留下的種種定義，將會因為影響程度的深淺，逐漸形成概念化的系統結構，藉軸線、節點及主支流脈絡圍成服膺者置身的「文化圈」。[3] 由於各自獨創、各有積累，「文化圈」除了在對應外來者（即他文化族群）的水平關係上存在明顯的理解門檻，形成了排他特質，從垂直結構來看，也因為先人定義及其影響結果並非不能進一步做出類項、特性等不同向度的劃分，所以內在層次交疊複合的容他性，[4]

2　例如一個物產貧乏、生存條件不佳的地方，在居民掌握科學、器械等足以正本清源或集體遷徙的外在力量之前，極可能因應物資短缺的種種困境，發展出一系列針對時節、天候、品項的儲藏方法。而對於攢存成果的追求，亦將連動「物力維艱」、「侈靡失德」等思考迴路，然後自成一組權衡節奢的價值意識，發酵成下一個世代的文化背景。

3　例如一群以農業為生，因為需求人力而擴大團體規模的原始住民，在生成管理人我關係的家庭觀念之後，又進一步建構出尊卑長幼的輩分意識，衍生出敬天法祖、慎終追遠的儀式，創造出祭祀、禁忌、禮節等符號化的行為模式；隨著「倫理」逐漸成為滙通百川的核心思維，其他諸如技術、藝術、學術等相對旁出的先人遺產，也終將經由習俗、政治、審美、批評等人類行為的發生，在「圈內人」的實踐過程中完成銜接。

4　關於文化體系的邏輯本質，文化門檻與內涵深度，文化板塊與層次重疊等相關論述，另見周文鵬（2015.08.02）。

更使得「文化」看似極其複雜，猶如一種包羅萬象的存在。⁵

　　換言之，與其認為「文化」捆綁著歷史沿革、地理條件等知識或資訊質量，更貼切地說，無論以地域、族群或抽象概念為前綴，當人們以「文化」一詞指涉事物，真正獲得表述的，其實是一組或多組的邏輯理路。它們必然各自擁有諳門道、知體系、懂價值的服膺群眾，而這群「圈內人」同時扮演傳承者的角色，不斷延續或革新著自身所接受的思維體系，創造其向內折衝與向外整合的發展。

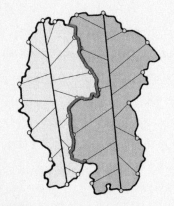

圖1 文化圈及其特性概念示意圖
（圖片來源：筆者整理）

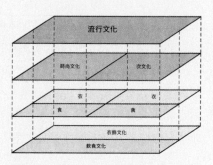

圖2 文化向度及層次交疊概念示意圖
（圖片來源：筆者整理）

5　例如西服傳入中國時，華人其實難以觸及「領帶」之所以套上脖子、掛在胸前的理由。但事實上，光是領帶的起源，便存在「埃及王室衣飾用」、「日爾曼民族漁牧防風用」、「英國髦客食事擦嘴用」、「羅馬士兵包紮止血用」、「法國貴族象徵身分用」等 5 種說法。不過，無論它究竟源於裝飾、保暖、清潔或救傷，在 17 至 19 世紀末的兩百年間，已有性別、地位、社交、禮儀等多樣色彩加諸其上。對相隔千里的東方民族來說，自然咀嚼不出箇中的意義及滋味，遑論理清衣飾文化、貴族文化、流行文化、消費文化等歷程糾葛。見 Olivia (2012.02.19)。

（二）生活圈與範圍的推／拉

以前述概念切入「文化」與「生活」的關聯，將能得出「讀入」與「承載」般的相互關係。例如一名服膺於尊重生命、節能減碳、因果報應等任一理路的素食主義者，可能因為置身「素食文化圈」而把「不吃肉」、「不殺生」等具體目標視為立身處世的必要條件；不難理解，隨著觀念、行為的載入及連動，他既有的生活模式也將重新運算，直到劃定兩種「生活圈」，完成自身基礎需求的新協調：

1. 物理生活圈：滿足「二不」需求，且能承載一切生活行為的行動範圍。

2. 心理生活圈：共有「二不」訴求，且能理解彼此生活行為的人際網絡。

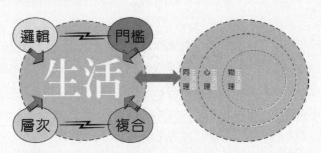

圖3 文化圈層特性對生活載入及三重生活圈概念示意圖
（圖片來源：筆者整理）

另一方面，由於流行趨勢、社會風氣、輿論力量等外在變因的消長，往往也影響著文化圈所能展開的行動範圍及人際網絡，因此在素食主義者的例子中，不僅他們共有的「心理生活圈」正是為圈外人眼中的「素食文化圈」，週遭友善指數的起落，更形成了另一組圈內人與圈外人都參與其中的第三生活圈：

3. 同理生活圈：肯定「二不」追求，但不必然投入系列行為的客觀環境。

不過，一如養生保健、信仰訴求、市場開發、藝文思潮都可能與「素食文化」發生齊尾式的勾連，「同理生活圈」的成因其實複雜許多。例如醫療人士、宗教信徒可能基於自身立場推波助瀾，抑或商業策略可能針對有機經濟進行催化，社會運動可能藉以標榜群眾自覺、生活美學等等，有機會成為「素食主義」背後的隱藏推力。換言之，即使多數情況下，外在條件所構成的同理生活圈，確實足以交叉擴大特定文化及其服膺者的物理生活圈和心理生活圈，但必須釐清的是，這類大眾化效應更像是種被動的獲得，而非該群服膺者所自主造就的成果。

（三）御宅族與情懷的聚／散

　　2008年4月，日本學者岡田斗司夫出版《阿宅，你已經死了！》（オタクはすでに死んでいる）專論，將「宅文化」定義為一種以動漫愛好為核心，獨有於日本社會的文化形態。以「御宅族大陸」為概念，他提出的論述可簡單歸結成：如果世上存在許多值得人們因喜愛、鑽研而無暇離開住處的事物，那麼熱衷他們的每一個愛好族群，就像生活在共同大陸上的同種族居民。因為各自追求不同形式的目標與價值實踐，所以分頭聚集，形成版塊化的相對關係。

　　事實上，雖然「御宅族大陸」本身就是一個結構多元的「文化圈」，但動漫、科幻、鐵道、軍事、遊戲等受眾明確的水平分野，從文化層次來看，卻更形同一組組垂直交疊的體系，彼此流動著諳門道、知體系、懂價值的服膺群眾。[6] 換言之，如果「御宅族大陸」的板塊各自能因為既有的存在邏輯、表現邏輯和接受邏輯而被理解為完整的文化圈，那麼無論它們作為文化體系的特性，抑或對應於

6　例如《機動戰士鋼彈》身在御宅文化的動漫系統中，作品系列卻兼有科幻、軍事、政治等圈內外基因，甚至衍生為遊戲形式的互動文本，以多角度的誘因召喚接受者進行共鳴審美。

生活圈的結構，理論上，也都能透過前文的整理方式進行解析。

另一方面，岡田斗司夫同時提出「御宅族世代」的說法，認為截至 2008 年，御宅族群體漸趨個人化、娛樂化、淺碟化的接受趨勢，不僅瓦解了「御宅族」原本相互理解的民族基礎，甚至造成了整體「御宅族大陸」的崩解、沉沒：

表1 岡田斗司夫「御宅族世代」概念整理說明表

世代	要點總述[7]	精神
第一世代	・指 1960 年代出生，從青春期至 1980 年代仍作為閱聽、收藏、審美、評論、消費等宅活動主要成員的御宅族。 ・總括來說，由於資訊的獲取和分享不如當代便利，第一世代對於熱衷領域的態度，傾向認為自身被召選與某些美好的特定事物邂逅，因而擁有與眾不同的立場。 ・猶如自詡為「先行者」，該世代普遍具有「通透大量知識」的領域使命感。面對外界投向宅活動的異樣眼光，則多數坦然於「先知的寂寞」或「夏蟲焉能語冰」。	貴族主義
第二世代	・指 1970 年代出生，自青春期至 1990 年代仍作為閱聽、收藏、審美、評論、消費等宅活動主要成員的御宅族。 ・由於媒體愈益發展，第二世代不僅置身「許多人都邂逅了美好的特定事物，但理解程度不同」的狀況，帶有御宅族色彩的刑案犯罪者，[8] 又令他們必須面對週遭環境的非議與歧視。	菁英主義

---

7 要點總述結合部分筆者見解。相關原論，見岡田斗司夫（2009：65-76，127-142）。

8 指 1988 至 1989 年間的日本連續女童誘殺案。兇手宮崎勤有戀童性癖，住處收藏大量異色動漫畫、影帶及同人誌。此事引發日本社會輿論對御宅族的敵視、恐懼及撻伐。家長、老師對「殺人預備軍」的恐慌，牽動了「有害圖書騷動」的抵制行為，動漫畫產業及其愛好者首當其衝。相當程度上，其間抨擊者論證「犯罪者嗜好＝犯罪動機＝模仿媒介＝愛好群眾為新罪犯源頭」的邏輯，臺灣社會在面對「鄭捷捷運隨機殺人事件」與「臺大宅王張彥文情殺案」時也如出一轍。

表 1 岡田斗司夫「御宅族世代」概念整理說明表（續）

世代	要點總述	精神
第二世代	・於是，猶如「內行人」發自專業素養的善誘及不耐，同好水平的落差、非愛好者的不理解、非御宅大眾的抨擊，催化了該世代積極於理論及價值講述的特性。	菁英主義
第三世代	・生於 1990 年代後期，自青春期起投入宅活動的御宅族。 ・比起前兩輩，第三世代並未經歷體系建構的過程，出生時已存在相對完整的「御宅族板塊」。因此多透過消費或免費接受行為，利用網路、行動載具享受圈內各文化體系的發展成果。 ・因為屬性更接近「遊歷者」和「取樂者」，該世代基本不具備使命意識及其他自主要求，亦不關切脈絡或專業問題，概以單體感受及主觀感動與所鍾意的領域互動。	自我感覺至上主義

資料來源：筆者整理

　　平心而論，在「文化圈」的概念裡，形同當代御宅族的「第三世代」所帶來的變化，其實更類似後進者無力且無意跨越文化門檻所造成的邏輯斷層。例如雖然愛看漫畫，卻沒興趣進一步瞭解相關題材、經典範例、類型創作、敘事設計、情節手法等相關底蘊；這樣一來，自然只能針對自己看得懂（或自己覺得看得懂）的部分，以視野所及的方式進行反應。[9]而在「生活圈」的理解中，相當程度上，所謂「御宅族大陸」的崩解和沉沒，指的是歷經第一、第二世代而好不容易延展出來的「心理生活圈」裡，出現了越來越多不懂得自重及重人的觀光客。他們用只有自己才理解的言行舉止，構築出一個個可能小得只能容納個人的「新心理生活圈」，但當中可

9　由於以表述自身心得為重點，這段過程將交錯出現新概念的創造，以及旁及舊概念的誤用、沿用和變向詮釋。儘管這些處理似乎反證了執行者作為「漫畫宅」的圈內身分，但嚴格來說，因為並未試圖成為體系的一員，所以無論誤用、沿用或詮釋，這些個人視野下的種種，其實更接近零碎的副產品，改變不了體系、脈絡都一再被切割的事實。

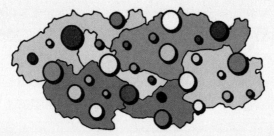

圖 4 第三世代御宅族與原御宅族大陸相對關係概念示意圖
（圖片來源：筆者整理）

能只有少數人有意識到，如果沒有前輩們自詡使命及尊嚴的努力，如果沒有爭取自商業考驗、社會觀感的點滴扭轉，便不可能聚成相對寬廣的「同理生活圈」，遑論留給當代一個連「物理生活圈」都伸展自如的宅文化環境。[10]

　　從這個角度來看，「御宅族大陸」的結構變化，確實如同因為某種信仰、信念甚或精神、情懷的流失，而面對了門戶洞開般的勢力割據。但正因為以日本動漫為代表的宅文化，在前兩個世代所奠定的基礎上，開始獲得了「文化」、「創意」、「產業」等當代國際視野的關注，一旦形成了各國上至官方政經單位，下至民間藝文企業的「同理生活圈」，即使原本的共同大陸已不復存在，透過後設邏輯的文化塑造手法，仍舊可能以屬性更接近「觀光客」的當代御宅族為對象，重新建構某種意義的「新御宅族大陸」。例如近

10　以動漫御宅族為例，前兩世代由於動輒被認定為異類，因此「同理生活圈」的狹小及高壓，不僅使得許多御宅族繭居化，衍生「生理生活圈」自我緊縮的問題，在「心理生活圈」方面，對於人我關係的認同需求，則結合了網際網路的發展，催化「2ch」等交流平台的成長。相較之下，第三世代獲取作品、發表言論、集結同好、參與活動、經營組織都來得更為便利、多元且理所當然。甚至隨著社會風氣改變，無論標榜御宅族的身分，抑或以 Cosplay 連結工作和日常生活，也都漸漸疊合成了流行文化的新層次。

10年間，韓國利用走格、間白等傳統漫畫敘事元件，以行動載具為媒介，藉垂直捲動進行閱讀的電子漫畫研發成果——「條漫」；[11]不僅在對應傳統漫畫時，堪稱一次新邏輯層次對舊文化體系的成功疊加，隨著「Web-toon」逐漸成為動漫宅、電影宅、3C宅等當代御宅族的熱衷對象，[12]同時浮上檯面的，更是一個跨世代、跨素養、跨類型、跨受眾的新文化／生活圈。

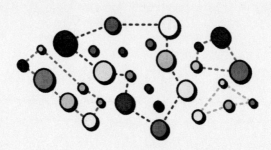

圖 5　當代御宅族文化／生活圈重構概念示意圖（圖片來源：筆者整理）

三、從接受到給出

　　當韓國開始收割傾力打造的「條漫」果實，在今日中國，有一股名為「2次元」的文化熱潮，正以嚷嚷著自己很「宅」的90後、00後世代為核心接受群，不斷透過ACGN文化的發散，[13]擴大境

11　前身為網頁式的捲動型圖像作品，因為上下性明顯的視覺動線，初期多以四格漫畫、多格漫畫、繪本式圖文創作為表現手法。儘管不利動作演出，卻可以集中營造情境、突顯氛圍，因此早先多以驚悚、恐怖題材見長。截至目前，側重心理、感受描寫的日常、詼諧系作品已有明顯發展。

12　截至2015年7月，以「LINE webtoon」為代表，韓國共有DAUM、NAVER、Toptoon、Comico、KAKAO等33個數位平台投入「條漫」經營，每週同時連載超過1700部作品。見韓國漫畫振興院（2015：14-19）。

13　相對於「宅文化」，「2次元文化」同樣以A（Animation）、C（Comic）、G（Game）為焦點。時代差距使然，自2000年蔚為風尚的輕小說（N／novel）亦成為核心體系。一如詞義本指非立體形式的平面存在，目前中

過動
ACG 產業文化與可能性

內動漫愛好者的「同理生活圈」。截至 2016 年 8 月，光是上半年度就有逾 20 家 2 次元相關企業獲得數千萬至數億元新臺幣的市場融資；[14] 其中，14 家單位處於天使輪或 Pre-A 輪階段。換言之，除了新創公司自 2015 年起大量投入系列產業的熱潮仍未停止，出資者也依舊看好以 A（Animation）、C（Comic）、G（Game）、N（novel）為核心的市場能量，願意期待高額投入後的獲利回收。

　　然而，作為一個對外來文化高度敏感的集權國家，長期管制日本動漫作品進口的中國，境內有如此大量熱愛、認同著 2 次元及其 ACG 核心文化的接受者和投資人，其實是一件很不自然的事。眾所周知，當代 2 次元文化愛好者所服膺的邏輯，大多來自 1980 至 1990 年代時，日本動漫藉黃金發展期所奠定的種種理路。但事實上，中國直到 2006 年 9 月，才以《國家十一五時期文化發展規劃綱要》明訂數位內容、[15] 動漫為國家發展文化產業的重點，[16] 而且仍以「原創」為目標，鮮少涉及對外國動漫體系的開放。

　　國定義的「2 次元文化」不僅包括 ACGN 體系發散（含二創及原創形式）的繪畫（插畫、原畫等）、影劇（國內外影視、網劇等）、古風（中國風創作）、音樂（原聲帶、虛擬偶像等）、視訊（直播、自製影片等）等可呈現於紙本、螢光幕的作品類型，基於故事、角色的屬性黏著，亦進一步涵蓋 Cosplay（走秀、舞台劇等）、周邊（模型、玩具、用品等）、表演（歌舞、團體操等）等 3 次元事物。由於慣性使用「2.5 次元」、「打破次元壁」形容高還原度扮裝，嚴格來說，「2 次元」、「3 次元」的語義邏輯，幾乎與「非真人」、「真人」無異。

14 相關資料列表，詳見附錄。

15 即：「國家第十一個五年計劃之文化相關發展綱要」之意。

16 「動漫」一詞在中國存在明顯的使用分歧。一般概念中，「動漫」指的是「不同於歐美動畫，不同於國產動畫」的「日本動畫」。所以「既非卡通，亦非動畫，更不代表動畫與漫畫的並稱」，而是「動起來的日本漫畫」。不過，由於網際網路促進兩岸三地資訊流通，再加上動畫、漫畫的受眾群、產業鏈本就高度重疊，時至今日，無異於臺灣認知的詞彙使用已不足為奇。鑑此，以下仍以並稱用法進行論述（文字引用除外）。

（一）文化建構與邏輯引進

　　從時間軸線來看，中國雖然以傳統繪畫為根基，隨著小說插圖、連環圖、畫報圖、報刊漫畫的流變積累了豐富的圖像敘事底蘊，[17] 但以《小蝌蚪找媽媽》（1960）、《大鬧天宮》（1961）、《黑貓警長》（1984）、《葫蘆兄弟》（1986）等經典自製動畫為代表，箇中無論表現形式或表達意識的發展，其實分別接往了「中華藝術／中國意象」、「低齡受眾／心智教育」等兩大類方向。截至目前，不僅動畫質性仍與大眾認知相去甚遠，漫畫方面，自《卡通王》、[18]《少年漫畫》[19] 等代表性期刊於 1990 年代發行以來，及至《漫畫世界》（2005）、《知音漫客》（2006）問世，中國漫畫有別於日系邏輯的敘事手法及圖像語言，仍明顯折射出中國動漫文化與當代 ACG 文化之間的隔閡。由此可見，以文化門檻而言，「2 次元」在中國應當接合不了受眾、業者、投資人之間的共識，那麼，這一系列關係之所以還能順利運作，便勢必疊合了不同圈層的文化體系。

---

17 中國圖像敘事及其文化系統簡史，見周文鵬（2014：217-231，143-202）。

18 1993 年創刊，是中國國家級影視發展機構「上海美術電影製片廠」主辦的原創漫畫月刊。原為少女向，2008 年更名為《童畫城堡》後改以幼兒教育、智學啟蒙為內容主軸。10 餘年間，培育了穆逢春、林瑩、韓露等一代創作者。經營易主後，2011 年一度復刊為兩岸四地少年向漫畫雜誌《新卡通王》。但受限於紙本媒體銷量萎縮，2014 年正式停刊。

19 1995 年創刊，是「中國連環畫出版社」呼應國家「動畫 5155 工程」的少年向原創漫畫期刊。2007 年停刊，10 餘年間，培育了姚非拉、顏開、自由鳥等一代創作者。

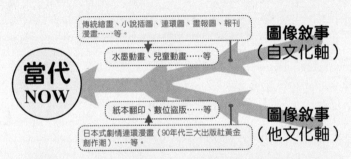

傳統繪畫、小說插圖、連環圖、畫報圖、報刊漫畫……等。

水墨動畫、兒童動畫……等

當代 NOW

圖像敘事（自文化軸）

紙本翻印、數位盜版……等

日本式劇情連環漫畫（90年代三大出版社黃金創作潮）……等。

圖像敘事（他文化軸）

圖6 大陸動漫（圖像敘事）文化軸線組成暨發展概念示意圖
（圖片來源：筆者整理）

　　1995 年，由於「境內整個營銷渠道大量充斥著日本盜版漫畫」（畢磊，2011.05.04），以維護版權正義、保全兒童身心發展為前提，中國政府不僅採取大規模的取締行動，更由中央宣傳部、新聞出版署聯合頒行了「5155」文化工程政策，爭取 3 年內建構「5 個」動漫畫出版基地，完成「15 套」兒童動漫畫圖書大系，出版「5 部」延續性的兒童動漫畫期刊。[20] 換言之，一如臺灣當代動漫文化在 1970 年代被塑型的過程，[21] 中國沒有錯過日漫奠定現代漫畫發展的重要作品潮，從本質來看，真正餵養了當前中國「2 次元文化」的

---

20 即遼寧少兒出版社（遼寧）、中國少兒出版社（北京）、少年兒童出版社（上海）、廣西接力出版社（廣西）、四川少兒出版社（四川）等 5 大動漫出版基地牽頭出版社，《神腦聰仔》、《霹靂貝貝》、《地球保衛戰》等 15 部動畫、圖書出版系列，以及《少年漫畫》、《北京卡通》、《漫畫大王》、《中國卡通》、《卡通先鋒》等 5 部漫畫期刊。

21 1975 年，國立編譯館開放日本盜版漫畫送審。含尹士曼、小咪、虹光、東立在內，當時國內同類型出版單位共 80 餘家。隨著業者林立，鋪灑進臺灣漫畫閱讀體系的日式邏輯與日俱增，發酵了國人讀者和日本漫畫之間的依存關係。直到「快報」類盜版雜誌於 1990 年代掀起熱潮，《少年快報》單週暢銷 10 萬至 20 萬冊的盛況不僅創造了業者的大量收益，更深化了「臺灣讀者嗜讀日本漫畫」的狀況，形成了臺灣當代動漫文化的接受底蘊。

內在精神，其實還是來自日本漫畫的創作體系。[22] 由此可見，至少從 1995 年開始，中國便出現了一群擁有相同「心理生活圈」的漫畫讀者。儘管個人喜惡或有不同，但對「漫畫」共知共有的理解，卻生成了中國「動漫文化圈」的基底，形成了更強勢於本土系統的存在。[23]

臺灣文化

臺灣語境下的日本動漫文化

日本動漫文化

圖7 臺式日本動漫表達文化概念示意圖（圖片來源：筆者整理）

比起翻印業者往日本採購原文漫畫、自行譯作中文的臺灣經驗，當時的中國盜版業者選擇直接挪用臺灣業者的華語處理成果。這樣一來，對白內容、語言隔閡等種種問題，就能最大限度地簡化成正體字和簡體字的轉換工作。從這個截面來看，如果當時中國正透過「動漫文化」建構後來「2 次元文化」的底層基因，那麼對中國的動漫愛好者而言，「臺灣語境下的日本動漫文化邏輯」或許更

---

22 鑑於動漫議題既以漫畫為核心，亦可分論、可合析、可各自獨立、可交互影響，為避免行文龐雜，本節後續論述將以漫畫體系為集中討論對象。

23 一如《歡樂》（1985-1988）、《星期》（1989-1991）等為臺灣讀者呈現了鄭問、蔡志忠、朱德庸、阿推、林政德、任正華、傑利小子、陳弘耀、邱若龍等名家名作的原創漫畫期刊（時報文化）難以初始之姿抗衡成熟的日系作品，面對盜版橫流、讀者風靡的雙重壓力，象徵「5155 工程」的系列雜誌，同樣力有未逮，僅能針對「中國動漫」的文化及意識，留下些許創作、接受的火苗。

是文化脈絡中那條相對清楚的軸線。[24]

　　1995 年，中國第一家互聯網（即網際網路）公司成立。隨著國營事業中國電信自 1997 年投入市場，降低收費、擴大頻寬、提升速度等進步，一一合成用戶迫切的需求。千禧年後，新浪、網易、搜狐、騰訊 4 大入口網站崛起（中國商界，2008.12.18；中國新聞網，2014.04.17）。直到智慧型手機於 2009 年開始蓬勃於中國市場，很長一段時間裡，「Web 網頁」不僅是各種資訊的呈現端口，「Website」作為銜接個人電腦使用的網際平台，更逐漸成為「動漫文化」遷徙和蘊藉的新境地。透過論壇（虛擬社區）、內容網站，在官方持續掃蕩盜版漫畫的同時，大量的日漫作品仍鋪灑給中國動漫愛好者（以下簡稱中國讀者）。其中一大部分來自東立、大然、青文、長鴻、時報等臺灣出版事業，[25] 經歷過同一種困擾也不困擾於版權問題的時期。[26]

（二）生活需求與邏輯輸出

　　當方便、免費、快速的線上平台餵養出大量嗜食日本漫畫的中國讀者，以愛好社群為單位，原本那層非原生於中國圖像敘事系統的「動漫文化圈基底」更逐漸加厚。非但如此，由於漫畫是一種憑

24　例如近年大陸原創漫畫中不時出現「三小」、「靠么」、「哭爸」、「什麼鬼」等臺灣通俗用語，相當程度說明了臺灣語境以日本漫畫的翻譯結果為媒介，對中國讀者產生文化流傳的影響。

25　儘管官方、民間「兵捉強盜」式的互動使得這類動漫論壇、閱讀網站的更名及開閉頻率俱高，但透過「動漫花園」、「琉璃神社」、「99 漫畫網」、「動漫之家漫畫網」等營運迄今的案例，不難看出資訊數位化如何以作品量體形成日本動漫文化進入中國的巨大橋板。

26　1989 年，臺灣被列為美國「特別 301 條款」優先觀察國。隨著新著作權法在 1992 年 6 月實施，國內翻印業者改循代理途徑，向日本出版單位尋求合作。同年 7 月，《少年快報》劃下休止符，兩個月後，正版授權雜誌《寶島少年》問世。此後 3 年間，臺灣代理漫畫雜誌計 20 餘種。

藉角色、情節引導接受者進行識別及感受的章回式內容產品，以沿用形象、期待故事、帶狀閱讀為分野，一旦出現「藉角色形象營利」和「關注更新週期」等群眾行為，「生活模式」對於「文化讀入」的承載處理便幾近完成。於是，對視「看漫畫」為生活、興趣及需求的接受者來說，「如何更快看到下一回」，便成了最迫切的想望。

2003 年，「百度貼吧」問世。這個不必註冊、不必虛擬代幣也能瀏覽他人發文內容的開放式平台，改變了論壇（虛擬社區）體制及其資訊流通模式的半限制性，使得一群被稱為「漢化組」的個人及團體，基於三類優勢分工，在熱愛、分享、表現等個人動機的驅使下加倍活躍：[27]

表2 漢化組成員優勢條件暨分工項目整理表

優勢條件	分工項目	職位／別稱
日語專業	內容翻譯、資訊補述	翻譯君
製圖能力	對白植字、圖像編修	嵌字君
旅居日本	獲取當期新刊	圖源君
進口管道		生肉君 [28]

資料來源：筆者整理

---

27 事實上，等同袖珍編輯部的「漢化組」在「自給自足」的同時，一般也會供稿給論壇（虛擬社區）或漫畫閱讀網站。差別在於，前者存在積分化的代幣制度，供稿者可以會員身分獲得紅利點數，藉此兌換站內資源；後者則更接近商業合作，可以金錢形式銀貨兩訖，亦可以站內資源逕行交換。相較之下，百度貼吧傾向使用者對大眾自主發表，熱愛、分享、表現等意味相對濃厚。

28 以烹調概念形容原文漫畫的處理進度。未翻譯、製稿者猶如生食，半生熟、熟食則依此類比。

過動
ACG 產業文化與可能性

如果需求是選擇的基礎，而選擇又需要足以理解、辨別目標事物的能力，那麼從結果來看，「漢化組」的出現，其實說明了兩種截然不同的需求意識。隨著「看漫畫」成為一種社群化、業態化的生活行為，中國讀者對於自身定位與動漫文化的定義覺察，自然也進入了另一種階段：

1. 自我需求意識：體認漫畫及其文化系統的存在，並且知道自己想以動漫愛好者的身分從裡面看些什麼。

2. 他人需求意識：體認漫畫其文化系統及的存在，並且知道別人想以動漫愛好者的身分從裡面看些什麼。

　　由於雜誌連載的進度比代理發行要快，「圖源君」和「翻譯君」的出現，代表中國讀者開始遠離臺灣式內容，試著以中國式語文、思維詮釋日本的漫畫作品。於是，隨著書名、角色名、語氣方式、說話用詞的陡變，[29] 過了某個折返時刻以後，漫畫網站、論壇社區、貼吧裡更新的頻率便逐漸以章回取代單冊，甚至同時存在臺灣版與大陸版兩種形式。及至近年智慧型手機崛起，中國各大漫畫 APP 平台持續以 iOS、Android 程式導入免費日漫資源，包括書名、角色名的分歧在內，諸多連動於中國習慣（甚或時事）的流行用語，也隨之成為日本漫畫圖像的文字內容。[30] 至此，不僅 1995 年以來的「中國動漫文化圈」又獲得一層加厚，甚至在臺灣動漫文化的圈層體系，也開始與它有所疊合。[31]

29　書名方面，例如漢化版《魔導少年》更名為《妖精的尾巴》，《美食獵人》更名《美食的俘虜》、《魔法少年賈修》更名《魔法小金毛》等；角色方面，例如「米卡莎」更名為「三笠」（進擊的巨人女主角）、「達爾」更名「貝吉塔」等。

30　例如「得意」一詞在中國用法中常作「得瑟」，「自作孽」常作「作死」，「設計陷害」常作「下套」，「模式」常作「套路」等。

31　當臺灣讀者適應電子漫畫閱讀，「中國式語境的日漫內容」便成為逆流載入臺灣動漫文化的當代脈絡。2009 年，臺灣連鎖漫畫店業績下滑 3 成。儘管看似閱讀人口萎縮，但該年度「動漫博覽會」等活動人潮卻並未等比

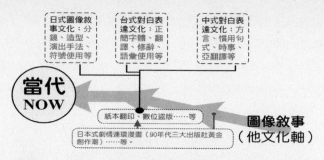

圖8 中國動漫文化軸線及其圈層元素、事件節點概念示意圖
（圖片來源：筆者整理）

（三）創作認知與整合表達

2009 年，中國第一個專門經營本土原創漫畫的電子平台——「有妖氣」正式上線。為了符合「支持原創」的宗旨，該平台導入了社群網站、Blog 常見的 UGC（User Generated Content，即用戶生成內容）概念，[32] 讓任何前來網站瀏覽別人漫畫創作的使用者，都有機會以註冊會員的身分在平台上發表作品。[33] 可以想見，正因為開放自由發表，稿件質量勢必參差不齊，所以創立初期，平台屬性及其發表機能的話題性，反而比站內作品更受人關注。

以《十萬個冷笑話》為例，這部由中國漫畫家寒舞自 2010 年 6 月開始創作，仿《搞笑漫畫日和》（ギャグマンガ日和）形式進行的作品，在日後成為足以代表平台的象徵符號之前，從文化觀察的角度來看，已經透過情節、笑點、吐槽內容等創意設計，體現出

下降。不難理解，愛好者雖不光臨租書店卻仍能持續接受行為的唯二途徑，除卻購買正版圖書，便是尋求中國漫畫網站的免費閱讀。以上數據，見林婉婷（2009.07.08）。

32 例如操作臉書時，瀏覽者同時也能成為上傳公開資訊的內容提供者。

33 雖然以 UGC 為概念，公司經營的漫畫閱讀平台終究不比個人性質的互動頁面。為了防止使用者上傳惡意或不雅圖片，免費註冊的有妖氣平台同時具備了漫畫編輯部性質，將對來稿進行一定程度的內容審核。

了中國讀者自 1990 年代以來所消化的漫畫文化邏輯，以及對於圖像敘事、漫畫創作等表現形式的理解成果。例如第一回以伏羲、女媧為主角，捏泥造人時卻出現美少女戰士；及至後續數回的〈葫蘆篇〉，當前「中國動漫文化」特有的元素整合特性更加表露無遺：

表3 《十萬個冷笑話 · 葫蘆篇》使用元素暨相關說明整理表

類型	項目	說明
設定類	蛇精綁走爺爺，葫蘆娃犯險營救	1986 年《葫蘆兄弟》故事梗幹、登場角色
	七色葫蘆娃、蛇精、爺爺、蛙僕	
對白類	嘔雞醬、嘔豆豆們唷、安心洗路、尼桑、撒一狗霓虹語、哈壓褲、苦索、那那吧洗捏	仿日文諧音
	仆街	廣東話挪用
	馬勒戈壁	中國髒話諧音
元素類	河蟹	嘲諷廣電總局
	爆菊	中國黃段子用語
	噴鼻血	日本漫畫式誇張
	RPG 示意畫面	像素式電玩介面
	包子山	七龍珠典故
	電鍋封印	
	召喚神龍	
	背背山	斷背山典故
	美少男牽手相互凝視	BL 暗示
	白描式武俠畫風	港漫形式
	大量旁白	

資料來源：筆者整理

　　不可否認的是，能夠出現如此跨地區、跨時代、跨文本兼仿日系風格的搞笑作品，除了作者才華至關重要，提供他理解、嫻熟於所有素材的環境更是不可或缺。一如廚師在對食材、調味品見識不

足的情況下，完成菜式必然有所侷限；嚴格來說，雖然盜版無疑是種侵權行為，但如果中國沒有形成漫畫網站、論壇社區、貼吧等大量盜版、巨量收納、海量鋪灑的漫畫閱讀環境，對身在「中國動漫文化圈」裡的新生代漫畫家來說，能否在缺少第一層加厚的情況下對日、港漫理解到信手捻來的程度，或許還有待商榷。

四、從無感到有感

（一）邏輯共鳴與文化圈層

2012 年 7 月，「有妖氣」團隊將《十萬個冷笑話》改編成俗稱「泡麵番」的短時動畫。憑藉較精於 Flash 色塊動畫的製作品質，以每月一則的頻率發布於自家平台及他媒體。非高成本的製作投資，再加上漫畫原作的繪畫質量亦不高明，動畫化能召喚的想像和期待也自然幽微。但，動畫上線當天，總點擊次數已突破 1 千萬（柯實，2015.01.30）；5 集過後，這部僅發表半年的動畫劇集，累積觀影人次超過 1 億（沈雲芳，2013.01.09）。

鑑於「日和式搞笑」是一種敘事者與接受者必須同時理解節奏笑點、氛圍笑點、演出笑點、符號笑點、配樂笑點和語言笑點才得以成立，得以操作「槽點」的表現形式，事實證明，中國憑藉網路形成自身獨有的漫畫閱讀環境之後，不僅培養出有能力雜揉各種元素的新生代創作者，更蘊藉出一群看得懂趣味、嚼得出滋味的讀者。正因為同樣探索著浩如煙海的漫畫資源長大，他們自然就能理解這種不斷跳躍在中、日、港和 ACG 之間的表述邏輯，不僅體現出和作者身在相同文化圈的特質，更猶如對方「心理生活圈」中的同伴。換言之，這 1 億人迅速聚集的背後，不光說明了影片有趣與否、漫畫人氣如何，更重要的，是他們代表中國動漫文化終於快要走完那段從無到有的歷程。儘管不見得純粹原生，但透過理解、消

化和應用，終於能藉由自身文化歷程所蘊藉出的作品，將接受者和
創作者整合進同一組理路當中：

1. 一定條件下，漫畫家知道讀者想看和為什麼想看某些東西，
   也知道所謂的有效題材和演出方式是怎麼一回事。
2. 一定條件下，讀者理解漫畫家擁有和可能進行表達的方式，
   並願意理解限制，認同他其實知道什麼東西有趣。

固然，在內、外在要素仍未完全成熟之下，不見得每部中國原創都
能催化相同程度的施受同調；但可以預見的是，這類經驗不僅逐漸
溝通了敘事者與接受者的思維，透過對位、對等的共鳴，更可能弭
平兩者之間自視甚高、相互鄙視的惡性循環，[34] 削弱文化門檻所造
成的衝擊。

（二）產業意識與價值轉化

由於點擊數字不僅限於自家平台，「人氣」、「知名度」的商
業價值如何確認，成了《十萬個冷笑話》當紅之後所必須面對的問
題。傳統概念中，動畫的營利模式除了廣告贊助之外，還包括周邊
商品的授權開發與銷售回饋。但與日本經驗相比，中國動漫產業因
為品牌號召力、產業上下游鏈結等種種問題，在作品成熟度平均差
強人意的情況下，幾乎不存在投資周邊商品的獲益實例。

另一方面，從平台業者的角度來看，點擊數字與具體獲利之間
的銜接點，則在於類似 Banner（橫幅廣告）般的版位收益。一如
大樓外牆的廣告出租業務，越處在人群（尤其高消費力族群）集中
區的訊息展示空間，自然要價越高。[35] 於是，鑑於真正吸引群眾的

---

34 讀者因為遍覽國、內外作品，所以自覺審美眼界高，認為本土作者不如日
本漫畫家專業，所以才掌握不了跨越最低限度的綜合素養；而漫畫家則因
為手藝傍身，所以自覺創作存在技術與深度，認為是讀者不諳箇中堂奧，
才只能以外行人的身分做壁上觀。

35 不同於早期的「點擊單價」、「係數分成」邏輯，當代由於具有有效網路

是影片本身，「有妖氣」團隊索性活用原本作為笑點的片頭版位，以仿傚日劇披露贊助廠商的方式，從第 6 集開始植入蘇寧易購、盛大等電商、遊戲廣告。

也因為有了「作品本身就是價值轉化平台」的意識，2013 年 8 月，「有妖氣」創辦人周靖淇向廣大接受者釋出籌拍院線電影的消息。來自相同文化圈和心理生活圈、同理生活圈的夥伴式共鳴，集結了逾 5 千名參與的小額集資人，結算成 137 萬人民幣的計劃啟動金（田婉婷，2014.08.22）。最後，這部中國影史第一支帶上眾籌色彩的動畫電影，由北京四月星空（有妖氣母公司）、大連萬達影業、上海炫動卡通三方聯合出品。成本 1 千 5 百萬人民幣，上映 4 天半，票房 8 千 3 百萬人民幣；5 週，總票房 1 億 4500 萬人民幣（見中國票房，http://www.cbooo.cn/m/628995）。

（三）環鏈共識與 IP 戰略

「作品可自行承載價值轉化」的經驗，令中國影視、娛樂業界想起一度光芒萬丈的小說改編潮。以中國知名付費小說閱讀平台「起點中文網」為例，近年《琅琊榜》、《花千骨》、《泡沫之夏》、《步步驚心》等電視劇的斐然成果，其實早已證明「憑藉角色、情節引導接受者進行識別及感受的章回式內容產品」，足以成為上、下游相關產業的核心，形成帶動環鏈化效應的 IP（Intellectual Property，即智慧產權）。差別在於，比起純文字的小說，動漫創作因為以圖像為載體，所以除了帶有劇情之外，更能具象化、直觀化地呈現劇中角色的形象、舉止及思維。無論從影視或遊戲改編的

使用與流量數字統計的概念，因此多以「月費承租」方式投放平台廣告。從結果來看，因為進行月費合作，所以平台業者只要維持總瀏覽人數不墜，頁面數與廣告版位數便大有自主增加的空間，甚至使得許多原本一個頁面就能捲動、容納的內容，被強行分割成必須點擊「下一頁」連結的複頁資訊。

過動
ACG 產業文化與可能性

角度來看，都形同預先準備了造型、場景、表演、導演等各個環節的設計資料。

　　不過，不同於日本動漫體系所建構的產業鏈文化，中國因為尚未出現堪與日系經典媲美的原創作品，所以「核心IP」的意義，其實並非「分靈」式的邏輯，[36] 而更類似「化身」的概念。換言之，如果日本動漫產業的操作方式是先確認知名動漫作品的本位價值，然後再思考如何以改編手法擴大既有的受眾及市場效應，那麼中國業者的做法，則是只把作品的本位價位視為加值項目，優先評估內容元素與改編類型的相乘和落實。[37] 例如《十萬個冷笑話》雖然在「有妖氣」平台的人氣排名前十，但相對簡陋的畫風、不穩定的更新頻率、不固定的頁數、不斷新開篇章卻多未盡述等種種問題，在傳統動漫產業的改編認知裡，其實並不足以獲得後續的開發機會。也正因為如此，隨著電影票房開出紅盤，相關產業不僅再次確認了「IP策略」是有效開發內容產業的操作與投資進路，來自圖像體系的敘事及創意元素，更令他們形成了明確的共識，在幾近採遍優質文字IP的同時，以「2次元」之名，把「視覺化的動漫式內容」看作接替「小說」的新礦脈。

36　宗教用語，指某一神靈先以初始宮廟為據點，再以分身進駐的形式成為其他廟宇的祭祀對象。在觀感性質層面，帶有濃厚的主客意涵。

37　對總人口逾15億的中國而言，即使原作擁有1億名讀者，龐大的「改編商機」，卻終將來自其他10餘億潛在受眾的消費，而非原愛好者的忠誠支持。因此，點擊、收藏、月票等數據的真正意義，其實不是「有多少人在看作品」，而是「這樣的內容能吸引到多少人」，以及它所代表的IP開發價值。固然，知名度越高的IP，自然越有機會扶搖直上，但基於中國原創動漫的市場環境、創作均質與讀者素養仍不及美、日，一味要求既有成績的IP投資思維，其實已落入盲點。

五、餘論：從尋找到被尋找

（一）平台熱潮與正版趨勢

　　「有妖氣」與《十萬個冷笑話》的成功，說明了以平台結合IP操作的循環策略確實可行。事實上，一如商店研發自家代表產品以後的延伸效應，「以平台育成IP、以IP形成專項、以專項拉抬平台」的三步策略，在其他業界也並不少見。不同的是，比起單純產出品項的圖像、音樂、用品等其他2次元創作，劇情化的優勢，使得漫畫更具備了利用世界觀、情節、角色、道具等元素進行分進合擊的條件。隨著技藝與技術、熱錢與熱潮的共舞，目前中國應用程式市場中，支援行動載具進行漫畫閱讀的APP軟體多如過江鯽。其中以「有妖氣」、「動漫之家」為代表，又可以區分成「純原創」與「混日韓（含各國）」兩類平台：[38]

表 4　中國漫畫 APP（舉要）暨內容屬性、作品形式整理表

APP 名	內容	作品形式	APP 名	內容	作品形式
動漫之家	日韓 > 原創	頁漫	沃漫畫	原創 > 各國	頁漫 + 動畫
奇拉漫畫	日韓 > 原創	頁漫	卡漫畫	原創 > 各國	頁漫 + 條漫
漫悠悠漫畫	日韓 > 原創	條漫	好漫畫	純原創	頁漫
追追漫畫	日韓 > 原創	頁漫 + 條漫	知音漫客	純原創	頁漫
漫畫人	日韓 > 原創	頁漫 + 條漫	漫漫漫畫	純原創	條漫

---

38 事實上，除了「騰訊漫畫」、「布卡漫畫」等少數平台只放置取得日方正版授權的少量日本漫畫之外，「混日漫平台」中絕大多數的日本漫畫仍存在版權問題。

表4 中國漫畫 APP（舉要）暨內容屬性、作品形式整理表（續）

APP 名	內容	作品形式	APP 名	內容	作品形式
果果漫畫	日韓 > 原創	頁漫 + 條漫	墨瞳漫畫	純原創	條漫
老妖氣漫畫	日韓 > 原創	頁漫 + 條漫	漫本	純原創	頁漫 + 條漫
新漫畫	原創 > 日韓	頁漫	輕漫畫	純原創	頁漫 + 條漫
comico	原創 > 日韓	條漫	有妖氣	純原創	頁漫 + 條漫
快看漫畫	原創 > 日韓	條漫	可米酷	純原創	頁漫 + 條漫
網易漫畫	原創 > 日韓	頁漫 + 條漫	漫畫行	純原創	頁漫 + 條漫
騰訊動漫	原創 > 日韓	頁漫 + 條漫	天天漫畫	純原創	頁漫 + 條漫
大角虫漫畫	原創 > 日韓	頁漫 + 條漫	有趣島漫畫	純原創	頁漫 + 條漫
布卡漫畫	原創 > 日韓	頁漫 + 條漫	笨鳥漫畫	無原創	頁漫
漫畫島	原創 > 日韓	頁漫 + 條漫	內酷漫畫	無原創	頁漫

資料來源：筆者整理

　　得利於支付寶自2004年起賦予中國無遠弗屆的電子商務環境，以「有妖氣」為例，漫畫付費閱讀的文化正逐漸在中國扎根，成為新生代創作者投入產業另一誘因；[39] 不僅如此，隨著漫畫閱讀網站

39　目前中國漫畫付費閱讀主要以代幣充值制為主。會員登錄平台後可透過線上付費以一定比例兌換類似遊戲點數的平台幣，藉以購買鎖定章節（通常是最新數回）、鎖定作品（包括尺度較大作品）的閱讀權利，抑或針對作者進行月票贈予或虛擬禮品的打賞。事實上，除了稿費收入以外，打賞、贈予背後的實際金流，正逐漸成為中國當代漫畫創作者的主要財源。

侵權案（陳俊，2015.05.29）、旅外漢化組成員被日警逮捕（屈暢，2015.12.02）等多起風波，中國政府同時打擊盜版及提倡原創的雙重力道，更使得業者不分 Web 與 APP 領域，紛紛靠攏政治正確方向。**40**

舊平台急於轉型、交涉授權、投入原創，新平台積極開發IP、集結創作者、整合舊勢力；這樣的環境，使得漫畫家及相關創作、製作人才顯得重要而缺乏。於是，以游素蘭帶著《傾國怨伶》、《火王》登陸「有妖氣」平台為代表，中國各漫畫平台開始向境外創作者尋求合作，以相對優厚的稿酬吸引高手參戰（馮靖惠，2016.08.14）。例如「布卡漫畫」於 2015 年 7 月啟動的「日更COMIC 計畫」，**41** 便與「愛尼漫數位科技有限公司（臺灣）」合作集結了 BARZ Jr.、御村了、霖羯等國內創作者；而「漫本漫畫」也於同年 11 月啟動「華漫原創計劃」，邀請黃俊維、曉君、陳漢明、牛佬、司徒劍僑等臺、港名家加盟。

---

40 除此之外，繼 2006 年提出《國家十一五時期文化發展規劃綱要》後，中國政府持續於 2012 年提出《十二五時期國家動漫產業發展規劃》，首次單獨以「動漫產業」為政策立項目標，並強調透過辦理獎項（含獎助）、建構播映及出版體系、鼓勵跨界改編應用、完善公共支持資源（含硬體建設、軟體資料素材和虛擬平台）、發展專業人才教育、強化國際推廣交流等多重面向分進合擊。儘管，及至 2015 年公布《中共中央關於制定國民經濟和社會發展第十三個五年規劃的建議》時，已將視野擴大至「文化創意產業」的相關推進，但隨著經濟轉型發展、互聯網應用、創新現代化、產業結構整合等總體目標的訂立，作為同等於影視、文學創作的核心動能，「動漫」在「內容經濟」議題上的存在價值和官方矚目程度，其實仍在提高。見中華人民共和國文化部（2012.06.26，2015.11.04）。

41 「布卡漫畫」本為盜版日本漫畫閱讀軟體，因版權問題紛擾，後轉型為純原創平台。2015 年 11 月完成 B 輪融資，融資額 1 億元人民幣。見《創投時報》（2015.11.10）。

過動
ACG 產業文化與可能性

（二）版圖重構與文化再新

在「互聯網＋」與「泛娛樂」持續發酵的市場環境裡，[42]等同「第三世代御宅族」的中國 2 次元文化愛好者們，雖然可能對 ACGN 不明究理、不問堂奧，但透過共同經驗、相似邏輯所疊代形成的新文化層次，卻依然可能聚集原本各自為政的陸上居民，在老疆域上形成新的板塊關係。

儘管中國並不具備「成人仍有孩童特質」、「兒童文化甚有成人風味」等岡田斗司夫（2009：149-155）提出的「宅文化形成條件」，但全國 2.6 億動漫愛好者的活躍，卻表現出了極相似的特徵。事實證明，藉盜版途徑接觸日本漫畫的歷程，令他們雖然生在中國，卻同樣屬於「宅文化」的一員。或許在前兩個世代的御宅族眼裡，中國所謂「2 次元」的文化圈、生活圈和產業環鏈不過只是彩繪著動漫外皮的視聽娛樂場域，並不帶有太多的深度；但不可否認的是，隨著「同理生活圈」的接合及加固，已經讓更多人正視了「宅事物」的體系及存在。

如果文化圈是一種邏輯的傳承與共有關係，如果文化本身就是一種需要靠行動載入生活的事物，那麼在「中國動漫文化」的蘊藉裡，不僅包括了兩段與異地互相潛移默化的經歷，更承載了各種追求發展的嘗試，直到終能自給自足、褒貶兩極。時至今日，一股來自經濟及商業的龐大力量，已如同旁觀的作手，圍攬著本來群居或

---

42 「互聯網＋」是中國官方 2015 至 2016 年推動的產業創新政策，意指「以網際網路複合各行各業，藉以追求革新發展」。例如以 APP 程式結合教學、問答功能，則成立「互聯網＋教育」；「泛娛樂」則是與「IP 開發」互為表裡的概念，即「以 IP 為核心，針對相關娛樂產業進行跨領域的發散式衍生」。儘管「互聯網＋」至 2014 年已成為官方單位、產業界論述 IP 策略的專有名詞，但嚴格來說，以企業屬性為基點，騰訊集團於 2011 年提出的原始概念，其實是以多性質平台的建構策略為前提，並兼以內容業者的立場提出該佈局計劃將如何成為 IP 效應的推手。

獨居在那塊御宅族舊地所有人，彷彿彼此都是互相瞭解的一群。新
世代的文化層次還會如何交疊，目前不得而知；但可以確定的是，
即使不能重新托起「宅文化」崩裂的版圖，只要創作者、接受者都
不必再為自己尋找容身之處，所有獲得重視的價值，終將給出值得
的深度。

過動
ACG 產業文化與可能性

參考書目

一、中文書目

周文鵬（2014）。《圖像載體的敘事與接受：論臺灣漫畫文學的形成及創作》。
　　淡江大學中國文學研究所博士論文。

岡田斗司夫（2009）。《阿宅，你已經死了！》。臺北：時報文化。

韓國漫畫振興院（2015）。《韓國的漫畫世界：網路漫畫的世界》。韓國富
　　川市：韓國漫畫振興院。

二、網路資料

Olivia (2012.02.19)。〈權力的象徵 領帶的歷史〉。取自「GQ 男士網」
　　http://www.gq.com.cn/fashion/item/news_1845c49355f489e0.html

中國出版傳媒商報（2016.03.22）。〈"二次元"內容創業迎來春天〉。取自
　　http://www.chuban.cc/bqmy/201603/t20160322_173231.html

中國商界（2008.12.18）。〈1995：中國第一家互聯網公司〉。取自「新浪
　　財經」http://finance.sina.com.cn/g/20081218/13445654352.shtml

中國票房。〈十萬個冷笑話〉。取自 http://www.cbooo.cn/m/628995

中華人民共和國文化部（2012.06.26）。〈"十二五"時期國家動漫產業發展規
　　劃 〉。 取 自 http://zwgk.mcprc.gov.cn/auto255/201207/
　　t20120712_28706.html

中華人民共和國文化部（2015.11.04）。〈中共中央關於制定國民經濟和社
　　會發展第十三個五年規劃的建議〉。取自 http://www.mcprc.gov.cn/
　　whzx/whyw/201511/t20151104_459033.html

王鑫（2014.04.23）。〈打擊侵權盜版十大案件公佈 揚州"動漫屋"侵權案在
　　列 〉。 取自「 中 國 江 蘇 網 」http://jsnews.jschina.com.cn/
　　system/2014/04/23/020835258.shtml

田婉婷（2014.08.22）。〈國內首部眾籌電影將登陸院線〉。取自「中國新
　　聞網」http://www.chinanews.com/yl/2014/08-22/6523053.shtml

任彥（2016.05.03）。〈第十二屆中國國際動漫節舉辦成果總結通報會〉，《杭
　　州 日 報 》。 取 自 http://z.hangzhou.com.cn/2016/sejdmj/
　　content/2016-05/03/content_6162418.htm

自由時報（2014.09.23）。〈電玩冠軍「台大宅王」幾近斬首女友後辱屍〉。
　　取自 http://news.ltn.com.tw/news/society/breakingnews/1112984

沈雲芳（2013.01.09）。〈二次元漫画公司"有妖气"：吐槽就是生产力〉。取

自「中國經濟網」http://www.ce.cn/culture/gd/201301/09/
t20130109_24013615.shtml

周文鵬（2015.08.02）。〈一個敘事產業的形成——在動漫與文創的Y字路口·
從文化創意到動漫文創（一）：文化本質、文化產業〉。取自「臺灣漫
畫資訊服務網」http://www.comicnet.culture.tw/03_comicBox/11_news_
detail.php?mid=29

屈暢（2015.12.02）。〈中國人因盜版日本漫畫被捕 多個漫畫漢化組停更〉，
《北京青年報》。取自「新華網」http://big5.xinhuanet.com/gate/big5/
news.xinhuanet.com/overseas/2015-12/02/c_128490423.htm

東方網（2015.12.15）。〈2015年度流行語出爐 顏值、寶寶、剁手黨均上榜〉。
取自「新浪財經」http://finance.sina.com.cn/stock/t/2015-12-15/doc-
ifxmszek7098223.shtml

林婉婷（2009.07.08）。〈生意掉3成　漫畫店設菸館救業績〉。取自「TVBS
新聞」http://news.tvbs.com.tw/entry/136259

南方都市報（2016.02.05）。〈二次元崛起 中國公司如何撬動日漫IP返銷日
本〉。取自「鳳凰網」http://games.ifeng.com/a/20160205/41549049_0.
shtml

柯實（2015.01.30）。〈《十萬個冷笑話》誕生記：一個「對不起觀眾」的
偉大成功〉。取自「極客公園」http://www.geekpark.net/topics/212239/

中國新聞網（2014.04.17）。〈回眸歷史 邁向未來——紀念中國全功能接入
國際互聯網20周年〉。取自http://www.chinanews.com/it/2014/04-
17/6076989.shtml

界面新聞網（2016.08.25）。〈2016年二次元平台融資情況不完全統計：本
更加慎重〉。取自http://www.jiemian.com/article/816501.html

商界評論（2016.02.02）。〈"二次元"的產業撞擊〉。取自「新浪財經」
http://finance.sina.com.cn/manage/mroll/2016-02-02/doc-
ifxnzanh0606556.shtml

張傑（2015.12.16）。〈2015年度十大流行語出爐"寶寶""網紅"上榜〉，《華
西都市報》。取自「新華網」http://news.xinhuanet.com/
local/2015-12/16/c_128535050.htm

畢磊（2011.05.04）。〈打造民族動漫品牌——訪漫友文化傳播機構董事長
金城〉。取自「人民網」http://media.people.com.cn/
GB/22114/45733/220503/14550452.html

陳俊（2015.05.29）。〈成都破獲全國首例網路漫畫侵權案〉，《天府早報》。
取自「網易新聞」http://news.163.com/15/0529/02/
AQOHQD4C00014Q4P.html

創投時報（2015.11.10）。〈移動漫畫平臺布卡漫畫完成1億人民幣B輪融

過動
ACG 產業文化與可能性

資〉。取自 http://www.ctsbw.com/article-589.html

馮靖惠（2016.08.14）。〈台灣漫畫界的哀傷 大陸 3 倍薪挖台漫畫家〉。取
　　自「聯合新聞網」http://udn.com/news/story/7009/1893896

新聞龍捲風（2014.05.22）。〈「18 禁電玩」隨手可得　暴力遊戲引爆真實
　　殺機？〉。取自「ETtoday 東森新聞雲」http://www.ettoday.net/
　　news/20140522/360238.htm#ixzz4KPiZVL5t

附錄 2016 年 2 次元相關產業融資狀況整理表

企業	類型	融資時間	融資輪次	融資金額	投資方
ACFUN	2 次元視頻平台	2016.1	A+ 輪	6000 萬美元	軟銀中國
紅龍娛樂	2 次元內容生產	2016.1	A 輪	數千萬元	源石資本
兩點十分	動漫 IP 研發	2016.3	A 輪	數千萬元	峰瑞資本
KAKA 動畫	動畫製作	2016.3	天使輪	數百萬元	經緯創投
種草沒	社區電商	2016.3	天使輪	數百萬元	初心資本、齊一資本
高能販	漫畫 IP 孵化平台	2016.4	Pre-A 輪	千萬元級	泰岳梧桐、掌趣創享、青山資本
屹立互娛	動漫 IP 孵化	2016 年初	Pre-A 輪	未知	雲起資本、愛拍、上古彩聯
次元文化	2 次元藝人經濟	2016.3	A 輪	數千萬	復星昆仲
白熊閱讀	2 次元同人小說 APP	2016.4	Pre-A	900 萬元	美盛文化、創業接力
米漫傳媒	國風音樂 IP 孵化	2016.5	A 輪	6300 萬元	君聯資本、Billbill、華熙集團
那年那兔	動漫 IP 開發	2016.4	A 輪	2000 萬元	Billbill
歡樂書客	宅文小說 APP	2016.5	Pre-A 輪	500 萬元	清科創投、童石網路、掌玩互娛、集素資本

企業	類型	融資時間	融資輪次	融資金額	投資方
第一彈	內容社區	2016.6	A 輪	1500 萬元	北極光創投
晨之科	2 次元遊戲社區	2016.6	C 輪	6000 萬元	上實集團
Yuki 動漫	零售電商	2016.6	Pre-A 輪	數百萬元	峰瑞資本、ONES Ventures 基金
次元倉	零售電商	2016.5	A+ 輪	3300 萬元	松禾資本、中美創投、追夢者基金
歐風傳媒	原創草原文化 IP 孵化	2016.6	天使輪	數百萬元	星火金融
汙托邦	漫畫社區	2016.7	天使輪	450 萬元	青山綠水
神居動漫	動漫 IP 研發	2016.7	天使輪	數百萬元	艾瑞資本、漢理資本
海狸工坊	動漫角色 IP 研發	2017.7	天使輪	1500 萬元	未公布
手趣動漫	原創漫畫 IP 孵化	2016.5	Pre-A 輪	近千萬元	德商資本
游游鋪子	IP 正版衍生品平台	2016.7	天使輪	千萬元級	行業內人士
天祈文化	2 次元藝人經濟	2016 年初	天使輪	數百萬元	貴格天使
凡事網路	動漫 IP 研發	2016.8	A 輪	未公布	松禾資本、聯創永沂、飛博共創

資料來源：〈2016 年二次元平台融資情況不完全統計：資本更加慎重〉，界面新聞網，2016.08.25，取自 http://www.jiemian.com/article/816501.html

國家圖書館出版品預行編目 (CIP) 資料

過動：第五屆御宅文化研討會暨巴哈姆特論文獎文集．上／梁世佑編.
-- 初版 . -- 新竹市：交大出版社，民 106.02
　　面；　公分 . -- (御宅文化研究系列叢書；A005)
　　ISBN 978-986-6301-96-4(平裝)

1. 次文化 2. 網路文化 3. 文集

541.307　　　　　　　　　　　　　　　　　　　　　105024477

御宅文化研究系列叢書 A005
過動
第五屆御宅文化研討會暨巴哈姆特論文獎文集（上）

編　　　者：國立交通大學數位動畫文創學程 梁世佑
書系主編：胡正光

出 版 者：國立交通大學出版社
發 行 人：張懋中
社　　　長：盧鴻興
執 行 長：李佩雯
執行主編：程惠芳
編　　　輯：程芷萱、程惠芳
校對協力：謝萬科
封面設計：SAFE HOUSE T
內頁排版：theBAND・變設計 — Ada
製版印刷：華剛數位印刷有限公司
地　　　址：新竹市大學路 1001 號
讀者服務：03-5736308、03-5131542（週一至週五上午 8:30 至下午 5:00）
傳　　　真：03-5728302
網　　　址：http://press.nctu.edu.tw
e - m a i l：press@nctu.edu.tw
出版日期：106 年 2 月初版一刷
定　　　價：350 元
I S B N：978-986-6301-96-4
G　P　N：1010600050

展售門市查詢：
交通大學出版社 http://press.nctu.edu.tw
三民書局（臺北市重慶南路一段 61 號))
網址：http://www.sanmin.com.tw　電話：02-23617511
或洽政府出版品集中展售門市：
國家書店（臺北市松江路 209 號 1 樓）
網址：http://www.govbooks.com.tw　電話：02-25180207
五南文化廣場台中總店（臺中市中山路 6 號）
網址：http://www.wunanbooks.com.tw　電話：04-22260330